CB061824

NOITE PASSADA UM DISCO SALVOU MINHA VIDA

10 ÁLBUNS PARA A ILHA DESERTA

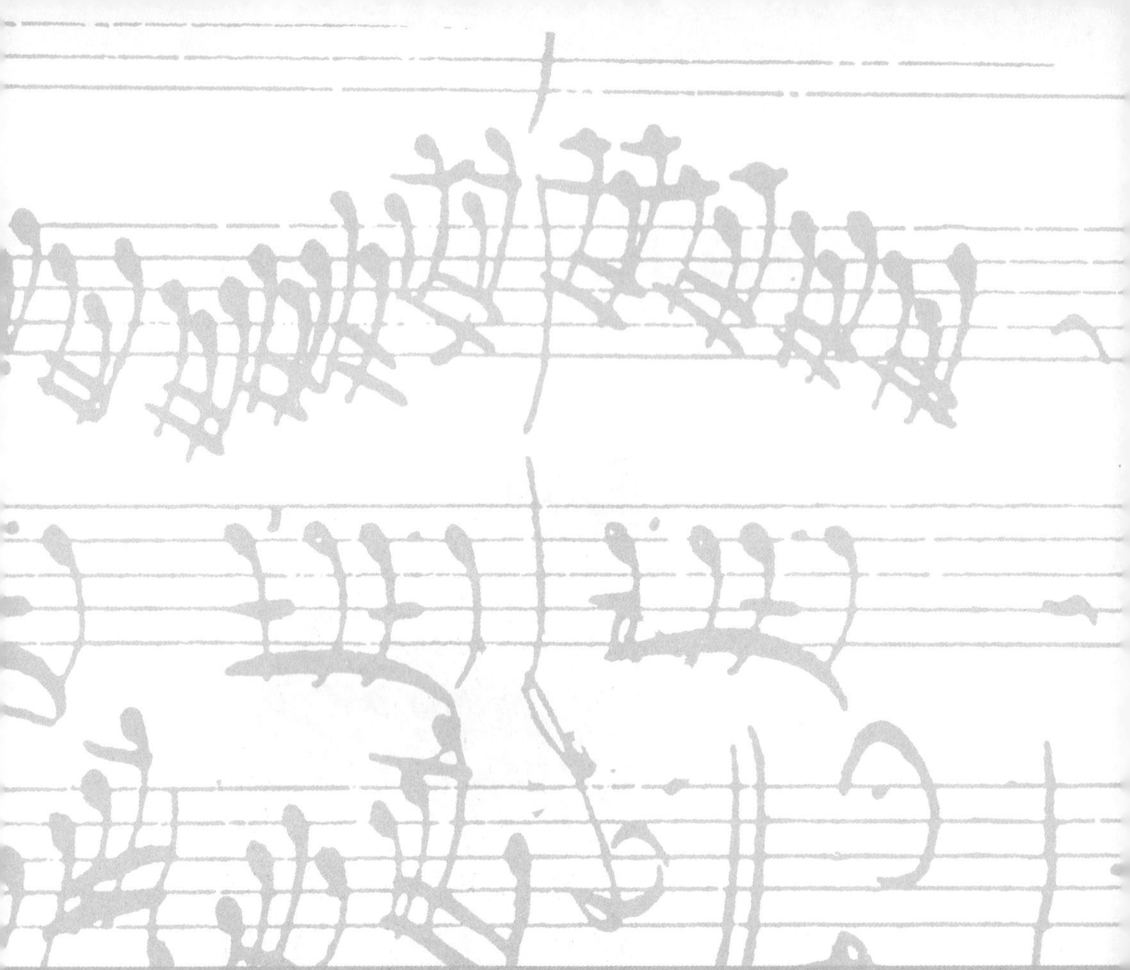

Alexandre Petillo

Noite passada um disco salvou minha vida
70 álbuns para a ilha deserta

GERAÇÃO EDITORIAL

NOITE PASSADA UM DISCO SALVOU MINHA VIDA

Copyright © 2005 by Alexandre Petillo

1ª edição – Outubro de 2005

Editor & Publisher
Luiz Fernando Emediato

Diretor Editorial
Jiro Takahashi

Capa e Projeto Gráfico
Alan Maia

Produção Gráfica e Editorial
Fernanda Emediato

Preparação de Originais
Frederico Dentello

Revisão
*Marcia Benjamim, Margarida B. da Silva
e Rinaldo Milesi*

Dados Internacionais de Catalogação (CIP)
(Câmara Brasileira do Livro, SP, Brasil)

Noite passada um disco salvou minha vida : 70 álbuns para a ilha deserta / organização Alexandre Petillo. – São Paulo : Geração Editorial, 2005.

Vários autores.

ISBN 85-7509-126-3

1. Gravações sonoras – Coletâneas 2. Gravações sonoras – História e crítica 3. Música – Aspectos psicológicos I. Petillo, Alexandre.

05-6741   CDD-780

Índices para catálogo Sistemático:

1. Gravações sonoras : Coletâneas : Apreciação crítica   780
2. Gravações sonoras : Música e comportamento : Apreciação crítica   780

Todos os direitos reservados
GERAÇÃO DE COMUNICAÇÃO INTEGRADA COMERCIAL LTDA.
Rua Prof. João Arruda, 285 – 05012-000 – São Paulo – SP – Brasil
Tel.: (11) 3872-0984 – Fax: (11) 3871-5777

GERAÇÃO NA INTERNET
*www.geracaobooks.com.br
geracao@geracaobooks.com.br*

2005
Impresso no Brasil
Printed In Brazil

AGRADECIMENTOS

Esse livro é dedicado a algumas pessoas fundamentais na minha vida e na realização desse projeto. Para o maior jornalista do mundo e meu amigo de fé e irmão camarada, Sérgio Dávila and the lovely Teté Ribeiro; Luiz Fernando Emediato, Jiro Takahashi e todos na Geração Editorial pela oportunidade; Emerson Gasperin, Marcelo Orozco, Vladimir Cunha, Ernesto Yoshida, Sérgio Gwercman, Adriano Silva, Marco Bonito e todo mundo no NeoCorvo; Kariny Dias, Marcos Micheline, Alberto Villas, Pablo Kossa, Ricardo Tacioli (e toda a galera do site Gafieiras), João Bosco Bittencourt, Adevania Silveira, Victor Hugo Lopes, Warlem Sabino, Alberto Maia, Maclóys Aquino, Carlos Brandão, Renato Queiroz, Ivair Lima, Ana Paula Bravo, Ulysses Aesse, a dupla Fu Manchu e Curumin, e todos no Diário da Manhã; aos meus irmãos Carlos Henrique Assis, Olacir Dias, Oswaldo Júnior, Alexandre Matias, Alexandre Barroso, Marco Antônio Costa e Souza, Ricardo "DJ Gu" Pinda, Alfredo "Purpurina" Amaral, Odersides Almeida, Rogério "Chalita" Chad, Nasi e Júnior Valadão, Eduardo Palandi, Roger Moreira, Carlos Alves Jr., Roberto Maia, Edson Aran, Jeferson de Sousa e Jardel Sebba; Ângela e toda família Azevedo, Clarah Averbuck, Pitty, Priscilla Fogiatto, Ana Cláudia Coli, Roberta Monteiro, Marianna Lopes e Silvana Cardoso; Renata Cobianchi, Priscila Gomes; Giselle Vanessa (o amor e a inspiração de todos os minutos); tio Getúlio; à memória do meu pai, José Araújo Silva; à minha queridíssima Maria de Lourdes, pela sabedoria que me passou e à minha mãe, Mayre, por ser a maior guerreira que já pisou nesse planeta.

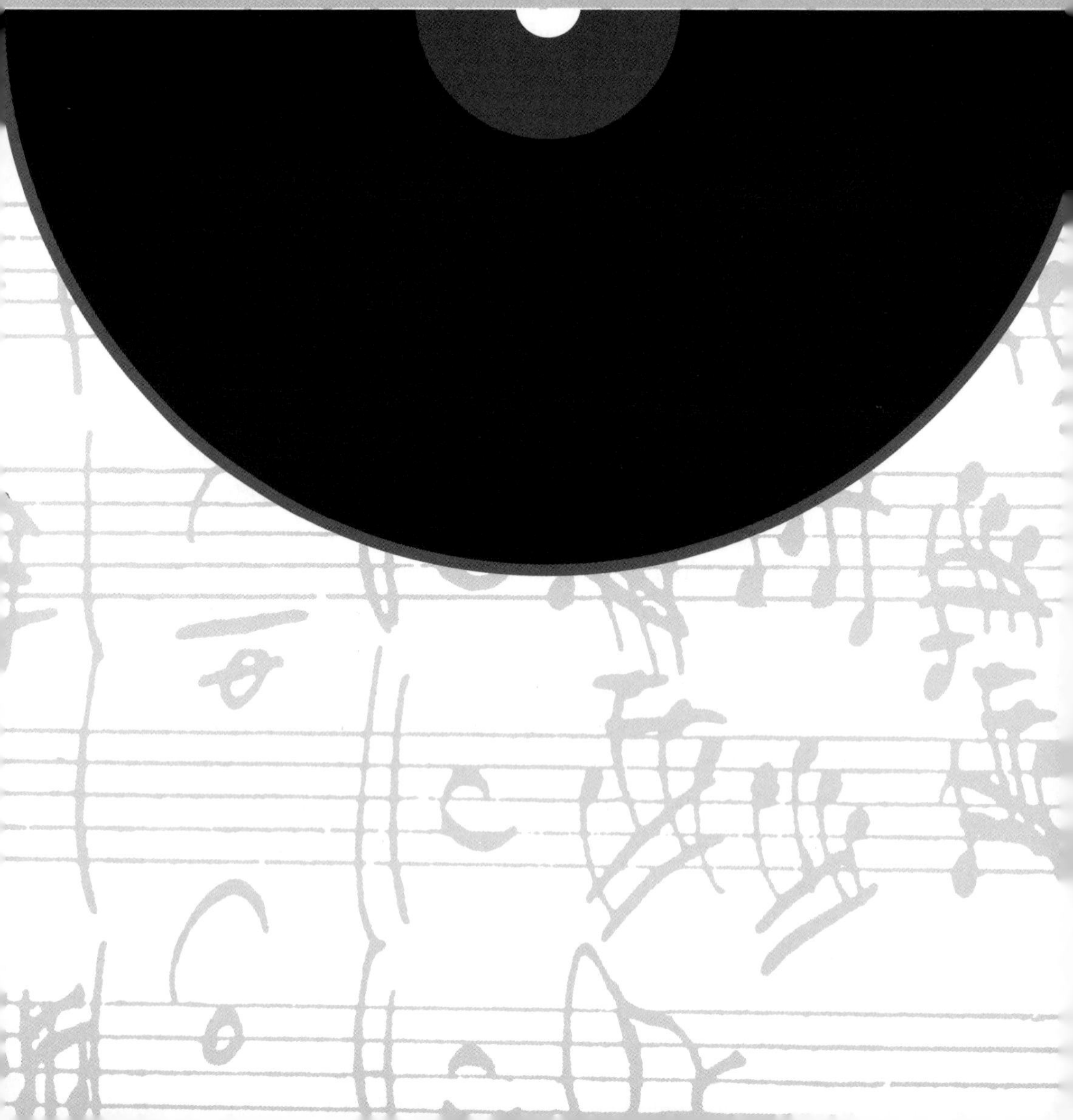

SUMÁRIO

Organização: **Alexandre Petillo**   Edição: **Alexandre Matias** e **Alexandre Petillo**

Apresentação ...15
Introdução ...19

De Sampa, ilhado ...23
por Chico Pinheiro

"Para Iluminar a Cidade", Jorge Mautner ...26
por Wander Wildner

"20 Greatest Hits", The Beatles ...28
por Alexandre Petillo

"Wings Over America", Wings ...32
por Leo Jaime

"Graceland", Paul Simon ...35
por André Abujamra

"The Joshua Tree", U2 ...37
por Alexandre Barroso

"Aerial Boundaries", Michael Hedges ...40
por Bruno Gouveia

"A Love Supreme", John Coltrane ...42
por Bruno Prieto

"Dois", Legião Urbana ...46
por Adriano Silva

"Axis: Bold as Love", Jimi Hendrix ...50
por Lô Borges

"The Rise and Fall of Ziggy Stardust and the Spiders from Mars", David Bowie ...52
por Thedy Corrêa

"Shakespeare's Sister", The Smiths ...55
por Simon Goddard

"Rocket to Russia", Ramones ...58
por Marcos Filippi

"Cloudy Cloud Calculator", Takako Minekawa ...61
por Kassin

"Água Viva", Gal Costa ...64
por Vânia Bastos

"Clara Crocodilo", Arrigo Barnabé e Banda Sabor de Veneno ...66
por Rogério Skylab

"Sonic Mambo", Eddie ...72
por Wado

"Southern Nights", Allen Toussaint ...74
por John Sinclair

"Doolittle", Pixies ...77
por Luciano Vianna

"Rumo", Rumo ...79
por Maurício Kubrusly

"Commemorative Issue, The Top Ten Hits", Elvis Presley ...83
por Ricardo Koctus

"Peçam-me", Alzira Espíndola ...86
por Glauco Cortez

"Nevermind", Nirvana ...89
por Odersides Almeida

"Under a Blood Red Sky", U2 ...92
por Tatiana Tavares

"Lady in Satin", Billie Holiday ...95
por Antônio Carlos Miguel

"Acústico 2", Nenhum de Nós ...98
por Ângela Azevedo

"Live", Mott the Hoople ...102
por Alvin L

"Um Embalo Com...", Renato e seus Blue Caps ...114
por José Telles

"Gabriel, o Pensador", Gabriel, o Pensador ...118
por Lulu Santos

"Creatures of the Night", Kiss ...121
por Beto Lee Carvalho

"Mass in B Minor", J.S. Bach ...127
por Alain de Botton

"A Via Láctea", Lô Borges ...130
por César Maurício

"Islands", King Crimson ...134
por Loop B

"These Days", Bon Jovi ...138
por Liliane Prata

"Standing on a Beach – The Singles", The Cure ...141
por Abonico R. Smith

"10.001 Destinos", Engenheiros do Hawaii ...147
por Agnes Arruda

"Achtung Baby", U2 ...150
por Olacir Dias

"American Graffiti", Vários – Trilha Sonora Original ...153
por Roger Moreira

"Os Reis do Ié, Ié, Ié", Beatles ...157
por Jamari França

"Desire", Bob Dylan ...161
por Jotabe Medeiros

"Adore", Smashing Pumpkins ...166
por Eduardo Palandi

"Everything Must Go", Manic Street Preachers ...168
por Carlos Alves Júnior

"A Tábua da Esmeralda", Jorge Ben ...171
por Pedro Alexandre Sanches

"Help!", Beatles ...175
por Samuel Rosa

"Outubro ou Nada", Bidê ou Balde ...178
por Simone do Valle

"The Best Of...", Blondie ...181
por André Fiori

"Caravanserai", Santana ...184
por Fernando Deluqui

"Appetite for Destruction", Guns N' Roses ...187
por Eddie Torres

"Greatest Hits – 2Pac", Tupac Shakur ...190
por Roberta Monteiro

"Exile on Main Street", Rolling Stones ...194
por Fernando Rosa

"Standing on a Beach", The Cure ...197
por Fábio Bianchini

"The Clash", The Clash ...200
por Alex Antunes

"O Melhor de...", Tim Maia ...204
por DJ Hum

"João Gilberto", João Gilberto ...206
por Marcus Preto

"Studio Tan", Frank Zappa ...209
por Hique Gomes

"Crooner", Milton Nascimento ...213
por Maria Dolores

"Nina Simone Released", Nina Simone ...216
por Clarah Averbuck

"Hair", Vários – Trilha Sonora Original ...220
por Teté Ribeiro

"Nevermind", Nirvana ...224
por Pitty

"Rocket to Russia", Ramones ...226
por Gabriel Thomaz

"Strangeways, Here We Come", The Smiths ...229
por Jardel Sebba

"Regatta de Blanc", The Police ...234
por Dinho Ouro Preto

"Tim Maia", Tim Maia ...237
por Michael Sullivan

"Gentlemen", Afghan Whigs ...239
por Rodrigo Salem

"Substance", New Order ...243
por Alexandre Matias

"Estamos Adorando Tokio", Karnak ...258
por Alberto Villas

"Pop, Pop!", Rickie Lee Jones ...261
por Sérgio Dávila

"Cicatrizes", MPB4 ...265
por Zé Renato

"Jesus Não Tem Dentes no País dos Banguelas", Titãs ...267
por Pablo Kossa

"Ao Vivo no Rio", Jorge Ben jor ...271
por Washington Olivetto

"Com Defeito de Fabricação", Tom Zé ...273
por Frederico Detello

"Stone Crazy!", Buddy Guy ...276
por Adalto Alves

"A Tábua de Esmeralda", Jorge Ben ...284
por Jeferson de Sousa

Juca's Golden Hits ...286
por Juca Kfouri

Quem é Quem ...289

Créditos ...299

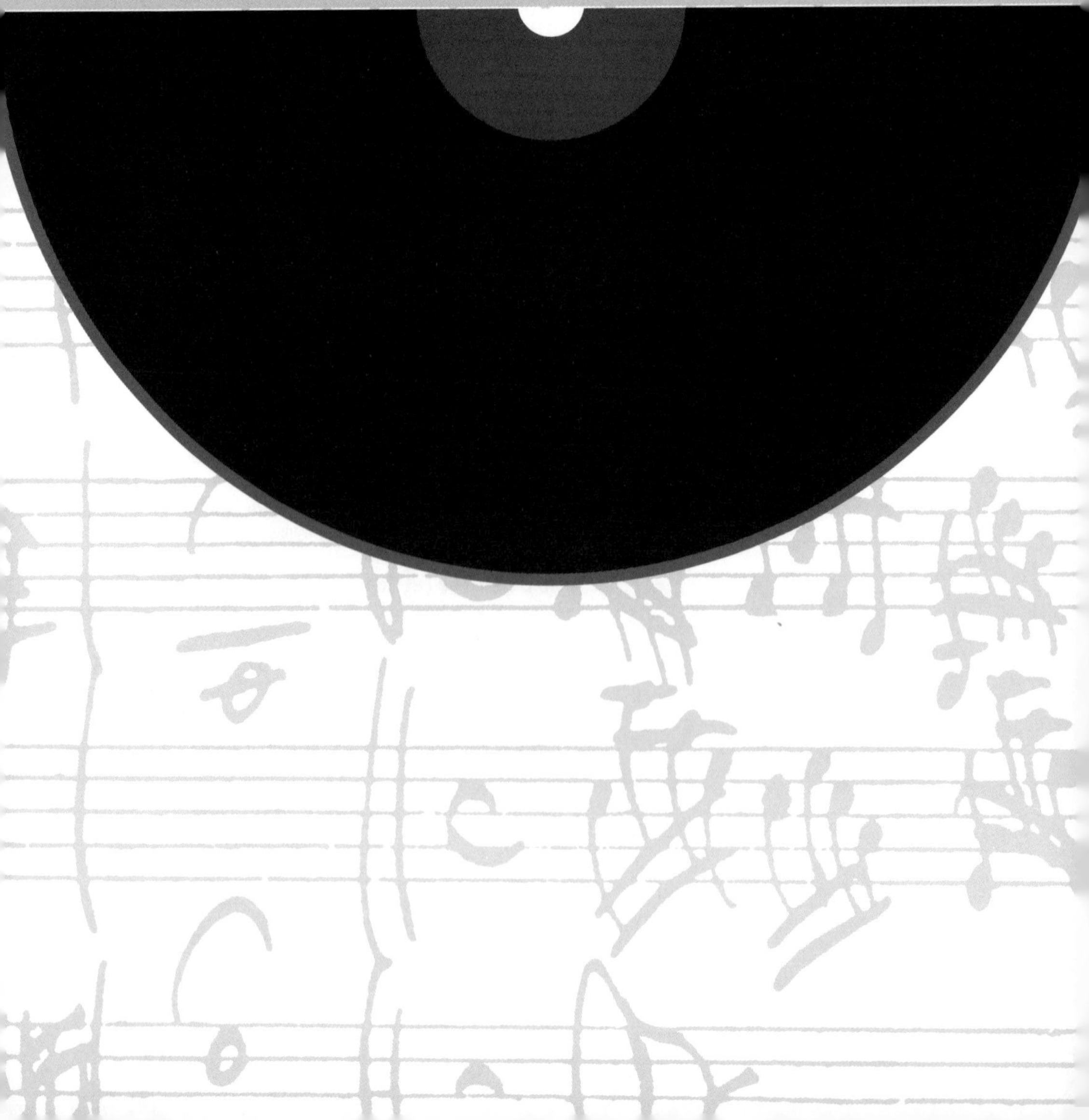

APRESENTAÇÃO

É uma pena que esta página não sirva para nos fazer escutar o que toca nessas páginas. Pense em 65 line-ups diferentes. Agora imagine que os DJs são jornalistas, escritores e artistas que transformaram em textos uma série de situações, causos, lances e estórias que mudaram suas vidas de alguma maneira.

Fala-se aqui de música, cultura, vozes, acordes, instrumentos, sentimentos que seriam boas e únicas companhias em uma ilha deserta. Mas quem quiser ir além de uma leitura despretensiosa pode fazer um teste para saber quantos CDs faltam em sua discoteca ou ter uma idéia de como anda seu gosto musical. Se bem que gosto não se discute, se lamenta — mas não vamos entrar no mérito de quem escolheu o melhor álbum ou de quem ousou mandar mal colocando um CD "nada a ver" — afinal, o meu está na reta. O interessante aqui é que os protagonistas dessas estórias têm nomes reais e as situações, mesmo que romanceadas, exageradas ou com um quê de alucinação, são verdadeiras — e, convenhamos, se forem verossímeis já estão valendo. 70 álbuns para a ilha deserta é um espaço no qual ídolos se tornam fãs, personagens se tornam pessoas reais e vice-versa.

Alexandre Petillo organizou e fez a edição dos textos, ao lado de Alexandre Matias, uma beleza de concerto literário. No início, essa orquestra textual de Guns, Milton Nascimento, Nirvana, Bob Marley,

U2, Gabriel o Pensador, Beatles, Takako Minekawa, Legião, Gal, Elvis e outros pode parecer um mix non-sense, totalmente heterogêneo. Mas ao longo das páginas vemos que tudo são sentimentos profundos e sinceros que atingem a toda e qualquer pessoa, por mais louca que ela possa parecer. Que tipo de sentimento? Ah, alegria, salvação, encontro, relaxamento, paixão, surpresa, convencimento, referência, estranhamento, estilo, admiração, escravidão, tesão, amor...

Uma ilha deserta é um asilo para o conhecimento de seu eu-interior — psicologia barata às vezes soa bem —, assim como a música serve de refúgio para os mais secretos sentimentos de cada mente, coração, fígado e outros diversos órgãos. Tomara que muitos leitores e, quem sabe, futuros ouvintes de discos aqui citados, encontrem trilhas sonoras para os momentos mais deliciosos de suas vidas.

Roberta Monteiro,
editora da revista Outracoisa.

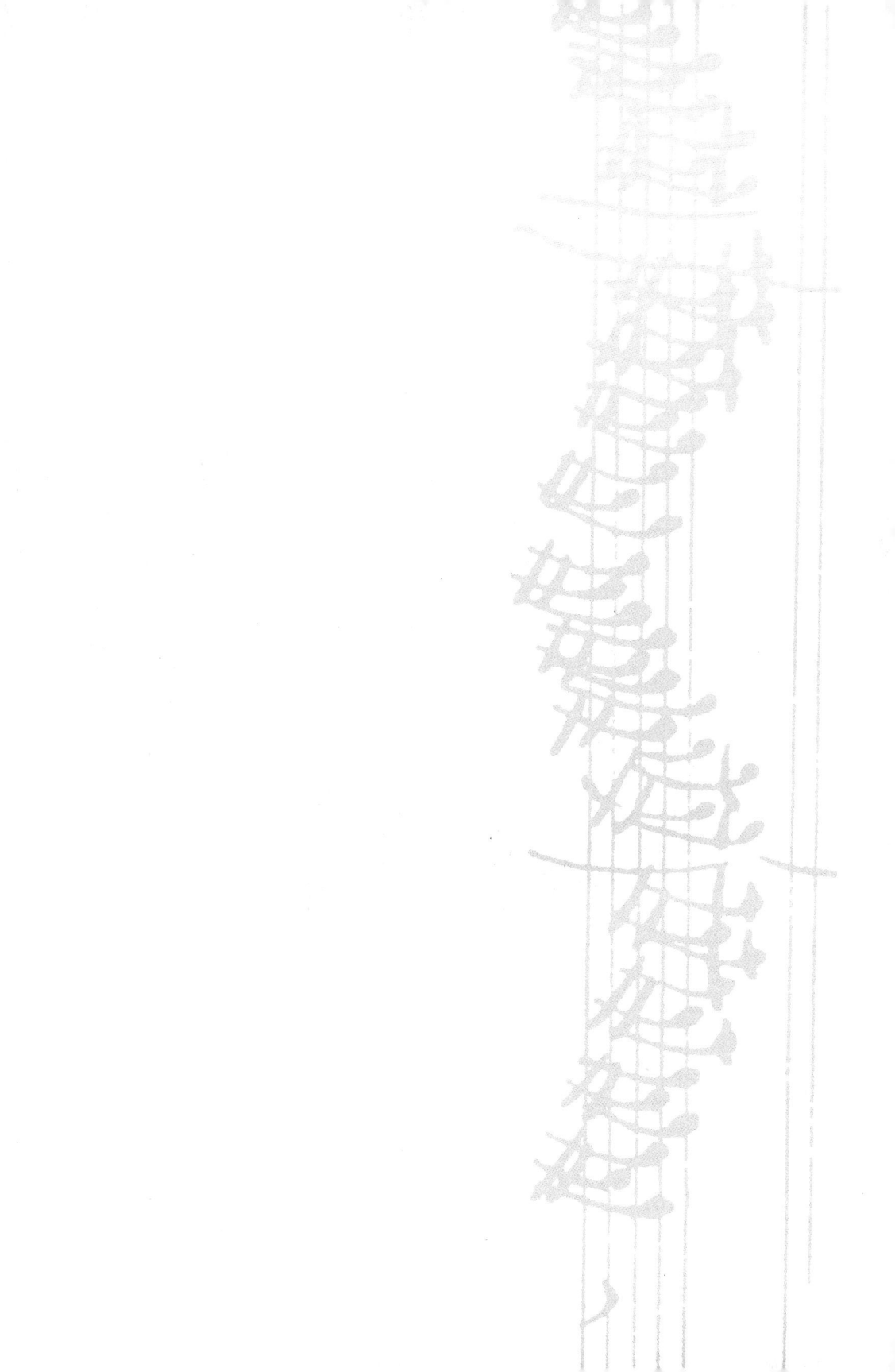

INTRODUÇÃO

I Hope You Enjoy The Show

O disco que eu estava ouvindo naquele exato momento era "Catch a Fire", do Bob Marley. Foi quando eu percebi que não poderia mais confiar nas pessoas que não gostam de reggae ou de outros ritmos sacolejantes. Foi quando eu percebi também que as melhores idéias acabam aparecendo nos momentos de maior solidão. "Catch a Fire" foi a trilha sonora de um certo exílio e um dos últimos discos que salvaram a minha vida.

Pouco antes de colocar o disco para tocar num player fajuto de um hotel idem em uma distante cidade que eu não escolhi, estava vendo o programa do David Letterman na TV — parece literatura beat, mas não é, é a verdadeira verdade na sua forma mais escrota. Naquela noite, o cantor Warren Zevon tinha morrido e Letterman pagou um tributo ao amigo. No fim do primeiro bloco do programa, o apresentador disse que se tivesse que levar um disco para uma ilha deserta, levaria qualquer um de Zevon que ficaria feliz.

Desliguei a TV, não queria mais ouvir notícias tristes, além das que já faziam parte do meu cotidiano. Comecei a ouvir o tal disco de

Marley. Pensei: caramba, como a música tem poderes enormes sobre as pessoas! Os principais momentos da vida de alguém sempre são pontuados por canções, discos, sucessos do rádio. Imaginei quantos outros discos estariam fazendo as pessoas felizes naquele momento. E em quantos discos já salvaram a vida de milhares de outras nos últimos anos. E, também, achei estranho Letterman, um humorista, gostar tanto da música um tanto deprê de Zevon.

Foi pensando nisso que cheguei em "Noite Passada Um Disco Salvou Minha Vida". Uma coletânea de textos onde artistas, jornalistas e escritores falam sobre aquelas bolachas e bolachinhas mais marcantes de sua existência. Sobre discos que serviram de trilha nos melhores, piores e mais insólitos momentos.

O livro que você tem em mãos, caro leitor, é delicioso. Certamente, você nunca viu essas pessoas tão à vontade em entrevistas, textos ou livros, como aqui, falando de seus discos favoritos. São relatos apaixonados, apaixonantes, dilacerantes, poderosos, potentes, surpreendentes, maravilhosos, definitivos.

Os textos a seguir falam de redenção, de alegria, de tristeza, de bons momentos, de renascimento, de amor. De como amar, principalmente. Consegui reunir, aqui, alguns dos meus maiores ídolos, tanto na música quanto no jornalismo, minha profissão e, certamente, os principais nomes de cada área. Mas, principalmente, consegui juntar um time de amigos, de parceiros, de irmãos, para escrever.

Procurei manter os textos da maneira como foram escritos. Pouco acrescentei. Não coloquei comentários pessoais sobre os discos (apesar da tentação), acho que é muito melhor que eles apareçam da maneira como seus autores o vêem. Assim como mantive dois textos sobre o mesmo disco, afinal, são duas visões diferentes sobre o mesmo objeto de desejo — o que torna a leitura ainda mais interessante.

Eu espero que vocês apreciem o show. Eu adorei e posso te garantir: se estivesse que escolher um livro para levar para uma ilha deserta, seria esse, com certeza.

Alexandre Petillo

NOITE PASSADA UM DISCO SALVOU MINHA VIDA

70 ÁLBUNS PARA A ILHA DESERTA

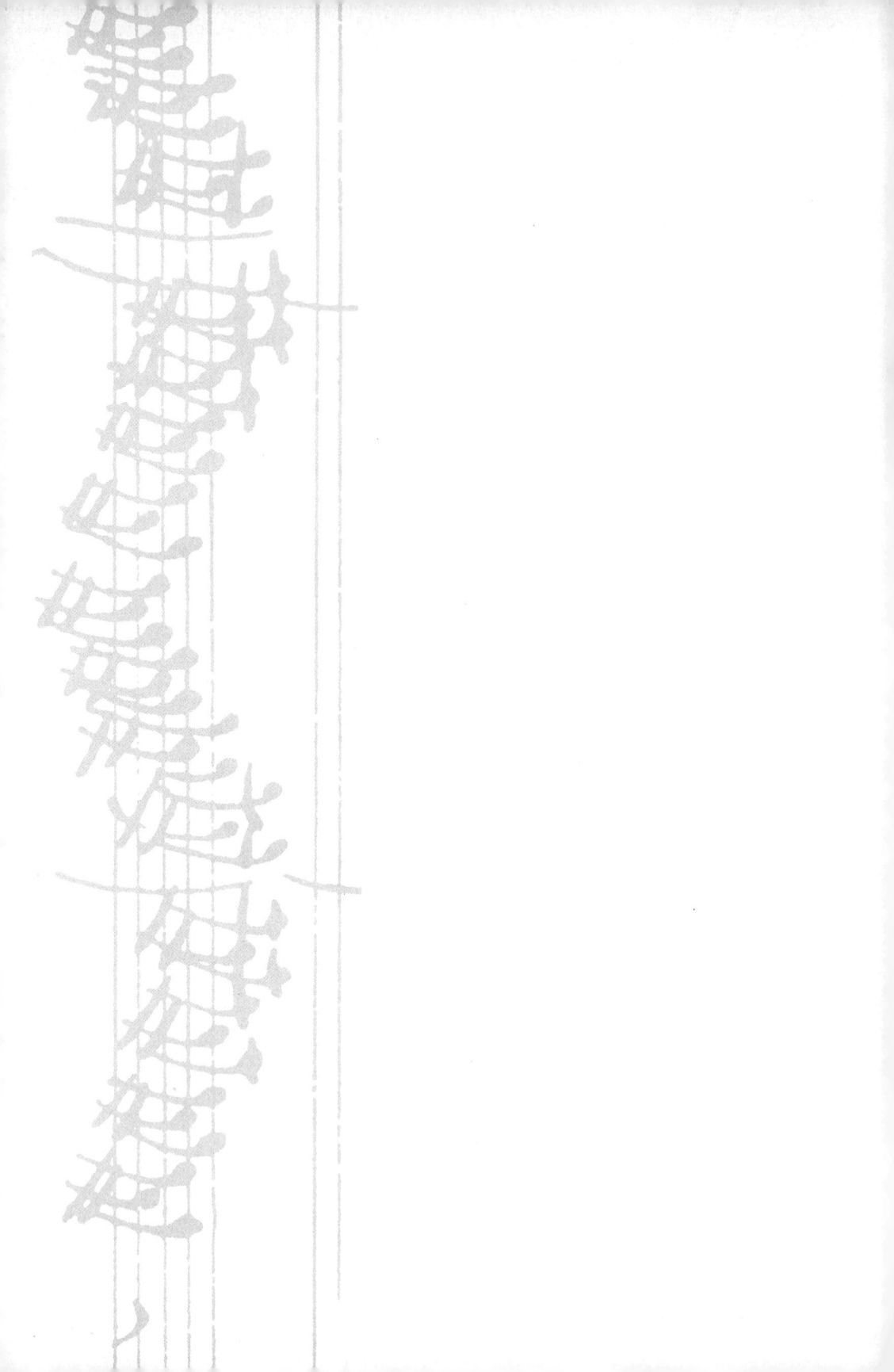

DE SAMPA, ILHADO

por Chico Pinheiro

"Minha paixão, há de brilhar na noite, no céu de uma cidade do interior, como um objeto não identificado".

"Minha paixão, há de brilhar na noite, no céu de uma cidade do interior, como um objeto não identificado". O verso de Caetano, um dos mais belos da música brasileira, vem à minha memória quando penso em que disco levaria para uma ilha deserta. Um objeto não identificado? Minha paixão... Um disco voador... Desses que são capazes de nos levar pelo espaço sideral, que podem nos levar através do tempo, para o futuro ou para o passado. Que têm estrutura para viajar nos sonhos: "um lugar deve existir, uma espécie de bazar, onde os sonhos extraviados vão parar..." (Edu Lobo e Chico Buarque).

Nos sonhos em que viajo, a trilha sonora tem várias músicas. Vários discos no meu disco voador. Mas mineiro, escolho a viagem pelas intermináveis e indefiníveis montanhas de Minas, onde colho um Girassol da Cor de Seu Cabelo e sinto "vento solar e estrela do mar, a terra azul da cor de seu vestido"... Entre céus e montanhas azuis, embarcamos no

Trem, viagem pelo espaço rumo à estrela Elis, o trem azul transportando corações que, na "canção do vento não se cansam de voar".

E seguimos nesse trem, o último trem, o da "Bahia-Minas estrada natural, que ligava Minas ao porto, ao mar, caminho de ferro". Vejo o velho maquinista com seu boné, "casas esquecidas, viúvas nos portais". E, na estação, o meninim que vive dentro de cada um de nós, "ele sozinho na plataforma, ouve o apito, sente a fumaça e vê chegar o amigo trem (...) que acontece que nunca parou nessa cidade de fim de mundo". Mas o mineiro é teimoso, "homem que é homem não perde a esperança, não, qualquer dia ele pára".

Na estação "os dois lados da mesma viagem, o trem que chega é o mesmo trem da partida, a hora do encontro é também despedida (...) tem gente que chega pra ficar, tem gente que vai pra nunca mais...". Em meio a tudo isso, a vida: Paixão e Fé, "pelas ruas capistranas de toda cor", onde o coração "esquece a sua paixão para viver a do Senhor".

É noite: "noite chegou outra vez, de novo na esquina os homens estão, todos se acham mortais, dividem a noite e lua e até solidão..." Noite escura, "noche oscura", de Juan de La Cruz — "em uma noche oscura, com ansias, em amores inflamada" — nessa "noite equatorial, eu vou sair outra vez,(...) nessa noite nasceu meu Pai". É madrugada, "o sol vai esconder a clara estrela, pérola do céu refletindo teus olhos".

É dia alto, sol a abrir "as janelas do meu peito", é sol de primavera, a Boa-Nova anda nos campos... Tempo propício a viajar. "E eu vejo mais, a rua, luz, estrada, pó, o Jeep amarelou (...) iremos tentar, vamos aprender".

E assim, na ilha deserta, não sou mais sozinho. Comigo, o disco traz amigos, Milton, Fernando, Tavinho, Murilo, Lô, Márcio, Telo, Marilton, Wagner, Tavito, Ronaldo, Novelli, Nelson Angelo, Beto, Túlio, Toninho e mais um tantão de gente boa, do mundo, de Minas Gerais.

Dirão talvez que vivo na "ilha" de Minas, o que não pode ser, afinal, Minas não tem mar... Dirão talvez que só vemos nossa terra, que tudo é muito, mas muito provinciano, pequeno demais da conta, né? E eu lhes direi que "sou do mundo, sou Minas Gerais". Que o Brasil é o Beco do Mota. E que "o Tejo é mais belo que o rio que corre pela minha aldeia / mas o Tejo não é mais belo que o rio que corre pela minha aldeia / porque o Tejo não é o rio que corre pela minha aldeia..." O que o poeta Pessoa não sabia é que o rio que corre pela minha aldeia vai para o mar. Mas nasce no mar: o "mar de montanhas", onde navegamos com o Nelson. Não existe ilha. Qualquer ilha pode ser multidão. No mar das melodias de sempre.

JORGE MAUTNER, "PARA ILUMINAR A CIDADDE"

por Wander Wildner

1º — Tem que ser um disco que eu possa ouvir várias vezes, e não encher o saco.

2º — Tem que ser agradável, tranqüilo, dançante, maneiro.

3º — Com boas letras, que ao invés de me remeter para outro lugar, e não poder ir, me faça me sentir melhor na ilha deserta.

"Para Iluminar a Cidade", Jorge Mautner.

O cara fala com os animais, é natureza total, e o mais importante: me faz sentir bem comigo mesmo, sozinho, porém na boa!

É isso aí.

Boa praia a todos.

Título: "Para Iluminar a Cidade"
Artista: Jorge Mautner
Lançado em: 1972
Gravadora: Polydor
Faixas: 1. Super Mulher; 2. Olhar Bestial; 3. Estrela da Noite; 4. Chuva Princesa; 5. Anjo Infernal; 6. Quero Ser Locomotiva; 7. Sheridan Square; 8. From Faraway; 9. Sapo Cururu.

Esse disco foi gravado ao vivo, no Teatro Opinião, com direção de Lula da Silva nos dias 27 e 30 de Abril de 1972, com participações especiais de Carneiro, Sergio Amado, Alexandre, Tide e Otoniel.

THE BEATLES, "20 GREATEST HITS"

por Alexandre Petillo

"Não foi o primeiro disco que comprei"

Não foi o primeiro disco que comprei (foi "Cabeça Dinossauro", dos Titãs), nem o primeiro que mexeu profundamente comigo (foram "Nós Vamos Invadir Sua Praia", do Ultraje e "Vivendo e Não Aprendendo", do Ira!, empatados), mas não seria justo comigo mesmo se não escolhesse o "20 Greatest Hits", dos Beatles, como o disco que salvou a minha vida.

Foi por causa desse disco que virei um fanático por música, que me interessei mais e mais pelo assunto, que moldou a vida que eu teria dali por diante. Foi por causa desse disco que você está lendo esse livro hoje.

Ganhei o disco "20 Greatest Hits" da minha mãe, no meu aniversário de 13 anos. Ele tem uma capa brancona e o logo da banda no meio. Simplão. No começo, olhei desconfiado. Por algumas razões. A primeira era porque, rebelde sem causa que era, tinha como obsessão, mania e pirraça, contestar tudo que minha mãe dizia ser bom, principalmente as dicas musicais. A outra razão era que até então eu só ouvia rock nacional. Era maravilhoso ouvir rock na sua língua e todos aqueles caras contestavam a MPB que a minha mãe adorava — e isso me fazia ser parte dessa turma. Se era cópia ou não, enfim, não importava.

Acabei pegando a bolacha para ouvir com vontade mesmo uns três meses depois. E foi meio como a queda do muro. Não consigo teorizar a respeito, dizer o que senti, quão mágico foi o momento e coisa e tal. Eu simplesmente entrei no universo beatle e não sai mais de lá. A banda tornou-se parte integrante da minha vida, como um parente próximo ou meu carro. Desde então, não passo mais de um mês sem ouvir um disco dos quatro. Fanatismo sem precedentes, equivalente ao que tenho pelo Timão (sabe o Sport Club Corinthians Paulista, tricampeão brasileiro e único time campeão do mundo reconhecido pela FIFA?).

Algumas pessoas delimitam os principais momentos de suas vidas com acontecimentos marcantes, como o primeiro beijo, a primeira transa, a formatura da oitava série, o primeiro carro... Minha vida, eu divido em discos dos Beatles — eu lembro exatamente do disco do fab four que eu mais ouvia nos períodos mais marcantes da minha existência. O começo da adolescência ("Beatles For Sale"), o primeiro amor não correspondido ("Let It Be"), o envolvimento com drogas ("Rubber Soul"), a entrada na faculdade ("White Album"), o meu primeiro emprego no jornalismo ("1", a coletânea)...

Me tornei um compulsivo logo nos primeiros dias de beatlemaníaco. Era tudo muito novo e não conhecia nada dos Beatles além do óbvio. Morava numa cidade do interior com pouco mais de 40 mil habitantes, sem cinema, livraria e internet era um sonho distante — o que não justifica ignorância, mas ajuda a explicar. Tudo que aprendi (inglês, inclusive) foi lendo os encartes e na bancada beatle da única loja da cidade. Só depois que descobri um livro sobre a vida do John na biblioteca da cidade. Como era o único exemplar, só estava disponível para consulta. O negócio foi xerocar todo o livro.

Ouvia esse "20 Greatest Hits" até rachar. Dedilhava a introdução de "Ticket To Ride" no arame do caderno durante as aulas do ginásio. Fazia com extrema destreza, diga-se. Coisa que me levou a entrar numa escola de música para aprender a tocar guitarra. Foi nessa escola em que um dos professores, muito perspicaz, me mandou largar os estudos e me dedicar totalmente ao rock. Cogitei. Duas semanas depois, a escola (de música) foi despejada por falta de pagamento do aluguel. Resolvi continuar estudando.

Comecei a economizar todo o dinheiro que entrava para comprar discos dos Beatles. Os primeiros da leva foram "Beatles For Sale", "Rubber Soul" e a coletânea "1962-1966". Esse último me dava uma tristeza um pouco maior pelas fotos da capa e da contracapa. Mostra os quatro no prédio da EMI, no mesmo lugar em 62 e depois em 69. Ficava pensando como foi feita a foto e quão triste teria sido tirar outra no mesmo lugar quando estava no fim.

Os anos seguintes foram massacrantes. Beatles 24 horas com alguns intervalos para um "Nevermind" aqui, um "Achtung Baby" e um "Zooropa" lá, os primeiros do Pato Fu, do mundo livre s/a — discos que por mais que você esteja concentrado em outra coisa diferente, não dá para ignorar. Acabei contagiando toda a turma, que quase se tornou uma gangue beatle.

Lembro que essa fissura toda me ajudou com uma das primeiras paixões pré-adolescente. Era uma garota mais nova que eu e morava no andar de cima da minha casa, um sobrado. A gente se encontrava na rua, mas nunca tivemos um momento propício para nos encontrar. Afinal, éramos crianças e a arte da sedução não fazia parte do nosso arsenal. Mas um dia eu cheguei em casa e ouvi aqueles acordes familiares vindo de algum lugar. "Ticket To Ride", "Roll Over Beethoven", "Help", toda uma seqüência... Era ela, aprendeu por osmose.

"Please Please Me" deve ter sido o quinto ou o sexto que adquiri. Me intrigava o fato de "please" ser repetida. Não entendia, seria "por favor, por favor"? Claro que não. Saquei o duplo sentido muuuito depois. E havia inocência.

Eu ficava pensando, "alguém se lembra de quando ouviu pela primeira vez a palavra Beatles?" Ou por acaso, quando bebê alguém te explicou quem eles foram? Não, claro. Mas, estranho, como sabemos da existência deles, se ninguém nos contou? E, olha que quando eu nasci, eles já tinham se separado há quase uma década. Se você perguntar para qualquer um sobre Beatles, todos conhecem, mesmo que não tenham ouvido pelo menos um disco. Vão se lembrar dos óculos do John, "Obladi-Obladá", "Yesterday" ou ié, ié, ié. E você sabe por quê nascemos com os Beatles no nosso subconsciente? É difícil dizer.

Talvez porque eles foram os artistas mais geniais, ousados, polêmicos, transgressores e quantos mais superlativos existentes. Se não fossem os Beatles, o rock seria hoje um mero verbete enciclopédico para designar uma modinha passageira dos anos cinqüenta. Não só modificaram a história da música, como modificaram a própria história. A sociedade, os costumes, as instituições, governos, filosofias, sexo, literatura, cinema. É por isso que você já nasce conhecendo os Beatles, mesmo sem conhecer os seus discos. Da mesma maneira que você já nasce sabendo quem foi Mozart, Beethoven sem ter ouvido qualquer sinfonia, Einstein sem ter lido qualquer dos seus livros ou provado qualquer teorema, ou até mesmo Jesus Cristo, sem ler a Bíblia. Foi a única banda de música — sim, de qualquer gênero — a contar com dois autênticos gênios em sua formação: John e Paul. E dois quase-gênios que faziam coisas geniais: Ringo e George.

Beatles continua sendo determinante em todos os momentos da minha vida, para o bem ou para o mal. Lembro que ela não me falou que o George tinha morrido, ficou com medo de saber qual seria minha reação. Só fiquei sabendo mais tarde, quando fui pegar os e-mails. Fiquei muito triste, claro, porque além de ser uma pessoa constante na minha vida, ainda nutria uma vontadezinha de ver os três reunidos para alguns shows, coisa de nostálgico sem vergonha como eu.

E é engraçado como os anos passam e as pessoas não mudam. Pouco antes de batucar esse texto, fiz uma rápida visita a um sebo de discos. Algumas barbadas, discos de novos artistas que juram ser a novidade mais quente do momento. Acabei levando uma edição do "Yellow Submarine", que ainda não tinha. Sem dor na consciência. Prefiro ser feliz. All you need is love.

Título: "20 Greatest Hits"
Artista: The Beatles
Lançado em: 1982
Gravadora: EMI
Faixas: 1. Love Me Do; 2. From Me To You; 3. She Loves You; 4. I Want To Hold Your Hand; 5. Can't Buy Me Love; 6. A Hard Day's Night; 7. I Feel Fine; 8. Ticket To Ride; 9. Help!; 10. Day Tripper; 11. We Can Work It Out; 12. Paperback Writer; 13. Yellow Submarine; 14. Eleanor Rigby; 15.All You Need Is Love; 16. Hello Goodbye; 17. Lady Madonna; 18. Hey Jude; 19. Get Back; 20. The Ballad Of John And Yoko.

Esse disco nunca foi lançado em CD, mas boa parte dessas músicas está na coletânea "1", de 2000.

WINGS, "WINGS OVER AMERICA"

por Leo Jaime

Nunca tive uma boa relação com as drogas. Não sei quem as tem e não admiro isso. Mas tive minhas passagens e elas acabaram em um evento bem esquisito. Estava na fase da cocaína. Durou seis meses. E coincidia com o fim de um casamento intenso (o casamento e o fim) e com uma falta de dinheiro crônica que resultava em vários dias sem comer. Às vezes eu ficava até seis. E aí perdia a vergonha de pedir. Mas pintava uns trabalhos pra fazer e neles eu tinha amigos que não deixavam faltar pó. Uma merda. Depressão, pó e comprimidos para dormir.

Um dia me escondi no mato, tomei 76 diazepans (pedi um adiantamento na editora para comprar) e só não tomei os últimos quatro porque já tinha apagado. Inconsciente fui me arrastando até a porta do apartamento de um amigo que, neste instante, estava de malas na mão se separando da mulher. Pedi auxílio e me levaram para o pronto-socorro. Fiquei um tempo lá fazendo lavagens e depois me levaram para casa.

Casa? Eu dormia no chão da sala da casa de um amigo que tinha surtado com a minha gracinha. E queria que eu sumisse dali o mais rápido possível. E fim de camaradagem. Fui para a casa de uma amiga que estava em férias na Bahia e só voltaria depois de um mês. Uma casa grande, gatos, cachorros, árvores, discos.

Uma imensa biblioteca e aquela boa coleção de discos me proporcionaram a possibilidade de passar um mês de boca fechada. Não saía, não falava ao telefone, não tinha nada a dizer e nem queria que soubessem que ali estava. Por mais assustadora que fosse a solidão, neste momento, era também um alívio. Um paradoxo. A obrigação do diálogo interno pontuado por algum contato com o belo.

Neste contexto apareceu em definitivo o desejo de me expressar por intermédio da música, apesar de toda frustração dos últimos anos no Rio passando perrengue. Não havia autoestima que sobrevivesse à falta de comida e de tudo o mais. Mas neste período ouvi um disco seguidamente. E ele, posso afirmar sem fazer melodrama, salvou minha vida. Era o "Wings Over America".

Eu sempre tinha sido mais ligado ao John do que ao Paul. Chorei muito quando ele morreu. Tinha aquela ilusão boboca de que a gente tinha que escolher entre um e outro, assim como entre Stones e Beatles. E isso acabou nessa época. Percebi que a união tinha tornado os dois geniais. E naquele disco várias das canções dos Beatles receberam sua versão mais pungente e emotiva.

O disco tinha arranjos do George Martin, tinha aquele guitarrista de 18 anos que morreu no dia em que a excursão acabou por ali. Ouvindo esse disco, pensando, quieto, lavei toda a tristeza e desespero. O belo é a única coisa que coloca a tristeza e o desespero em perspectiva. É a terceira dimensão, ou quarta, dando limite ao que sentimos. "Maybe I'm Amazed", "Live and Let Die", "Band On the Run", algumas dos Beatles estavam impagáveis.

Comprei o disco depois, mas não o tenho em CD. Também não posso dizer que não tenha aproveitado ao máximo aquela obra. Mudou minha vida. Um mês depois eu assinaria o meu primeiro contrato com uma gravadora. Um mês depois de sair do casulo.

Título: "Wings Over America"

Artista: Wings

Lançado em: 1976

Gravadora: EMI

Faixas: 1. Venus and Mars/Rock Show/Jet; 2. Let Me Roll It; 3.Spirits of Ancient Egypt; 4. Medicine Jar; 5. Maybe I'm Amazed; 6. Call Me Back Again; 7. Lady Madonna; 8. The Long and Winding Road; 9. Live and Let Die; 10. Picasso's Last Words (Drink to Me) 11. Richard Cory; 12. Bluebird 13. I've Just Seen a Face; 14. Blackbird; 15. Yesterday, 16. You Gave Me the Answer; 17. Magneto and Titanium Man; 18. Go Now; 19. My Love; 20. Listen to What the Man Said; 21. Let 'Em In; 22. Time to Hide; 23. Silly Love Songs; 24. Beware My Love; 25. Letting Go; 26. Band on the Run; 27. Hi, Hi, Hi; 28. Soily

PAUL SIMON, "GRACELAND"

por André Abujamra

Um pouco antes de começar minha vida profissional como músico na banda Os Mulheres Negras comprei o LP do Paul Simon, "Graceland".

Com "Graceland", Paul Simon alcançou a perfeição combinando seu talento para compor gemas pop com a semidesconhecida música mbaqanga, da África do Sul. Ele criou um híbrido fascinante que (re)encantou os velhos fãs e conquistou novos. É verdade que, naqueles dias de forte apartheid, a África do Sul era uma poderosa arma mercadológica e o disco de Simon trazia uma combinação mágica de harmonias pop com um tempero que poucos tinham ouvido antes, além de um estilo de escrita inédito na carreira de Simon. Na maior parte do disco, o cantor abandonou a narrativa linear nas letras — sua característica marcante — e desenhou elementos de alta poesia, como em "Diamonds on the Soles of her Shoes", poesia abstrata em "The Boy in the Bubble" e na sátira "I Know What I Know".

O disco trazia retratos da vida moderna. Fiquei bem maluco com aquelas misturas de música africana e pop. Aquilo era um mel para os meus ouvidos e foi ali que descobri esse meu gosto pela mistura, pelo diferente. Esse disco me mostrou quem eu sou musicalmente no mundo. Sempre procurei me reciclar musicalmente e como ser humano. Hoje eu me sinto mais seguro com a transformação, porém na época, eu tinha um puta medo de gostar de tanta coisa estranha. Meu pai foi para a Alemanha Oriental quando era estudante e trouxe de lá muitos discos russos que ele não tinha a mínima idéia do que era (até hoje a gente não sabe do que se trata) mas, ali, escutei muita coisa maluca e linda, não importava o que eles estavam cantando: eu conseguia entender!

Hoje eu consigo entender que a diferença une!

Quando alguém me fala que aquela coisa ou alguma pessoa é muito diferente dela eu já retruco falando que é justamente a diferença e não a igualdade que faz o crescimento da cabeça e da alma das pessoas.

Eu seguramente levaria esse disco do Paul Simon para uma ilha deserta, porque além da música, esse disco me ajudou a me achar no planeta Terra.

Título: "Graceland"
Artista: Paul Simon
Lançado em: 1986
Gravadora: Warner
Faixas: 1. The Boy in the Bubble; 2. Graceland;
3. I Know What I Know; 4. Gumboots;
5. Diamonds on the Soles of Her Shoes; 6. You Can Call Me Al;
7. Under African Skies; 8. Homeless; 9. Crazy Love, Volume II;
10. That Was Your Mother; 11. All Around the World or the Myth...

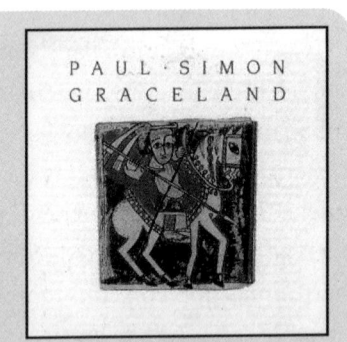

U2, "THE JOSHUA TREE"

por Alexandre Barroso

O ano era 1987. Ano em que ingressei no curso de Administração de Empresas da Universidade Estadual de Londrina. Nas idas e vindas entre a minha casa e a faculdade, o som ambiente do ônibus, sintonizado em alguma rádio local, sempre tocava uma música que me pegou pela beleza marcante da voz e da melodia. Aquela voz já me era conhecida, mas o estilo da música era diferente daquele que estava relacionado em minha mente.

Na época, com 19 anos, eu não gostava de música da maneira como gosto hoje. Música para mim não era uma coisa tão importante, mas mesmo assim tinha amigos em que a conversa sempre rolava em torno dela. Havia um amigo, em especial que sempre comentava comigo sobre alguns lançamentos. Lembro de quando ele me mostrou uma edição da revista Veja contendo uma matéria sobre o lançamento de "The Joshua Tree", o sétimo trabalho da banda irlandesa U2. Na hora nem dei tanta importância à notícia, mesmo porque já conhecia a banda do registro ao vivo "Under a Blood Red Sky" e o sucesso "Sunday, Bloody, Sunday".

Depois, em casa, lendo a referida matéria com mais atenção tive um "estalo", um "insight", de que aquela voz que reconhecera no ônibus poderia ser a do "cara do U2". Na tarde seguinte, quando soube que os meus pais iriam para Londrina (15 Km de Ibiporã, onde ainda moro), pedi para que a minha mãe comprasse o álbum pra mim.

Ao vê-lo, a identificação foi imediata, pois a capa e o encarte me chamaram a atenção por serem fotos em preto e branco tiradas no deserto. Ao ouvi-lo, a identificação foi maior ainda. A primeira música, "Where the Streets have no Name" continha umas linhas de guitarra em um crescendo fantástico, que culminava em uma melodia maravilhosa. E a voz. O que era aquela voz? A sensação que tive era que o cantor queria salvar o mundo cantando, o que, mais tarde, eu iria descobrir que eu não estava tão errado assim.

Na segunda música tive a confirmação da minha suspeita. "I Still Haven't Found What I'm Looking For" era a tal música que sempre ouvia no ônibus. A letra parecia ter sido feita sob encomenda pra mim e, como se não bastasse, a melodia era um primor. "With or Without You" também já era sucesso, mas ainda hoje me emociono ao ouvi-la. "Bullet the Blue Sky" era mais pesada, mas não menos bonita. A letra falava sobre as intromissões norte-americanas nos problemas alheios. Continua atual mesmo 16 anos depois.

"Running to Stand Still" é um triste lamento que fala sobre drogas e perdas. "Red Hill Mining Town" tem melodia bem americana e cuja letra fala da situação desumana dos trabalhadores das minas de carvão. "In God's Country" é um rock enérgico de guitarras crispantes. Bono abusa da ironia ao chamar os Estados Unidos como "o país de Deus". "Trip Through your Wires" é um contagiante country/blues de europeu branco, com direito a uma gaita de boca, tocado pelo próprio cantor. "One Tree Hill" é dedicada (assim como o álbum) a Greg Carroll, roadie da banda que faleceu decorrente a um acidente em 1986. A beleza da melodia é realçada pelos arpejos da guitarra e um refrão memorável.

"Exit" começa com uma melodia suave, porém tensa que explode em distorções. A letra utiliza metáforas recorrentes nas letras do vocalista, como "hands of love", "nails in the night" entre outras. Finalizando vem "Mothers of the Disappeared" que, como se pode notar, fala sobre as agruras e a força das "Mães da Praça de Maio" que tiveram seus filhos desaparecidos durante a ditadura de Perón na Argentina. Tudo isto emoldurado por uma melodia lindamente triste, como não poderia deixar de ser.

Como toda obra-prima, "The Joshua Tree" (cujo nome é o mesmo da cidade onde faleceu o músico de country-rock Gram Parsons, situada no deserto do Mojave, California) nasceu de um conflito: o desejo do vocalista em se aprofundar na cultura e na música de raiz norte-americana e a "necessidade" do guitarrista The Edge de continuar com o experimentalismo que já vinha ocorrendo desde o álbum anterior, o irrepreensível "The Unforgettable Fire". Mas tudo isto não seria suficiente se a banda não contasse com uma "cozinha" poderosa, a cargo de Larry Mullen Jr. (bateria) e Adam Clayton (baixo) que completam perfeitamente o "time".

A partir de "The Joshua Tree" comecei a me interessar por música, da mesma forma intensa como me interesso hoje. Lembro que empreendi uma busca de toda a discografia da banda, o que não demorou muito pra completar. Como conseqüência comecei a partilhar dos ideários pacifistas da banda (ainda que um pouco tardiamente), passando a dar mais atenção aos problemas políticos e sociais. Outra conseqüência direta foi o desejo de descobrir outras bandas contemporâneas (algo que persiste até hoje), como Jesus & Mary Chain, Echo & The Bunnymen, Smiths, New Order, Joy Division, entre outras.

Além disso, adquiri amizades entre pessoas que compartilhavam da mesma paixão, amizades estas que ainda hoje, 16 anos após, perduram. É por isto tudo que "The Joshua Tree" é o álbum que mudou a minha vida. Não fosse ele, eu, muito provavelmente não estaria aqui hoje, contando essa pequena história.

Título: "Joshua Tree"
Artista: U2
Lançado em: 1987
Gravadora: Universal
Faixas: 1. Where the Streets Have No Name; 2. "I Still Haven't Found What I'm Looking For"; 3. With or Without You; 4. Bullet the Blue Sky; 5. Running to Stand Still; 6. Red Hill Mining Town; 7. In God's Country; 8. Trip Through Your Wires; 9. One Tree Hill; 10. Exit; 11. Mothers of the Disappeared.

MICHAEL HEDGES, "AERIAL BOUNDARIES"

por Bruno Gouveia

Depois de muito pensar sobre o disco que levaria para uma ilha deserta, consegui chegar a um título apenas. Tratei de ver qual o CD que mais ouvi nos últimos anos. Por incrível que pareça, o resultado foi o disco "Aerial Boundaries", do guitarrista Michael Hedges.

A razão é meio absurda: adoro ouvir este disco enquanto almoço, enquanto relaxo, e embora disco não tenha bula, é ideal para uma tarde chuvosa e bem acompanhado (posso levar alguém comigo pra ilha?). Sempre que preciso de uma mensagem de paz vou direto a ele. Os calmos violões de Michael soam como um convite ao descanso (mas não ao sono). Ao mesmo tempo está longe de ser simplesmente new age, gênero que nunca me agradou e ao qual freqüentemente o rotulam.

Finalmente, se o ouvi tantas vezes sem enjoar, está altamente credenciado para viajar comigo. "Aerial Boundaries" é um disco instrumental. Numa ilha, se tocasse músicas com letras, acho que ficaria paranóico, tentando achar sentido para cada canção neste exílio. Prefiro assim.

Gravado em apenas dois canais de seu porta-estúdio, Michael registrou aquilo que seria um de seus melhores desempenhos. Sua maneira de tocar, criando com harmônicos, martelando e batucando as cordas ao mesmo tempo em que as arpeja me cativou. Desde o dia em que ouvi este disco pela primeira vez, não parei mais de colecionar seus álbuns, até a sua estúpida morte em 1997 num acidente de carro.

Michael Hedges foi um guitarrista elogiado e admirado por todos. "Aerial" foi indicado para o Grammy em 85 e é considerado por muitos como um divisor de águas na música feita com violões.

Título: "Aerial Boundaries"
Artista: Michael Hedges
Lançado em: 1985
Gravadora: Windham Hill
Faixas: 1. Aerial Boundaries; 2. Bensusan; 3. Rickover's Dream; 4. Ragamuffin; 5. After the Gold Rush; 6. Hot Type; 7. Spare Change; 8. Ménage a Trois; 9. The Magic Farmer

JOHN COLTRANE, "A LOVE SUPREME"

por Bruno Prieto

É assim que eu gosto de lembrar do meu álbum preferido. Pela personalidade que o compôs e pelo tema que ele se dedica a homenagear. Este foi o vinil mais apreciado pela minha família durante anos. Em silêncio, todos nós o ouvíamos e refletíamos, não sobre jazz, mas sobre a essência do que ele representa até hoje para a música. Universal, experimental, espiritual, etéreo, vanguardista, sublime. Quais — senão todos — os adjetivos acima são necessários para descrever uma parte da alma deste músico?

John Coltrane é um daqueles nomes que figuram entre os meus preferidos. O amor supremo que ele dedicou a seu trabalho e a sua própria criação estão presentes em muitas fases de sua vida. A sua obra-prima inspirou todos os músicos de sua geração mudando o foco do jazz para o minimalismo e para a filosofia oriental. Havia novos caminhos a serem trilhados e alguém tinha que dar esses passos.

Para mim, o gongo chinês soando além do saxofone e dos pratos da bateria, e o piano procurando os acordes em arritmia não poderiam ser um melhor começo para "Acknowledgement", tema de abertura do disco. Traduzindo, as sensações confessas sobre o amor vão tomando forma ao sabor da linha de baixo que é o tema central da música. Sutil como a descoberta do que é amar, a banda vai abrindo espaço para os sentimentos de Coltrane ao mesmo tempo em que acentua a repetição de notas, o mesmo riff, que se estenderá por minutos para lembrar-nos que o caminho da humanidade é como um ciclo de boas e más resoluções. Quando a melodia de baixo dá voz ao grave coro sobre o título do álbum há um esvaziamento de tudo o que ouvimos até então.

E começa a segunda música. Os instrumentos sussurram uma nova harmonia que de tão leve remete às calmarias de nosso sono. A sabedoria de Coltrane, no entanto, surge na mais rasgada melodia e repetidamente busca ritmos longos e loucos. As variações do sax lutam pelo seu espaço soando rápidas demais ou distantes de si mesmas. O que se repete de verdade são apenas as notas. O ritmo que há nelas representa a mutação constante do que sentimos. "Resolution" é como colocar a cabeça no travesseiro depois de uma longa conversa pesada ou como ser abandonado por quem já nos amou. Remete muitas vezes à dor e às desilusões da vida, pois é humana a capacidade de amar aquilo que se perde. A música vai do ápice ao seu final quase sem fôlego e repete seu último suspiro até que damos mais um passo do caminho do auto-conhecimento.

O caminho ao qual me refiro é voltado à busca espiritual. No Tao, o caminho, e na iluminação budista estão alguns fundamentos que inspiraram John Coltrane a realizar essa obra-prima. Talvez porque o saxofonista estivesse em sua fase terminal. Talvez fosse a natureza da sua infância pobre refletida em sua música. Ele e toda a comunidade artística da época estavam em contato com sua espiritualidade. Talvez por isso os mantras e o minimalismo sejam a essência de "A Love Supreme". Eles elevam a natureza da música com o objetivo de incorporar o pouco ao todo da obra — assim como no Tao, o vazio representa a essência da bondade. As repetições de notas e temas são um recurso estilístico que Coltrane usou para aproximar seu espírito ao nosso de forma que pudéssemos sentir a sua intenção sublime em relação à sua busca pessoal. A elevação espiritual faz parte da apreciação do todo e das partes que compõem o disco.

"Pursuance" — compreensão — a sutileza das percussões, dão continuidade a jornada espiritual. Nesta terceira parte a agressividade e o tumulto das notas dão lugar a melodias atonais, mudanças de humor e energia. O sax inspira mais uma vez a sensação de que algo deve estar à nossa frente, algo que une a musicalidade e o espírito e acalma os pensamentos. O amor se despe de todas as suas faces naturalmente. Coltrane e todos os que o acompanham atravessaram uma tempestade emocional até que seus toques formam uma suave harmonia. É a elevação do ser depois do conflito entre o amor próprio e as formas de amar.

Há uma sincera paz de espírito depois das reflexões que este álbum nos leva a ter. Por trás da música existe um sentimento de abandono, seguido do encontro do ser com seus medos e crenças. Existe a fé que está acima dos homens, mas que depende deles para sobreviver. "Psalm", ou Salmo, é o final deste ciclo. É um pouco de tudo o que foi abordado nos trinta minutos que compõem a obra. É o tema que Coltrane explora em seu sax para saldar com louvores a sorte e a vida. O amor supera todas as outras coisas e a música, enfim, tem seu período de cessar. O final deste é o começo de mais uma apreciação do baixo. O ecoar das graves vozes da primeira faixa voltam a povoar o inconsciente. "A Love Supreme!", os lábios quase cantam a melodia inicial do disco. Coltrane consegue assim terminar como começou: mostrando que os ciclos se apresentam nas nossas vidas para que façamos parte deles.

Este disco foi meu companheiro em quase todas as minhas viagens. Foi sempre uma boa lembrança de casa e é um disco que me trás boas memórias. Por ser um álbum instrumental ele acabou inspirando o que acabei de escrever. E quem o escuta acaba encontrando novas palavras para dizer — a sua maneira — o que acabei dizendo. Porque o amor é infinito e inspira momentos eternos. John Coltrane. Um amor supremo.

Título: "A Love Supreme"
Artista: John Coltrane
Lançado em: 1964
Gravadora: Impulse
Faixas: 1. Part 1 – Acknowledgement; 2. Part 2 – Resolution; 3. Part 3 – Pursuance/Part 4 –Psalm

LEGIÃO URBANA, "DOIS"

por Adriano Silva

O Fla, um dos "o meu melhor amigo" que tive na vida, me disse que a Legião tinha lançado novo disco. Eu estava na academia, tentando puxar ferro. Uma das duas tentativas que fiz de malhar. Naquela época, eu tinha 15 anos e me achava magro demais. Dez anos depois, porque me achava gordo. Em vez de músculos mais definidos, ganhei uma bursite crônica. E continuo fofinho. Mas não é disso que eu quero falar. Logo em seguida, Fla saiu, com sua bermuda Op e sua camiseta Lightning Bolt. A gente se cobria de surfwear naquela época, do primeiro fio de cabelo ao último artelho. Perfume era Styletto. Comida era xis salada. (O melhor que já comi na vida, aliás. Um disco maravilhoso, cheio de maionese.) Revista era a Bizz. Programa era o Clip-Clip. Mulher era a Piera. (E, vá lá, a Monique Evans, a Luiza Brunet, a Magda Cotrofe.) Sapato era o dockside da Samello. E o mundo era uma enorme possibilidade, cheia de coisas boas, de portas bacanas para abrir.

Era o ano de 1986. Eu vivia a turma perfeita. Éramos quarenta garotos e garotas. Os donos da cidade — Santa Maria da Boca do Monte, a gloriosa cidade universitária, no coração do Rio Grande do Sul. As festas mais legais começavam quando a gente chegava. E terminavam quando a gente saía. Uns já tinham carro, outros moto. Outros, como eu, camelavam numa boa: a cidade cabia dentro de uma pernada. Éramos bonitos e charmosos. Relógio G-Shock no pulso, Ray-Ban espelhados, calças Wrangler, tênis Marathon da Adidas. Ou uns raros Nikes e Reeboks importados. O mundo era nosso.

O primeiro disco da Legião já tinha nos conquistado em 1985. Naquele ano, as meninas ainda viviam a febre do Menudo. Para desespero dos caras. Especialmente dos mais críticos e antenados, como eu queria ser (hoje, acho que era apenas mais chato que a média). Mas o rock nacional chegou e nos arrebatou. Tinha uma coisa geracional acontecendo... e a nossa geração estava no meio disso! "Inútil", do Ultraje a Rigor, era um hino. Todo aquele primeiro disco do Ultraje era um manifesto, uma atitude, um jeito de ser que queríamos para nós. "Loiras geladas", do RPM, engrossava o eco de novidade, de juventude. No ano seguinte, o RPM explodiria. Para fulgor da libido das meninas e, de novo, para desespero dos caras mais chatos. (Ou ciumentos.) Essa ala mais radical e afiada, à qual eu me filiava, não queria nada que soasse muito comercial. Queríamos aquela sensação outsider, anti-establishment, que havíamos vislumbrado e experimentado ao nascer desse boom do rock nacional. (Uma "autenticidade" que durou pouco.) Essa turma, a minha, respondia ao Paulo Ricardo que aparecia no Globo Repórter e no Globo de Ouro, com "Eu Não Matei Joana D'arc, do Camisa de Vênus. Com "Núcleo Base", do Ira!. Até mesmo com "Tédio", do Biquíni Cavadão — que, a rigor, tinha mais a ver com o new wave nacional, de Metrô e de Ritchie, que o rock nacional avassalou.

Vivíamos uma certa contradição, naquela época. Não queríamos nada mainstream, mas ouvíamos emissoras FM comerciais, colávamos na tela da TV, consumíamos a última moda. (E a reproduzíamos, com a sensação de que a estávamos lançando.) A diferença, acho eu, é que alguns assumiam isso tudo, ou não perdiam tempo com análises, e curtiam a onda sem culpa. Outros, como eu, tinham dificuldade em assumir o lado "comercial" da coisa toda, que começava a ficar claro, e curtiam a mesma onda — só que com conflito e culpa. Julgávamos possível fugir à indústria, àquilo que chamávamos de música "comercial"... Uma ingenuidade da qual hoje tenho saudade — apesar de ter me custado algumas gramas de prazer num momento em que eu deveria ter relaxado mais.

Legião Urbana ofereceu, com o "Dois", um meio-termo possível. Resolveu essa contradição. Era ao mesmo tempo um puta sucesso e um produto que julgávamos "autêntico". Um sentimento que também tivemos pelo excelente "Cabeça Dinossauro", dos Titãs. Foram dois discos que uniram a turma, e todas as subturmas, na pista de dança. Quem já estava começando a ouvir os discos punks do selo Ataque Frontal — Cólera, Ratos de Porão, Garotos Podres, Olho Seco — e também quem gostava de Kid Abelha e ainda comprava discos de novelas se sentiam bem ouvindo Legião. O "Dois" nos traduzia, falava de verdade com todos nós, inaugurava na gente uma visão de futuro, de "jovens adultos" que não eram mais só "adolescentes". (Esse sentimento de ser bem-vindo às idades pós-teenage também era claro no primeiro disco do Capital Inicial. Aquela vida que o Dinho cantava era a vida que eu queria para mim. Traduzia o nosso, como dizem os publicitários, "aspiracional".)

A minha faixa preferida do "Dois" era, e ainda é, "Daniel na Cova dos Leões". (Escolhi essa música para tocar na minha formatura de faculdade, quando subi ao palco para pegar o diploma, para você ter idéia.) No rádio da academia, depois daquela conversa com o Fla, a que tocou foi "Tempo Perdido". Não era "Geração Coca-Cola", não era "Será?", faixas do primeiro disco que montavam a nossa expectativa em relação ao segundo. Com o tempo, e as audições, "Tempo Perdido", a capitã daquela seleção de craques do "Dois", se mostrou melhor. Mais madura, mais acachapante, mais provocante. Marcas de um disco que talvez represente o ápice do projeto do Legião de ser o The Smiths brasileiro — que, por sua vez, é talvez o mais bacana projeto de todos os que o Legião colocou para si. Aquela batida simples e dançante do Bonfá. Aquela guitarra dedilhada do Dado. O baixão do Renato Rocha — e nisso o Legião era até melhor do que The Smiths, que não tinham uma linha forte de baixo. As melodias crescentes, os refrões lá em cima. As letras compungidas, poéticas, confessionais, arregimentadoras do Renato Russo. Seu canto possante. Deus do céu. Que disco.

Dancei com ele, sonhei com ele. Fiz projetos, me compreendi melhor, me reconheci. Sofri minha primeira perda de amor ao som de "Acrilic on Canvas" e "Andrea Doria". (Nunca sofri tão belamente quanto naqueles dias exilado nesses dois petardos sonoros.) Vivi euforia, relaxei, curti minhas fossas existenciais mais que garoto em crise de crescimento. Tudo isso com "Dois". Obrigado, Legião.

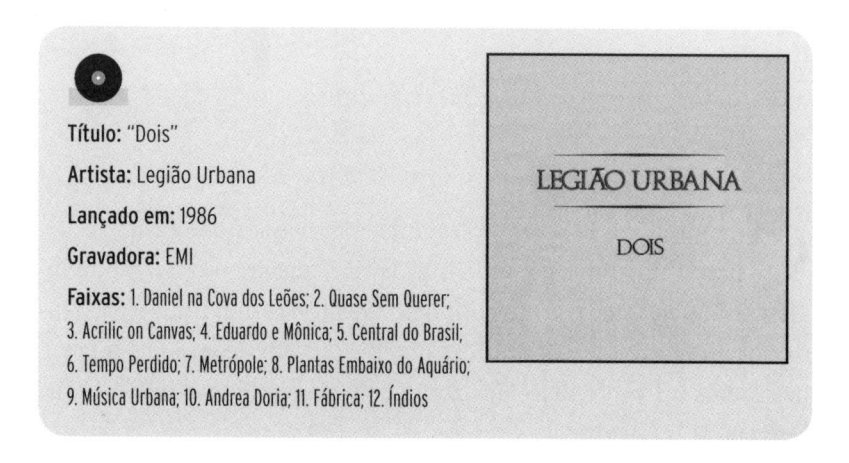

Título: "Dois"
Artista: Legião Urbana
Lançado em: 1986
Gravadora: EMI
Faixas: 1. Daniel na Cova dos Leões; 2. Quase Sem Querer; 3. Acrilic on Canvas; 4. Eduardo e Mônica; 5. Central do Brasil; 6. Tempo Perdido; 7. Metrópole; 8. Plantas Embaixo do Aquário; 9. Música Urbana; 10. Andrea Doria; 11. Fábrica; 12. Índios

LEGIÃO URBANA

DOIS

O K7 lançado na época vinha com uma faixa-bônus, uma versão ao vivo de "Química".

JIMI HENDRIX, "AXIS: BOLD AS LOVE"

por Lô Borges

Quando tinha 14 anos eu era um beatlemaníaco de carteirinha e passava o ano esperando o próximo lançamento da banda inglesa. Naquela época, junto com Beto Guedes, já tínhamos uma banda vocal que cantava as músicas dos Beatles em programas infantis nas rádios e TVs de Belo Horizonte com o sugestivo nome de "The Beavers" (Os Castores).

Na verdade, eu era um beatlemaníaco, mas também muito ligado em Bossa Nova, Chico Buarque, Festivais da Canção, Tropicália, e tudo que acontecia na fértil cena musical brasileira daquela época.

Um belo dia, alguém que não me lembro quem, trouxe para mim um disco de um guitarrista, cantor e compositor americano chamado Jimi Hendrix. O disco era "Electric Ladyland" e virou minha cabeça de forma absolutamente definitiva. A partir daí passei também a esperar todos os lançamentos de Hendrix.

Uma sexta-feira pela manhã, fui a uma loja de discos e achei uma pérola de Hendrix chamada "Axis: Bold as Love" e este sim foi o disco que mudou a minha vida.

Jamais poderia imaginar que algum artista fosse tão completo, revolucionário, visceral, usando ferramentas tecnológicas nunca antes usadas e fazendo da guitarra, do canto e das composições uma coisa tão integrada e forte.

Acho "Axis: Bold as Love" o melhor disco de Hendrix e o que mudou definitivamente minha vida. Quando você se depara com a abertura do disco, com o experimentalismo de vozes, tosses, efeitos de guitarra, copos de cristais se quebrando, desaguando na deliciosa "Up From the Skies" ou como "Bold as Love", a psicodelia dos pedais associada a efeitos de voz absolutamente geniais, ou como na faixa "Little Wing", em que o tom já nos remete a um Hendrix mais reflexivo e cru. É realmente para mim, impensável nos dias de hoje, não parar 48 minutos, em qualquer lugar que seja, para me deliciar com o genial "Axis: Bold as Love".

Título: "Axis: Bold As Love"
Artista: Jimi Hendrix
Lançado em: 1967
Gravadora: Reprise
Faixas: 1. EXP; 2. Up from the Skies; 3. Spanish Castle Magic; 4. Wait Until Tomorrow; 5. Ain't No Telling; 6. Little Wing; 7. If 6 Was 9; 8. You Got Me Floatin'; 9. Castles Made of Sand; 10. She's So Fine; 11. One Rainy Wish; 12. Little Miss Lover; 13. Bold as Love

DAVID BOWIE, "THE RISE AND FALL OF ZIGGY STARDUST AND THE SPIDERS FROM MARS"

por Thedy Corrêa

Sofri muito em minha vida por causa de outras pessoas. Até aí nada de novo — não é privilégio meu passar por provações na mão alheia. Sofri por paixões adolescentes não correspondidas e até por aquelas correspondidas demais. Vai entender...

Na ilha. O mar azul se descortina à minha frente e a areia da praia já entrou em cada reentrância de minhas roupas molhadas. Salvei-me do naufrágio graças a uma bóia que se desgarrou do bote salva-vidas usado pela tripulação em sua tentativa de sobreviver à tragédia que... Bem, lá estava eu abrindo minha mochila embaixo do sol forte da praia da tal ilha deserta.

Meu walkman e os fones estavam intactos. Remexendo no fundo da mochila encontrei o que minhas mãos ansiosas procuravam: "The Rise and Fall of Ziggy Stardust and The Spiders from Mars", de David Bowie. (A 30th Anniversary Edition, claro).

Nunca pensei em assumir uma identidade artística como Bowie fez criando Ziggy, mas tal pensamento não diminuiu em nada a enorme influência que este disco teve em minha formação como músico, artista e pessoa, afinal.

Confesso que quando ouvi pela primeira vez o disco, não tive a exata noção da obra que eu tomava contato. Apenas depois de alguns meses — fazendo audições freqüentes — é que percebi que o mundo de Ziggy Stardust havia se tornado parte de mim. Não conseguia pensar em outra coisa quando ia colocar algo para ouvir. Era automático. Vício. A porta de entrada foi "Lady Stardust" e "Soul Love". Depois de um tempo era "It Ain't Easy" e "Starman". Passei por todas — cada uma a predileta da hora — e acabei em "Rock'n'Roll Suicide", para logo recomeçar com "Five Years".

Alguém pode perguntar agora, o que tem tudo isso a ver com aquele papo de sofrimento lá no início?

O ano era 1989 e eu e meus colegas da banda cometemos "O Astronauta de Mármore". Logo eu, guardião feroz da obra máxima (para mim) de Bowie, estava assassinando o clássico!! AHAHAHAHAHAHA. Desculpe a analogia, mas lembrei-me de Cristo na cruz: "— Perdoe-os, meu pai, eles não sabem o que fazem."

Caras que não sabiam nem de que disco era a música, não sabiam quem era Bowie, não sabiam quem éramos nós, não sabiam escrever, não sabiam assoar o nariz e nem sabiam de que lado ficava sua própria bunda — resolveram se transformar nos arautos defensores da honradez e qualidade de Ziggy. Eles me fizeram sofrer?

Críticos e "jornalistas" que se consideraram profundamente ofendidos com o sucesso de uma banda que não teve vergonha de fazer uma declaração de amor à sua maneira. Ignoraram o fato que o próprio Bowie aprovou nossa leitura tão própria da história de Major Tom. Quando ele veio ao Brasil, falou sobre ela em seus shows. Mas não, os gênios da imprensa musical sabiam mais sobre o Bowie do que ele próprio. Admito críticas, mas apenas de quem tem um mínimo de conhecimento de causa, o que não era o caso. Eles me fizeram sofrer?

Não. Não sofri por eles. Sabe o navio que naufragou e que me trouxe até a ilha deserta? Quase todos os canalhas estavam nele.

Agora estão no fundo do mar servindo de alimento aos peixes. Esquecidos para sempre...

E o sofrimento, então? É que alguém tirou meu suprimento de pilhas da mochila. Vou ter que dar um jeito de sair daqui...

Título: "The Rise and Fall of Ziggy Stardust and The Spiders From Mars"
Artista: David Bowie
Lançado em: 1972
Gravadora: Virgin
Faixas: 1. Five Years; 2. Soul Love; 3. Moonage Daydream; 4. Starman; 5. It Ain't Easy; 6. Lady Stardust; 7. Star; 8. Hang on to Yourself; 9. Ziggy Stardust; 10. Suffragette City; 11. Rock & Roll With Me

THE SMITHS, "SHAKESPEARE'S SISTER"

por Simon Goddard

Sabendo do risco de me tornar óbvio demais (quem me conhece, sabe), tenho que dizer que o disco que salvou a minha vida foi algum do Smiths. O problema agora é a disputa na minha cabeça. O dilema é tentar encontrar aquele que mais me salvou. Todos salvaram, cada um em cada momento, cada lugar. Seria fácil e é óbvio cravar em "This Charming Man", que foi o primeiro disco — um single — que ouvi deles e, como muitos fãs, essa música está intrinsecamente grudada no meu corpo, afinal foi com ela que eles se apresentaram pela primeira vez no programa Top Of The Pops, em novembro de 1983.

Essa canção ainda é, na minha opinião, o mais perfeito single de todos os tempos — só não é o melhor porque está apenas um milésimo atrás de "Suspicius Minds", do Elvis — e eu não falo só da música, falo da capa, do lado B ("Jeane"), da coisa toda. O conjunto todo é pura perfeição.

Mas eu não comprei esse single imediatamente. Devo ter comprado cerca de um ano depois de tê-lo ouvido, dele ter sido lançado. Por isso, acho que eu seria desonesto comigo mesmo em colocar "This Charming Man" como "o escolhido", o ponto-zero da minha vida.

O disco que salvou a minha vida provavelmente foi o single "Shakespeare's Sister", para ser bem honesto. O que é ligeiramente irônico, uma vez que essa canção fala sobre suicídio, não sobre salvar a vida de alguém.

Mais uma vez, fui seduzido por todo o pacote. A capa (Elsie Tanner), o espetacular lado B, "What She Said", que também estava no disco "Meat Is Murder". "Shakespeare's Sister" simplesmente me enlouqueceu, fundiu minha mente, porque era diferente de tudo que estava sendo feito no pop britânico daquela época. Aquela música soava como alguma loucura sessentista, alguma jam boogie-woogie ou alguma raridade perdida do catálogo de rockabilly da Sun Records. Eles nunca tocaram essa música no Top Of The Pops. Ninguém na minha classe escolar (apesar de que nenhum deles gostava mesmo de Smiths) tinha ouvido aquela canção ou sequer sabia da existência dela. Por isso, ouvi-la era um prazer particular, uma emoção apenas minha, única.

E ela é tão curtinha! Dois minutos e nove segundos. Mas a brevidade da canção não me incomodava, porque no exato momento em que ela acabava, eu já colocava a agulha no começo do LP de novo. Era uma repentina tempestade furiosa de magnífico rock'n'roll. Era como ser devastado, estraçalhado, por breves momentos, para em seguida ficar atordoado, mas em êxtase, pronto para ser devastado de novo.

Eu estava, literalmente, apaixonado pelo Smiths. Apaixonado no significado mais profundo que existe no mundo. Eles ainda são donos da minha alma e se você me partir ao meio, certamente encontrará a palavra "SMITHS" entrelaçada em todas as minhas entranhas, em toda a minha pele.

Eles salvaram a minha vida de — bem, do que exatamente eu não sei — mas, talvez de ter vivido sem conhecer a dolorosa, genial e límpida poesia de Morrissey e de não ter ouvido a penetrante e sutil música que saía da guitarra de Johnny Marr. Será? Isso é impossível de imaginar. Salvaram a minha vida? Porra, os Smiths moldaram a minha vida.

Título: "Shakespeare's Sister"
Artista: The Smiths
Lançado em: 1984
Gravadora: Rough Trade
Faixas: 1. Shakespeare's Sister; 2. What She Said

RAMONES, "ROCKET TO RUSSIA"

por Marcos Filippi

Ainda lembro como se fosse hoje. O ano era 1983. Estava na quinta série do curso ginasial e tinha 11 anos. Não sei dizer exatamente qual era a aula, mas, com certeza, não deveria ser das minhas preferidas. Estava mais ansioso em ouvir o sinal do recreio do que em aprender o que quer que fosse ensinado. Um amigo estava na mesma situação. Entediado, colocou uma fita K7 que tirou de sua mochila em seu walkman. Começou a cantarolar sozinho algumas sílabas — até então para mim — sem sentido algum: "babababababababa mel mel mel...".

A alegria estampada no rosto dele ao ouvir aquele som era de deixar qualquer um comovido. Ele não se contentava em apenas ouvir e cantar as músicas. Ele praticamente dançava sentado na carteira enquanto o professor não parava de escrever coisas e mais coisas na lousa. Quando o bendito sinal do recreio soou, fui direto ao encontro dele saber o que estava escutando de tão bom. E o que era aquele "babababababababa mel mel mel...".

O grupo era um tal de Ramones. Um conjunto norte-americano, formado em Nova York, de que eu nunca havia ouvido falar. O disco era um tal de "Rocket to Russia", lançado em novembro de 1977. A música era "Surfin'Bird", uma canção composta pela banda The Trashmen e que havia sido regravada pelos Ramones nesse disco.

Logo nos primeiros acordes de "Cretin Hop" (a primeira das 14 faixas do álbum) fiquei surpreso com aquele som contagiante, aquela pegada, aquele estilo que nunca tinha ouvido nada parecido. Na época, já gostava de rock. Principalmente de heavy metal. Black Sabbath, Motorhead e Iron Maiden eram meus favoritos. Mas aquele tal de Ramones era algo que realmente mexeu comigo.

Levei emprestado o K7 para minha casa. Ouvi umas cinco ou seis vezes direto. Não sabia o que Joey Ramone estava cantando. Não falava inglês. Mas não importava. Aquele som era algo sensacional. Não tive dúvidas. Fui ao shopping próximo de casa e comprei o LP. Em casa, ouvi mais umas três ou quatro vezes o disco, sem parar. "Cretin Hop", "Sheena is a Punk Rocker", "We're a Happy Family", "Teenage Lobotomy", "I Don't Care", "Ramona", "Rockaway Beach". Até hoje fazem parte da minha extensa lista de músicas favoritas do Ramones.

Aos poucos, fui comprando toda a discografia da banda. Adquirindo livros, comprando revistas e recortando páginas de jornais que traziam qualquer história, biografia ou entrevista com eles. Garimpando sebos e lojas de CDs (aqui no Brasil e também fora do país) atrás dos maravilhosos bootlegs — discos com gravações de shows que não foram lançados de forma oficial — e que tivesse a marca Ramones. Qualquer coisa que Marky, CJ, Dee Dee, Tommy, Ritchie, Joey e Johnny tenham gravado — seja antes ou depois do Ramones, seja participação em trabalho de outros artistas — me interessa. Palhetas, autógrafos, baquetas, fotos, vídeos, objetos pessoais, credenciais de shows. Tenho um Disco de Ouro (ganho no Brasil pela venda de 100 mil cópias do "Mondo Bizarro") que é o item mais raro que eu tenho.

Na minha coleção, tenho mais de 350 CDs, LPs e fitas K7 do Ramones. Assisti a quase todos os shows no Brasil (com exceção do primeiro, realizado em 87), além de vê-los em sua última passagem pela América do Sul, em 1996, em Buenos Aires. Aliás, este espetáculo — que reuniu mais de 70 mil pessoas e contou com Iggy Pop como convidado — seria a última apresentação deles na história. Mas a banda acabou realizando mais alguns, durante o extinto festival norte-americano Lollapallooza.

Chorei quando soube da notícia da morte de meu ídolo Joey Ramone. Evidentemente, não era meu amigo. Havia entrevistado-o apenas duas vezes e conversei outras duas ou três vezes com ele rapidamente em um papo informal. Mas a tristeza de sua partida foi muito grande. Tanto quanto soube de forma oficial que o grupo realmente iria acabar, em 1996.

O Ramones e aquele "Rocket to Russia" acabaram mudando minha vida. Não apenas na música, mas também muito na minha forma de agir e pensar. Foi graças àqueles quatro caras vestidos de jaquetas de couro e calça jeans que acabei virando jornalista musical. Para mim, Ramones não é apenas uma banda de rock. É como se aquele grupo fosse um time de futebol. Sou fanático por aquele conjunto. A emoção de gritar "Hey Ho, Let's Go" em um show deles era a mesma coisa que gritar gol em um jogo do meu Santos.

O Ramones, para mim, é muito melhor do que Beatles, Rolling Stones e Elvis Presley todos juntos. Tecnicamente, o Ramones não é algo fantástico. Talvez esteja aí seu grande diferencial. A simplicidade do som do Ramones e também de seus integrantes, fizeram com que eu entendesse que tudo (ou pelo menos grande parte) na vida é simples. Nós é que complicamos.

Título: "Rocket to Russia"
Artista: Ramones
Lançado em: 1977
Gravadora: Waner
Faixas: 1. Cretin Hop; 2. Rockaway Beach; 3. Here Today, Gone Tomorrow; 4. Locket Love; 5. I Don't Care; 6. Sheena Is a Punk Rocker; 7. We're a Happy Family; 8. Teenage Lobotomy; 9. Do You Wanna Dance; 10. I Wanna Be Well; 11. I Can't Give You Anything; 12. Ramona; 13. Surfin' Bird; 14. Why Is It Always This Way?

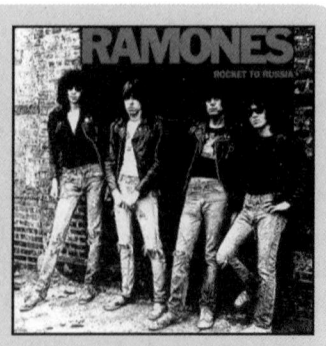

TAKAKO MINEKAWA, "CLOUDY CLOUD CALCULATOR"

por Kassin

Essa talvez seja a pergunta mais difícil para quem gosta de música. Se você gosta realmente de discos significa que você já ouviu muitos e tem muitos prediletos. Escolher um disco do meio de uma coleção é uma tarefa ingrata. Eu sempre me pego pensando assim: se meu prédio pegasse fogo, coisa que já aconteceu quando eu era pequeno, e eu tivesse que sair correndo o que eu levaria? Que instrumentos? Que discos? Com certeza não seriam as roupas. Por que eu não botei tudo em ordem alfabética? Ou por ordem de estilo?

Acho a opção da ilha deserta mais tranqüila, embora a idéia de morar sozinho numa ilha me assuste tanto quanto a de morrer queimado. Quando o Alexandre me convidou para participar fiquei pensando muito, pois seria difícil não botar o "Pet Sounds", o "Sex Machine", "Man Machine", "O Amor, O Sorriso e a Flor", o "Nação Zumbi" e tantos outros que sempre figuram nas listas semelhantes. Pensei bastante e cheguei no final a dois discos.

O primeiro foi eliminado dentro da minha cabeça por que não era um álbum propriamente dito, esse disco era "Day By Day" de um africano chamado E.T. Mensah, mas o disco ao qual me refiro é uma coletânea de 45 polegadas e não um álbum propriamente dito, embora eu aconselhe para quem não conhece. É um disco de uma orquestra de Highlife de Gana dos anos cinqüenta com influências da música latina, mas com guitarras africanas, muitos metais do tipo Calipso(????). Parece estranho descrevendo, mas quando você ouve, dá tudo certo.

Eliminado o E.T. Mensah deu Takako Minekawa na cabeça. Takako é uma cantora japonesa que fazia umas coisas com o Buffalo Daughter, com a Kahimi Karie e com o Cornelius. Com o Cornelius, ela acabou casando e tendo um filho, o Milo.

Em 1998 saiu o "Cloudy Cloud Calculator", que é o meu voto para a ilha deserta. Nesse disco Takako se vale de canções excelentes usando teclados e baterias eletrônicas de segunda mão, baratos, a vestimenta pobre das canções. Ela, de algum jeito, transforma a pobreza em luxo.

Os discos que marcam a sua vida sempre se relacionarão com ela em diversos momentos adiante. Eu me lembro de comprar esse disco em São Paulo. Quando eu ouvi na loja, fiquei imediatamente dentro do disco e esse disco ficou dentro do meu discman por meses. Já no Rio de Janeiro, eu andei de ônibus, de bicicleta e de carro com ele uma infinidade de vezes. Novos discos vieram, mas quando fui para Araras, gravar o disco com Moreno e o Domênico pensei em levar um só disco e esse foi o escolhido. Takako estava sempre no som.

O tempo passou e quando fui fazer o disco de remixes do Moreno+2 para uma gravadora japonesa, nós queríamos um remix da Takako. As meninas do Cibo Matto tinham o contato dela e de repente, lá estava eu me comunicando com ela por e-mail. Quando fui a Tokyo marcamos de nos conhecer e ficamos amigos.

A trajetória dela é muito interessante. Quando criança era atriz famosíssima de seriado infantil, foi crescendo e abandonou a televisão. Começou a tocar teclado e cantar, e tomou gosto por colecionar discos. Segundo ela, não havia dia que não comprasse pelo menos um disco. Nos anos 90 começou a freqüentar algumas bandas, entre elas, Fancy Face Groovy Name junto com Kahimi Karie, que também virou uma cantora famosa mais tarde.

Hoje, ouvindo o disco para escrever esse texto, vi como eu conheço cada nota. Imagino como isso não ficou muito conhecido, não fez sucesso fora do underground. Pode ser, por exemplo, que esse disco, assim como os outros da Takako, não foram lançados na Europa, apenas nos Estados Unidos. No Brasil, são inéditos.

O que me chama muito a atenção é a idéia de que aquela mulher conseguiu fazer tantas musicas geniais, tocar todos os instrumentos, produzir, cantar e fazer um disco que não soa datado. Não dá para dizer a época em que ele foi gravado, pode ser de qualquer época. Não remete a nenhum tempo ou país. Essa talvez seja a mágica que faça um disco ser um clássico. Não ter época é o mistério. Ou ele faz a época ter as suas características. Que poder ainda tem os discos sobre as pessoas, não?

Os discos que sucederam o "Cloudy Cloud Calculator" também merecem ser citados. "Maxi On" e "Fun 9" são geniais também, e de algum jeito dificultam muito a escolha pra ilha deserta, mas como já votei, não posso mais mudar.

Título: "Cloudy Cloud Calculator"
Artista: Takako Minekawa
Lançado em: 1998
Gravadora: Emperor Norton
Faixas: 1. Micro Mini Cool; 2. Milk Rock; 3. Phonobaloon Song; 4. Cat House; 5. Cloud Chips; 6. Kraftpark (Micro Trip Edit); 7. Kangaroo Pocket Calculator; 8. Black Forest; 9. International Velvet; 10. Cloud Cuckoo Land; 11. Telstar

GAL COSTA, "ÁGUA VIVA"

por Vânia Bastos

Tenho a nítida sensação, até hoje, do quanto o LP "Água Viva" da Gal Costa, me fez ter a certeza absoluta de que eu só poderia mesmo ser cantora nessa vida. Veio à tona uma Vânia que teve que tomar muita coragem para grandes decisões. Radicais. Era o momento, o lugar, eu precisava tomar partido.

Na época que eu ouvi esse disco, pela primeira vez, eu era uma estudante de Ciências Sociais na USP. Larguei tudo, já no quarto ano, com os pais aguardando a nova socióloga. Não foi possível. Colocava aquele disco, cantava junto, sentia a possibilidade, os caminhos se abrindo, aquele som com a voz da Gal, o timbre, paixão total pela música. Imaginava-me então nos palcos, com força. Minha força estaria ali. Só ali.

Também pudera, não dava para ignorar. O disco é de uma beleza ímpar, com "Vida de Artista" de Sueli Costa e Abel Silva, além de "De Onde Vem o Baião" de Gilberto Gil, "Paula e Bebeto" de Caetano e Milton Nascimento, "A Mulher" de Caetano Veloso (Lá vai ela / lá vai a mulher subindo/ a ponta do pé tocando ainda o chão/ lá na imensidão/ é lindo...") e esses versos mexeram totalmente com minha imaginação. E tantas outras músicas, uma mais linda que a outra, uma mais tocante, mais penetrante do que a outra. Gal em plena forma.

A diversidade da música brasileira contida nesse disco, as várias referências em apenas um lugar, um álbum, deu-me também um parâmetro, mostrou-me o leque de possibilidades para se mostrar o belo dentro da nossa história, dos nossos compositores e músicos. Enfim... arte pura. O disco que mudou minha vida, o disco que me deu um caminho a seguir.

Título: "Água Viva"
Artista: Gal Costa
Lançado em: 1978
Gravadora: Phillips
Faixas: 1. Olhos Verdes; 2. Folhetim; 3. De Onde Vem o Baião; 4. O Bem do Mar; 5. Mãe; 6. Vida de Artista; 7. Paula e Bebeto; 8. A Mulher; 9. Pois É; 10. Qual é, Baiana?; 11. Cadê; 12. O Gosto do Amor (part. esp.: Gonzaguinha)

ARRIGO BARNABÉ E BANDA SABOR DE VENENO, "CLARA CROCODILO"

por Rogério Skylab

Eu não vivi a experiência do tropicalismo nem a ditadura militar. Para a minha geração essas duas referências nunca chegaram a ser marcantes no sentido vivencial do termo, muito menos pra mim que sempre tive uma família pacífica, para não dizer alienada. Conheci filhos de pais torturados pela ditadura militar e para esses, de uma certa forma, 68 continua. Pra mim não: nada mais longe do que isso.

Esse preâmbulo serve para dar a devida dimensão a um acontecimento aparentemente sem nenhuma importância: a chegada às minhas mãos de uma fitinha cassete, contendo as músicas do disco "Clara Crocodilo". Quem me apresentara foi Sérgio Shuller. Na ocasião, 1982, fazíamos Faculdade de Letras na UFRJ, localizada na Av. Chile. É curioso que Sérgio fizesse parte daquele contingente citado acima de "filhos de pais torturados", porque todo seu movimento era justamente no sentido de negar esse fato. Fazíamos parte de grupos de poesia, líamos Rimbaud, e fundamentalmente ele discutia muito com a mãe, formada no quadro do antigo partido comunista. Claro que Caetano era uma referência, assim como Chico Buarque e toda música popular brasileira. E eu ia vivendo essa estória meio a contragosto como se tivesse sido empurrado para dentro dela.

Até que a fitinha chegou. Muito mal gravada por sinal. Que som quebrado era aquele? Não compreendi nada. Uma voz gutural, e outra, mais aguda, que eu já tinha ouvido. Os sons de metais, a guitarra, a bateria, as canções completamente esquisitas. A minha turma não estava compreendendo nada, com exceção do Sérgio que lançava-me uns olhares cúmplices. Aquela primeira audição foi marcante: eu sabia que tinha um disco importante em mãos, mas não compreendia nada. Eu sabia naquele momento que haveria de ouvi-lo por muito tempo. E assim foi.

Hoje pensando no choque que representou "Clara Crocodilo", produzido em 1980 (produção independente de Robinson Borba) com Arrigo Barnabé e a banda Sabor de Veneno, e trazendo no cast pessoas como Paulo Barnabé (Patife Band), o baixista Otávio Fialho, Itamar Assunção, Vânia Bastos, Tetê Espíndola, para não mencionar o texto das músicas e a capa do disco, é que de fato um novo mundo se descortinava. Era um golpe de karatê na MPB já moribunda.

Fodeu!!!!! Caetano deve ter percebido o estrago, tanto que tentou seduzir o inimigo. A música "Língua" traz uma menção explícita a Arrigo. A partir daí, o rock Brasil entra em cena. Basta pensarmos na Blitz, a primeira das bandas a surgir: uma versão carioca e ipanemense de "Clara Crocodilo". Estamos sob um outro sistema: a partir de "Clara Crocodilo" a reflexão dá lugar a ação; o banquinho e o violão dão lugar aos gritos e aos movimentos largos; a música tônica dá lugar aos ruídos, ao atonal e ao dodecafonismo. Em referência à MPB, em nível de texto, desde a bossa-nova, tem-se a idéia da meditação, da reflexão, da mensagem a ser codificada. Quando a gente pensa no axé, nos grupos de pagode, ou mesmo numa música sertaneja, ainda que sejam formas exorbitantes, a MPB permanece dentro delas, senão como estrutura musical, ao menos como um modelo ao qual elas se aproximam ou se afastam. O sujeito na MPB está preservado: é ele que dá unidade a possíveis dissonâncias que são rapidamente resolvidas na tônica.

A pergunta "onde andará Clara Crocodilo"?, pergunta essa que eu reintroduzo no "SKYLAB III" (disco de Rogério), abre uma nova perspectiva: não se fala mais do sujeito, mas sobre o sujeito; se está para além dele. Após possíveis respostas sobre onde andará Clara, chega-se nesta: "Será que ela está adormecida em sua mente, esperando a ocasião propícia para despertar e descer até seu coração, ouvinte meu, meu irmão?". Essa última possibilidade nos desloca para fora do sujeito, objetivando-o e dando-lhe um campo de foco. E esse é o último momento do disco, como se para chegarmos a tal revelação fosse preciso uma longa travessia: não só pelas músicas anteriores como pelos 20 anos que passou aprisionada num disco de sebo. De fato essa idéia de tempo contrasta com o imediatismo do mercado. E talvez tenha sido esse o pecado capital do rock brasileiro.

Em verdade, o rock Brasil traiu suas origens. A Blitz é um bom exemplo, porque foi a partir dali que o rock brasileiro dava os seus primeiros passos — isso, claro, sem considerar experiências isoladas e anteriores como os Mutantes. Mas foi com a Blitz que se desencadeou um movimento articulado que viria a dar no "Rock Brasil". E a experiência bem sucedida do movimento deve-se única e exclusivamente a essa traição: aproveitam-se as inovações no tocante a idéia de coro, a narrativa descolada da música, a total informalidade do narrador, coisas que estão presentes em "Clara Crocodilo", mas a estrutura musical continua intacta, dentro do universo da MPB — tão convencional como esta. Daí porque a sensação de que o rock brasileiro foi muito mais reformador que revolucionário: muda-se exteriormente toda a "mis en céne" da MPB, mas interiormente a estrutura é intocável.

Talvez o futuro da música brasileira acene numa outra direção e algumas bandas, muito precariamente, já começam a dar sinais nesse sentido. A semelhança com a MPB é puramente externa — porém ao nível da estrutura, internamente falando, há uma profunda inversão. E a idéia de perversão é justamente essa. Os refrões não foram abolidos mas têm uma outra função. O canto continua presente, assim como a guitarra, o violão, o baixo. Como em "Clara Crocodilo", tudo isso está presente, mas a sensação de estrago, de terra arrasada é grande. Revivendo aquela primeira audição, a primeira idéia que surge é a falta de chão. Nada disso foi sentido, ouvindo os grandes ícones da música brasileira. Seja Tom Jobim, seja Villa Lobos, você está em território seguro: nenhum susto, nenhuma sensação de mal estar; tudo já foi devidamente explorado antes: em Tom Jobim o jazz americano, em Villa Lobos o folclore nacional com a dignidade de música clássica. Mas em Arrigo há uma junção insólita: a música contemporânea com suas dissonâncias e seu atonalismo mais a cultura de massa. E isso deixa no ouvinte uma certa perplexidade: tudo que é dito em "Clara Crocodilo" é estranho e familiar ao mesmo tempo. "Você, ouvinte incauto, que no aconchego do seu lar, rodeado de seus familiares, desafortunadamente colocou esse disco na vitrola... o pesadelo começou".

É claro que esse pesadelo foi recalcado. A cultura tem essa função e o rock brasileiro serviu para isso. Em todas essas palavras, eu confesso que sempre tive em mente a idéia de não universalizar o sentido de rock. Até mesmo porque, ainda que o modelo do rock brasileiro seja o britânico ou o americano, a sua história começa com o declínio da MPB. Por outro lado, Beatles não seriam o que são sem o "Álbum Branco" e "Sargeant Peppers", experiências que estão longe de ter uma correspondência no rock nacional. A mesma coisa em relação a Frank Zappa. Portanto, é importante que relativizemos os termos.

Mas todo o recalcado volta. Outro dia, entrevistado por um grupo de estudantes, eu ressaltava a importância para a arte contemporânea da idéia da diferença. E um desses estudantes me perguntara na ocasião "por que a idéia da diferença seria a mais importante?". Eu diria que não é uma questão de importância, mas de ocultamento. Assim como a História da Filosofia é a história da Metafísica ou do ocultamento do Ser, segundo Heidegger, poderíamos também pensar na arte e portanto na MPB, esse mesmo processo de ocultamento. O privilégio à loucura ou ao "non sense", que podemos vislumbrar hoje em algumas bandas independentes, participaria desse mesmo movimento da arte contemporânea no sentido de um desnivelamento. E o que é ocultado senão a physis (natureza para os gregos) ou o que se convencionou chamar modernamente de "politicamente incorreto"? Tudo aquilo que não tivesse uma lógica aparente ou fosse contraditório em si; tudo que estivesse fora do minimamente aceitável, estaria alijado do processo produtivo. Pensar a diferença é justamente pensar o que está a margem, o que ainda não foi domesticado, o que ainda não tem nome. E para tanto é preciso ser trágico.

Não existe uma história do trágico. Até mesmo porque ele aparece repentinamente, abruptamente. "Araçá Azul" é o momento trágico na MPB, rapidamente ocultado. Assim como foi "Cabeça Dinossauro" no rock brasileiro. Daminhão Experiença é tão trágico que a MPB permanece resoluta em desconhecê-lo. Mas "Clara Crocodilo", mais do que "Tubarões Voadores" ou "Gigante Negão", é a expressão mais bem acabada do que poderíamos denominar "trágico" na música brasileira. Até mesmo porque tudo aquilo foi construído conscientemente. E também porque não existe antecedente nessa junção da música erudita, via atonalismo e dodecafonismo, com a música popular. Essa junção insólita extrapola todos os códigos: é algo novo no Brasil e no mundo.

Fazer música para mim é não encontrar ressonância no punk, nem no Rock Brasil, e nem no hip-hop — esse último, hoje em dia, tão em voga através da MTV e selos supercultuados como o Instituto. O que significa estar também a mil milhas da MPB. Porque fazer música é fundamentalmente captar o que ainda não foi transformado em ideologia. O mais terrível é ouvir artistas supercultuados, como é o caso de Marcelo D2, passando pelos Racionais MCs, Nação Zumbi e sentir em toda a verborragia exposta, o laivo de moralismo que a sustenta. Fazer música pra mim é de uma certa forma repetir "Clara Crocodilo". Ou então repetir infinitamente aquele momento inusitado quando ouvi pela primeira vez aquela fita cassete. Sérgio Schüller continua me olhando enquanto eu vou combinando alguns acordes para uma nova música. Logo ele que nunca mais encontrei. Lógico que existe um abismo entre essas minhas músicas e "Clara Crocodilo". Mas o processo de repetição é esse mesmo: o eterno retorno do diferente.

Título: "Clara Crocodilo"
Artista: Arrigo Barnabé e Banda Sabor de Veneno
Lançado em: 1980
Gravadora: Independente
Faixas: 1. Acapulco Drive-In; 2. Orgasmo Total; 3. Diversões Eletrônicas; 4. Sabor de Veneno; 5. Infortúnio; 6. Office-Boy; 7. Clara Crocodilo; 8. Instante

EDDIE, "SONIC MAMBO"

por Wado

O Eddie, de Olinda, é meio que nossa contradição ao negar o mangue como referência direta, mas ao mesmo tempo não é, pois eles sempre foram outsiders do movimento, e vieram antes, do finzinho dos anos oitenta. A poesia do Fábio Trummer, a brasilidade diferente da banda, lá pelos idos de 95 e nossa convivência próxima, com certeza foram escola para nossas vidas atuais. Além do Living in the Shit em Alagoas, eles nos mostraram como era ser profissional, como gravar, fazer foto, release, mandar as coisas, espalhar o som.

Apesar de trabalhar com percussão e ritmos brasileiros, o grupo é bastante influenciado por Pixies, Television e outros nomes fundamentais do rock. "Sonic Mambo" foi gravado nos Estados Unidos. A produção foi de Tom Soares (que trabalhou com o extinto Shelter) e as gravações foram feitas no Long View Farm, estúdio situado em uma fazenda no estado de Massachussets. "Seis gerações de rock'n'roll gravaram lá, inclusive o Soundgarden" dizia Fábio.

Atualmente a banda é formada por Trummer, Bernardo (bateria) e Roger (baixo), com a colaboração do percussionista Ernesto Vasconcellos (irmão do internacional Naná Vasconcellos). A formação do álbum contava com dois "batuqueiros", fato que pouco se reflete em um trabalho com tantas guitarras.

"Sonic Mambo" é uma mostra de como o rock pode ser vestido e renovado, seja na pegada do funk e do frevo, como em "Pés a Jato" e "Olhando os Dentes"; do reggae, o Eddie gravou "Coqueiros", do Kaya na Real; bossa nova, com "O Dia Passa" e surfmusic, com "Artu", uma música em homenagem ao amigo Tuco, morto num acidente automobilístico. Sair do Recife para gravar nos Estados Unidos resultou num trabalho com qualidade sonora superior ao que poderia ser feito aqui.

Caindo no disco, timbres estranhos, drives bem over-drives, um quê meio latino vestindo canções lindas, a voz do Fabinho totalmente fora de qualquer padrão, meio que um Chico Buarque punk (estou falando de timbre) eles encarnavam neste disco a diversão, a festa, o círculo de amigos e eu era adolescente na época, além do que admirava a postura dos caras.

Porque, como se sabe, música é muito mais que música, e o "Sonic Mambo" tinha essa onda, os caras alugaram uma casinha em Olinda, viviam uma história meio Pixies tropical. Eu admirava isso aí, então depois disso, todo mundo mergulhou fundo na música brasileira, assim como eu.

Título: "Sonic Mambo"
Artista: Eddie
Lançado em: 1998
Gravadora: Roadrunner
Faixas: 1. Videogamesongs; 2. Pedra; 3. Buraco de Bala; 4. Sonic Mambo; 5. O Dia Passa; 6. Festejem; 7. Os Pés a Jato; 8. Eu Só Poderia Crer; 9. Coqueiros; 10. Olhando os Dentes; 11. Artu; 12. Ontem Eu Sambei; 13. Sofistic Balacobaco

ALLEN TOUSSAINT, "SOUTHERN NIGHTS"

por John Sinclair

Que a verdade seja dita: eu não consigo realmente imaginar uma única noite em que um disco não tenha salvo a minha vida. Porque a música tem salvo a minha vida constantemente e mantido o que restou da minha sanidade. A música é tão vital em mim desde quando eu era um garoto, com 10 ou 11 anos, morando numa pequena fazenda em Michigan. Foi quando eu ouvi pela primeira vez — e adorei — zunindo pelo rádio que ficava na cabeceira da minha cama, os sons de "One Mint Julep", do The Clovers.

Agora, nessa madrugada, enquanto escrevo, é Charlie Parker with Strings que me prega uma peça, me fazendo relembrar das quase vinte mil noites que eu sobrevivi até hoje, desde minha juventude (incluindo aí as mais de mil noites que eu passei na prisão), das vezes que flutuei com a ajuda dos grandes discos, das grandes canções, das inúmeras vozes e dos instrumentos que trouxeram uma alegria sem fim para a minha vida. É impossível escolher apenas um. Mas teve um, que eu ouvi numa noite em particular, há 15 anos, que me salvou, um certo disco me ajudou a recuperar a felicidade de estar junto com uma pessoa, junto com a mulher que foi o amor da minha vida, minha esposa Penny.

Era o verão de 1988 e eu morava sozinho num minúsculo apartamento que eu construí no terceiro andar de um loft no centro de Detroit, no mesmo lugar onde eu dividia um escritório com Frank & Peggy Bach e Gary Grimshaw. Penny e eu tínhamos nos separado no verão anterior, durante um doloroso período que eu sofria de uma dura depressão e crise existencial. Mas eu não conseguia esquecê-la, não importa o quanto eu tentasse.

Estávamos nos esforçando desde 79 em manter esse relacionamento amoroso e já tínhamos nos separado e reconciliado umas quatro vezes antes desse duro rompimento de 1987. Eu passei muitas noites sozinho no meu quarto durante esse ano de separação, obcecado, com todos os meus pensamentos voltados para ela e pensando porque tudo deu tão errado com a gente.

Eu sou apaixonado por essa mulher desde a primeira vez que eu coloquei meus olhos nela. Mas, minha estúpida falta de lealdade e minha insensibilidade, arruinaram gradativamente a sua confiança nas minhas intenções, e eu não conseguia imaginar se ainda restava amor suficiente entre nós dois para voltarmos a viver juntos.

Naquela época, álbuns ainda eram LPs e eu estava ouvindo um disco do Allen Toussaint, chamado "Southern Nights", enquanto eu tentava encontrar algum tipo de pensamento conflitante com a confusão da minha mente. Nesse momento, uma das mais apaixonantes composições de Allen tomou conta dos amplificadores, uma linda e penetrante balada chamada "What Do You Want the Girl to Do", e, enquanto ouvia, eu percebi a importância do que ele estava tentando me dizer através daquela música: tudo o que aquela mulher queria era me amar, simples assim. Foi o que eu precisava saber para fazer aquele amor sobreviver.

Eu ouvi aquela música sem parar aquela noite inteira, enquanto eu imaginava e planejava nosso futuro em potencial, juntos, de novo. Finalmente aceitava a responsabilidade pelo meu papel central na criação de um novo relacionamento. Era insano, eu sei. Eu acordei cedo naquela manhã, bem disposto. Eu queria fazer tudo que era possível para efetivar a nossa reconciliação, e, se tivesse sucesso na missão, nunca mais magoar ou abandonar a mulher que eu sabia ser o amor da minha vida.

Assim, embarquei nesse rio e me empenhei pela retomada do nosso amor nas semanas seguintes. Professava meu amor por ela em todos os momentos. Propus casamento através de um poema que eu escrevi chamado "Querida, eu me rendo". Surpreendentemente, deu certo e o poema surtiu o efeito desejado. Nós voltamos no outono e nos casamos no primeiro dia de 1989. Dissemos o sim e celebramos nossos votos de fidelidade e amor eterno ao som de "Let's Stay Together", do Al Green, no equipamento de som. Depois, o incomparável Kenny "Pancho" Hagood fez uma apresentação ao vivo da balada que ele cantara pela primeira vez em 1947, então acompanhado pela orquestra de Dizzy Gillespie: "I Waited for You". Eu esperei por você. Valeu a pena.

Título: "Southern Nights"
Artista: Allen Toussaint
Lançado em: 1975
Gravadora: Reprise
Faixas: 1. Last Train; 2. Worldwide; 3. Back in Baby's Arms; 4. Country John; 5. Basic Lady; 6. Southern Nights; 7. You Will Not Lose; 8. What Do You Want the Girl to Do?; 9. When the Party's Over; 10. Cruel Way to Go Down

PIXIES, "DOOLITTLE"

por Luciano Vianna

Minha primeira viagem para o exterior foi em 1989, ano de lançamento do "Doolittle", do Pixies. Era época de discos de vinil, um transtorno em qualquer viagem desse porte e eu, garoto ainda, viajando pra Disney com os pais, consegui convencê-los a me arrumar dinheiro para comprar alguns discos numa dessas Tower Records da vida.

Entre um Stray Cats, um Midnight Oil e um REM, levei o "Doolittle", do Pixies, que eu já tinha lido muito bem numa crítica da extinta Bizz. Nessa época, nem imaginava que um dia seria crítico musical, muito menos que dez anos depois seria correspondente da revista na Europa.

De disco debaixo do braço, carregado com muito carinho durante toda a viagem, cheguei alguns dias depois ao Brasil e, finalmente, consegui escutar o álbum. Foi amor a primeira ouvida. Desde a primeira faixa, a espetacular "Debaser", até o final, com a linda "Gouge Away", todo o álbum beira a perfeição, com uma sonoridade que nunca havia escutado na minha vida.

Para quem tem menos de 30 anos, vale a lembrança que, antes da metade dos anos 90, praticamente não existiam rádios que tocassem rock no Brasil, não existia internet e, muito menos, músicas tocadas pelo computador. Nessa época, eram raras as pessoas que tinham dinheiro para comprar um disco importado, que levava pelo menos uns dois meses para chegar ao Brasil. Era uma época em que as pessoas se reuniam e faziam festinhas para escutar discos, que fitinhas BASF rodavam de mão em mão como se fossem o bem mais importante do mundo.

"Doolittle" foi o principal personagem de incontáveis reuniões em casa, onde bandas nasciam e morriam influenciadas pelos gritos de Black Francis, a doçura de Kim Deal, os fraseados do Joey Santiago e as batidas de David Lovering que, de tão ouvidas lá em casa, me fizeram ganhar uma bateria e montar uma banda. Nunca mais o Pixies soou tão bem, assim como nunca houve uma época tão boa quanto a adolescência.

Título: "Doolittle"
Artista: Pixies
Lançado em: 1989
Gravadora: 4 AD

Faixas: 1. Debaser; 2. Tame; 3. Wave of Mutilation; 4. I Bleed; 5. Here Comes Your Man; 6. Dead; 7. Monkey Gone to Heaven; 8. Mr. Grieves; 9. Crackity Jones; 10. La la Love You; 11. No. 13 Baby; 12. There Goes My Gun; 13. Hey; 14. Silver; 15. Gouge Away

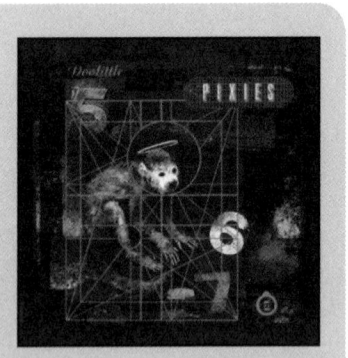

RUMO, "RUMO"

por Maurício Kubrusly

Escreva uma frase num pedaço de papel, qualquer frase. Por exemplo:

— Puxa... Você vai embora deixando tudo assim desse jeito? Não acredito.

Ou:

— Chega mais pra cá, mais pra junto, deixa de onda... Não, não, ao contrário, vem.

Pode ser também:

— Quantas vezes vou ter que repetir a mesma coisa pra você entender? Parece que tô falando grego, meu Deus do céu!

Agora, peça para uma pessoa ler alto uma das frases. Depois, longe da primeira que leu, peça para outra ler a mesma frase. Repita a experiência com as três frases com seis, oito, dez, doze pessoas ou mais. Claro que cada uma vai dizer a frase de um jeito, com uma entonação, uma melodia específica. Sim, tudo o que a gente fala sai de nossa boca com uma melodia embutida.

Não, não é apenas a letra da canção que vive coladinha numa sequência de notas. Somos, todos, em todos os idiomas e de certa maneira... cantores.

O Rumo jogou luz sobre isso. O óbvio soou tão estranho para a maioria, que o Rumo nunca tocou no rádio. O primeiro disco, com o nome do grupo, apareceu em 1981, mas o time estava em campo desde 1974. Com Luiz Tatit à frente, os dez vinham da sociologia, arquitetura, fotografia, artes plásticas, lingüística, sociologia e até da música. (Luiz tem título de doutor, pela Universidade de São Paulo, com uma tese sobre... música). E o disco inaugural provocou um delicioso estranhamento, dividiu a canção popular em antes e depois do Rumo. Infelizmente, pérolas para poucos.*

Antes do primeiro disco, o grupo montou três espetáculos extraordinários, reencontros com Noel Rosa, Lamartine Babo e Sinhô. Infelizmente, quase nada foi registrado desse reencontro audacioso com a tradição. Mas quem escuta o Rumo pode, sem ginásticas, reconhecer ali e aqui o clarão da trindade que eles colocaram na capelinha da música lá deles.

Até agora, já em outro século, o país inventado pelo Rumo oferece a melhor viagem para curiosos. A quarta faixa, por exemplo, costura interjeições, com as entonações mais comuns, e a seqüência é uma canção de verdade (linda):

"Han.. han...
Hum
Chiiii
Ai ai ai ai ai ai
Han?
Haa tá
Nossa! É isso?
Hei! hou!
Ara!
Ah!
Ah!"

Só que, aqui, nesta página muda, tá faltando a melodia. Que é precisamente a que você usa, sem querer, quando recorre a qualquer

---

* Com licença de Zé Miguel Wisnik, claro.

daquelas expressões. No caso, o grupo se transforma no barco que navega no rio que separa a margem da canção da margem da fala. Não é o sprechgesang do Pierrô Lunar de Schoenberg. É o Rumo. Que surpreende, e encanta, quando ouvido hoje, agora. E quantas milhares de canções escutamos nesses 29 anos? Entre tantas, quais aquelas que efetivamente nos arrancaram da lambança da rotina? Quantas vezes uma faixa nos imobilizou? O Rumo faz isso, mansamente. É o sorriso, não a gargalhada.

Luiz Tatit, depois, seguiu sozinho, com discos sempre cintilantes. E por que será que ninguém toca os discos do Luiz? E por que será que cantoras e cantores jamais regravam as invenções do principal compositor do Rumo?

Várias gerações de intérpretes surgiram e fizeram questão de evitar a luz do Rumo. Por quê? Até agora, esperamos o messias que cometa o milagre de revelar a razão do silêncio ao redor de disco tão iluminado. Aleluia!

Da patotinha inicial, saiu também Ná Ozzetti, uma intérprete superlativa, com repertório que honra a época em que era a única voz não masculina na banda. E por que será que ninguém toca os discos da Ná?

Paulo, irmão do Luiz, realiza um mutirão magnífico no território da música infantil, junto com Sandra Perez. Nenhuma relação com o bagaço sonoro que freqüenta as paradas de sucesso da trilha para baixinhos. Afinal, quem tem o Rumo no DNA, honra a sua espiral.

Hélio Ziskind, inventor de sons para espetáculos e discos infantis surpreendentes, é outro "rumento" que nos emociona e segue sem vícios do banal. (É dele a mais inesperada canção infantil: "A Noite no Castelo".)

Vamos lá de novo: por que será que um disco que gerou tanta qualidade é um ponto cego, neutro e mudo na trilha sonora da vida da maioria? Mas quem ouviu e ouve, já sabe o que levar para a ilha que considera contrabando mais de um disco.

Agora, depois de 29 anos de silêncio, nos acena mais uma piscadela do humor delicado do Rumo... Em 1985, o LP (!) "Caprichoso" se fechava com outra de Luiz Tatit: "Release". Ou seja: uma canção que conta a carreira do grupo. E termina assim:

"Chegando em 2004 o grupo festejou
Os trinta anos de sua independência
E, pela primeira vez, nas rádios de audiência
Com os locutores gritando:
É um grupo novo!!!
É singular."

Título: "Rumo"
Artista: Rumo
Lançado em: 1981
Gravadora: Independente
Faixas: 1. Encontro; 2. Época de Sonho; 3. A Pulga e a Daninha; 4. Ah!; 5. Acho Pouco; 6. Verdadeiro Amor; 7. Jakson Jovem; 8. Velho Comandante; 9. Canção Bonita; 10. Vinheta Noite Alta; 11. Ninguém Chora Por Você; 12. Minha Cabeça; 13. Carnaval do Geraldo; 14. Bem Baixinho; 15. Um Beijo; 16. Satélite; 17. Nostalgia e Modernidade; 18. Cansaço; 19. Chequerê

ELVIS PRESLEY, "COMMEMORATIVE ISSUE, THE TOP TEN HITS"

por Ricardo Koctus

Quando era criança ficava me perguntando como seria o futuro, qual seria a cor do céu no ano de 2000, será que o mundo chegará até lá? Diziam as más línguas: "em dois mil chegará, de dois mil não passará".

Eu ficava preocupado. Será que faremos viagens intergaláticas como o capitão Kirki? Será que teremos um telecomunicador para falar de qualquer lugar, a qualquer momento? O teletransporte? O homem biônico? Aquelas pequenas caixas de metal com uma tampa de vidro na frente onde você coloca uma vasilha com o alimento e em 30 segundos ele está pronto e saboroso? Portas que você chega perto e elas abrem sem precisar que as toque? Será? Computadores que faziam milhões de cálculos em minutos, segundos?

Então eu pensava na minha avó.

Lembrava vagamente das coisas que ela contava, coisas sobre o seu tempo. A novela do rádio, cujo personagem principal tinha um aparelho quadrado, com uma tela de vidro, com 3 canais onde você poderia ver as pessoas, programas jornalísticos... Uma época em que voar de avião era um evento.

Então eu penso na minha bisavó. Na minha tataravó, e descobri a máquina do tempo.

O futuro seria o desejo de alguém que há 30, 50, 100 anos atrás embarcou nessa viagem e percebeu que algo estava faltando? Para a escuridão da noite, a luz de tochas, velas, a luz elétrica. Para falar do outro lado do mundo, o telégrafo, o telefone, o celular. Para saber as notícias em tempo real, o rádio, a TV. Para cozinhar mais rápido, o microondas. Para chegar mais rápido, o avião.

Ah! o teletransporte!

Não, não estou louco não!

A Internet. Navegar para o Japão pelas ondas da rede, em segundos ir para o Havaí, ir ao banco pagar umas contas e voltar logo, ir ao supermercado, fazer compras em NY, namorar.com.qualquercoisa, enfim uma variedade de lugares e serviços não seria uma forma de teletransporte?

Talvez até melhor que o do Dr. Spoc e sua trupe.

Não preciso sair de casa.

No ano de 2001, o mundo não acabou, voar de avião parece mais comum. As naves e aeronaves estão voando cada vez mais rápido, a televisão a cores, digital, tela plana, o celular para falar de qualquer lugar e sem parar de andar, a "interneteletransporte".

Enfim...

O sonho de algum maluco, seja por uma visão futurista, ou por um dom divino, por um golpe de sorte, pela necessidade ou por tudo isso junto, revolucionou, quebrou barreiras, do som, do preconceito, das fronteiras. Mudou o mundo.

Por isso eu levaria um disco do Elvis comigo.

Poderia citar outros que como ele fizeram a história da música, revolucionaram o comportamento social e cultural no mundo inteiro. Mas enquanto eu pensava em passado e futuro na minha infância a trilha sonora era ELVIS!!

Eu me lembro dos discos que ganhava da minha mãe de Natal com as trilhas dos filmes que Elvis atuava, filmes que passavam na TV. Lembro da coleção que meu pai tinha, com discos importados que naquela época era um milagre conseguir algum. Mas hoje com as invenções criadas por alguns malucos tempos atrás ficou bem mais fácil.

Levaria esse disco: "Elvis Presley Commemorative Issue: The Top Ten Hits". Uma coletânea com 38 músicas que Elvis gravou e que entraram nos primeiros lugares da parada norte-americana. Elvis foi o responsável pela maior revolução da música mundial no século passado. Levaria este disco para me lembrar que é preciso revolucionar!

Shake baby, shake, rattle and roll. It's now or never!!

Título: "Commemorative Issue - The Top Ten Hits"
Artista: Elvis Presley
Lançado em: 1987
Gravadora: RCA
Faixas: 1. Heartbreak Hotel;
2. I Want You, I Need You, I Love You; 3. Hound Dog;
4. Don't Be Cruel; 5. Love Me Tender; 6. Love Me; 7. Too Much;
8. All Shook Up; 9. (Let Me Be Your) Teddy Bear; 10. Jailhouse Rock; 11. Don't; 12. I Beg of You;
13. Wear My Ring Around Your Neck; 14. Hard Headed Woman; 15. One Night; 16. I Got Stung;
17. (Now and Then There's) A Fool Such as I; 18. I Need Your Love Tonight; 19. A Big Hunk O' Love;
20. Stuck on You; 21. It's Now or Never; 22. Are You Lonesome Tonight?; 23. Surrender; 24. I Feel So Bad;
25. Little Sister; 26. (Marie's the Name) His Latest Flame; 27. Can't Help Falling in Love; 28. Good Luck Charm;
29. She's Not You; 30. Return to Sender; 31. (You're The) Devil in Disguise; 32. Bossa Nova Baby; 33. Crying in the Chapel; 34. In the Ghetto; 35. Suspicious Minds; 36. Don't Cry Daddy; 37. The Wonder of You; 38. Burning Love.

ALZIRA ESPÍNDOLA, "PEÇAM-ME"

por Glauco Cortez

Debruçado sobre a grade da sacada do apartamento, minha vista alcança uma infinidade de móveis e imóveis nas ruas e avenidas. Mas disso nada realmente vejo, porque vasculho minha alma enquanto ouço "Peçam-me", de Alzira Espíndola. O disco é tomado pela paixão: "Boca vermelha cor de amora cor de aurora/ dois cogumelos recheados com açúcar" ou "solidão há de ter nexo/ bebo veneno sem sexo/ pela manhã". Todos os sentimentos do passado, do presente ou que surgem neste momento estão revoltosos. Basta sintonizar suas 15 faixas para que meus olhos passam a enganar quem me observa. Vejo o mundo lá fora, comum a todos nós, mas só tenho imagens do que borbulha dentro de mim. A minha vista se perde entre prédios, avenidas, automóveis, faróis e pequenos transeuntes agitados.

Quando atento à parte externa, num intervalo entre uma música e outra, penso que motivo há para que estas canções não possam fazer parte da vida das milhares de almas desta cidade. Se é um disco tão belo, por que não toca no rádio? Como permitir que boa parte da população possa viajar com o disco pelos caminhos dos sentimentos? Perguntas tão bobas e ingênuas, em um mundo acelerado pelo dinheiro e pela economia de mercado, só poderia vir de alguém que se encontra imerso sobre si mesmo, nublado por sentimentos que ficam apagados pelo cotidiano, mas que renascem quando vemos um filme, uma cena, sentimos um aroma ou ouvimos uma boa música.

"Peçam-me" nos libera para esses devaneios porque é apaixonado. No entanto, há uma música que se destaca pela capacidade de transportar as pessoas, seja da sacada de um apartamento, de dentro do carro ou de uma ilha deserta: "Milágrimas" nos revira, nos expande e nos condensa. É uma obra-prima e, por isso, é quase uma reza, não no sentido religioso, apesar da superação da dor que está na letra, mas em sua musicalidade, uma oração solitária que permite transcender. A canção me leva da sacada do apartamento e me vejo mais distante dos móveis e imóveis que povoam a cidade alucinada em sua racionalidade. "Em caso de dor ponha gelo/ Mude o corte do cabelo/ Mude como modelo/ Vá ao cinema, dê um sorriso, ainda que amarelo/ Esqueça seu cotovelo". Se tudo que o poema de Alice Ruiz com música de Itamar Assumpção não resolve em sua estética e beleza nas três primeiras estrofes, resta sua última cena: "Mas se apesar de banal, chorar for inevitável/ Sinta o gosto do sal do sal do sal/ Gota a gota, uma a uma/ Duas três dez cem mil lágrimas, sinta o milagre/ A cada mil lágrimas sai um milagre". A poesia de Alice Ruiz também está presente em outra bela parceria, com a própria Alzira: "Penso e Passo", num clima MPBlue.

Mas se Alzira nos faz viajar no mundo que é próprio de tudo que vivemos e que sonhamos, também podemos tentar compreender não a poesia de cada música, mas o conjunto da obra. O disco é uma fusão, algo MPB e blues, com viagens ao RockPB, chorinho e folk. "Vôo alto só canto solto/ E o meu violão folk/ toca rock valsa polca/ samba reggae choro funk fox-trot." Tudo integrado em uma linguagem musical e poética que não fica somente nos intensos sentidos, mas percorre o cotidiano e o bom humor das letras: "P'ra que rancor, tanto tédio/ P'ra que terror, tanta mágoa/ A vaca já foi p'ro brejo/ Os burros já deram n'água." Isso é um pouco da contribuição de Itamar Assumpção ao disco. E, corrijo-me, não é pouco. O disco é quase uma leitura de Itamar. Das 15 composições, 9 têm a participação do Nego Dito. Algo como: "devagar comigo que eu sou de barro/ Não precisa tapas, nem com flor me bata" ou 'esse ti-ti-ti, iê-iê-iê-iê-iê/ Rock'n roll". O disco de Alzira interpreta e homenageia Itamar, literalmente. Alzira ainda fez uma música que se chama "Itamar É". "És firme feito rocha/ fino como moça/ clareia como tocha/ êh árabe Itamar é".

Se Itamar se faz difícil ou maldito para alguns ouvidos, esse é um disco indicado para conhecer a beleza da obra dele. Alzira veste Itamar com uma roupa suave. Ela facilita sem simplificar. Extrai toda a força e lirismo que as composições podem ter em uma voz feminina. Os dois formam aquelas parcerias em que tudo parece se encaixar, uma eventualidade da vida como em "Receita Rápida": "A mão de Deus ou do acaso/ reparte em mil fatias/ açúcar branco mascavo/ quem come se delicia".

Na verdade, quem ouve se delicia e sente o desejo de compartilhar. Deveria gritar da sacada do apartamento, mas ai, meus vizinhos! Penso na indústria cultural que permite que este disco fique preso à minha ilha de sonhos do mundo. Continuo a lançar os olhos sobre o vazio dos habitantes móveis e imóveis desta cidade. Eles circulam como entusiastas máquinas de existir. Da sacada deste prédio posso cantar com Alzira: "assim que passo e mudo/ um novo mundo nasce/ na palavra que penso".

Título: "Peçam-me"
Artista: Alzira Espíndola
Lançado em: 1996
Gravadora: Baratos Afins
Faixas: 1. Devagar Comigo; 2. Receita Rápida; 3. Peçam-me; 4. Você Cansou; 5. Só Solitário; 6. Outra Coisa; 7. Penso e Passo; 8. Finalmente; 9. Itamar É; 10. Milágrimas; 11. Violão Folk; 12. Saberia me Dizer; 13. Bomba H; 14. Chorinho Caipira; 15. Ti ti ti

NIRVANA, "NEVERMIND"

por Odersides Almeida

Tudo o que era possível já foi dito e redito sobre esse disco. Todos os adjetivos positivos já foram empregados, alguns até inventados. O disco que pôs de pernas para o ar o mercado fonográfico, que trouxe o underground das profundezas (sic), soco no estômago, chute no saco. "Nevermind".

Na época de seu lançamento, eu já trilhava alguns caminhos. Aos onze anos, os balões mágicos da vida já eram passado. Os clássicos do rock já tinham sido a mim apresentados e as novidades do rock brazuca, ainda com o fôlego e ares dos anos 80, eram acompanhados com ansiedade. Estava vidrado e, como percebi tempos depois, cego para tudo que não se enquadrava nos meus parâmetros de música.

"Nevermind" passou batido por mim, na época. Não, eu não estava em Seattle em 1991, não estava no olho do furacão. Para mim não houve furacão. Ouvi comentários sobre o fenômeno, mas não dei importância: "'Nevermind', cara! Nirvana!". "E eu com isso? O novo do Engenheiros tá bom para caralho, ontem vi um show do Doors na TV que nunca tinha assistido".

A ficha só caiu um ano depois. Ouvi mais por insistência de um amigo do que por interesse real. A primeira audição foi difícil.

Definitivamente não estava acostumado com aquilo. Um dia depois, já me martirizava: em que planeta estava até então para não perceber a importância daquele disco? Como pude ser tão tapado?

Escutava direto, precisava recuperar o tempo perdido. Mas isso não bastava. A redenção só viria de outra forma. Precisava mostrar aquilo para todos os que se encontravam em minha antiga situação. Saca aqueles pregadores que andam com a Bíblia embaixo do braço? Eu andava com o "Nevermind".

Ao mesmo tempo em que tentava convencer a todos — e aqui entenda "todos" na acepção pura da palavra, de parentes e amigos a completos desconhecidos — sobre as qualidades e a importância de "Nevermind", fui vasculhando a sala aberta pela porta chamada Nirvana. Se a banda de Cobain trouxe o underground até nossas fuças, decidi por vontade própria descer até lá. E valeu a pena.

Posso afirmar sem medo que "Nevermind" ampliou meu espectro musical. Ainda sou um ser da superfície, mas gosto de passar longas temporadas enfurnado em porões, escutando o tipo de som que raramente chega ao ouvido do grande público. (Escrevendo isso agora me bateu uma dúvida: será que na verdade não vivo nos porões e de vez em quando subo à superfície pra respirar? Acho que nem sei mais...).

Voltando a minha "pregação" nevermindiana, qualquer lugar era lugar para colocar o disco: churrasco com amigos, festa de família, encontro com a garota que queria namorar, sozinho, escutando cada instrumento separadamente. Não tinha luxos em emprestar: aquilo precisava ser escutado pelo máximo de pessoas possível. Era uma partilha.

Meu primeiro "Nevermind" sumiu nessas. Fui emprestando, emprestando, até que perdi seu rastro. O engraçado é que não fiquei puto. Na minha cabeça isso fazia parte do meu processo de redenção. Comprei outro que teve destino semelhante. Aí bateu o sentimento de perda e esqueci o papo da "pregação". O terceiro "Nevermind" que tive foi tratado como relíquia. Não saia de casa. "Gostou? Me dá uma fita aí que gravo pra você".

Hoje não tenho um "Nevermind". Só me resta uma caixa vazia. Alguém o levou. Várias vezes já pensei em comprar outro, mas nunca o fiz. Acho que na verdade ainda tenho esperança de que um dia pelo menos um dos três reapareça em minha vida. Não custa nada perguntar: alguém viu meus "Neverminds" por aí?

Título: "Nevermind"
Artista: Nirvana
Lançado em: 1991
Gravadora: Geffen
Faixas: 1. Smells Like Teen Spirit; 2. In Bloom; 3. Come as You Are; 4. Breed; 5. Lithium; 6. Polly; 7. Territorial Pissings; 8. Drain You; 9. Lounge Act; 10. Stay Away; 11. On a Plain; 12. Something in the Way

U2, "UNDER A BLOOD RED SKY"

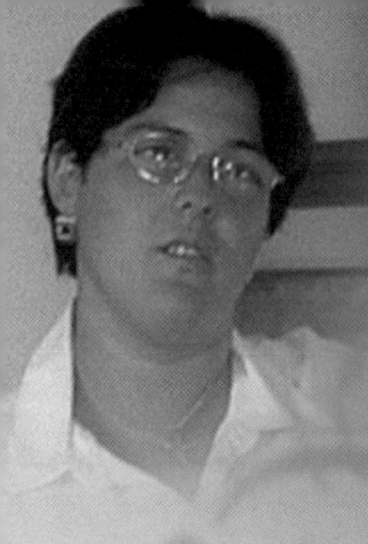

por Tatiana Tavares

Quando se tem 14, 15 anos de idade, a vontade de mudar o mundo, lutar contra as injustiças e, de alguma forma, ser "rebelde" é muitas vezes o que nos move. Talvez por isso a música — e mais especificamente o rock'n'roll — seja objeto de tanta identificação. Acho que a primeira imagem que despertou minha atenção para os discursos panfletários — e não há aqui nenhuma conotação pejorativa para o termo — foi a de Bono Vox empunhando sua bandeira branca e gritando para milhares de pessoas: "no more!", no palco do Live Aid.

O ano era 85 e a cena foi vista em uma tarde de sábado, na tela da Globo. Naquele tempo, não havia para mim muita diferença entre 'heavy metal', 'hard rock' ou qualquer outro rótulo, dos quais só ouvia falar pelos irmãos mais velhos das amigas, que tinham as paredes de seus quartos repletas de pôsteres de Iron Maiden, Black Sabbath e AC/DC, bandas que para mim, que até bem pouco tempo antes gostava de Menudo, pareciam todas iguais, pesadas demais. E U2, até ali, para mim estava no mesmo saco.

Mas de alguma maneira, as raízes do rock político já haviam sido plantadas em mim. Tenho certeza de que não era toda garota que passava as tardes de seus finais de semana brincando de Barbie e ouvindo Ira!, Legião Urbana ou Inocentes. O som punk, muitas vezes mais pesado do que as tais bandas metaleiras gringas de que eu fugia, tinha uma diferença significativa em relação a elas: era cantado — ou bradado — em português.

Letras fortes, engajadas e a postura cheia de "atitude". Me despertavam para o mundo fora do meu quarto e a imagem daquele homem vestido de preto, segurando um símbolo de paz e pedindo um "basta!", realmente me tocou, ainda que naquele momento, não soubesse o que havia sido efetivamente o tal domingo sangrento de que falava a música.

Algumas semanas mais tarde, uma emissora carioca apresentou um especial com o U2. Preparei o gravador empolgadíssima e descobri, dias depois, que o tal show exclusivo apresentado pela rádio era na verdade o EP "Under a Blood Red Sky". Juntei as merrecas da mesada e voltei para casa com um exemplar em fita K7 do disquinho de capa laranja que trazia Bono exatamente na mesma posição em que eu o havia visto pela primeira vez: agachado, pertinho do público, com a bandeira branca asteada.

Era época de curso de inglês e nada mais estimulante do que um disco ou melhor, uma fita, sem qualquer informação no encarte a não ser o local da gravação, produção e integrantes da banda. Nada de letras. Oito faixas a serem desbravadas. As amigas que também dividiam o gosto por trilhas inusitadas com as brincadeiras de boneca também resolveram se aventurar na empreitada.

Os alto-falantes ficavam sob o tampo de madeira da escrivaninha sempre cheia de livros, então, era necessário se encaixar embaixo da pequena mesa para ficar bem pertinho do som. A operação exigia a ajuda de mais duas amigas: uma para operar o 'play' e o 'pause' do gravador, que ficava na estante do outro lado do quarto (controle remoto naquele tempo era quase coisa de filme de ficção científica) e outras duas ao lado de cada caixa de som, com caderno e caneta a postos.

Tudo pronto e vinha o segundo problema: como entender o sotaque irlandês carregado de Bono Vox se o cursinho ensina o inglês americano? Falando assim, pode parecer exagero. Mas quando se tem 15 anos, se tem urgência, e paciência não faz parte do vocabulário. Foram noites e noites de sábado perdidas, regadas a brigadeiro, Coca-Cola e "Under a Blood Red Sky" para que no final, nos rendêssemos com prazer às revistas de letras traduzidas que tomavam cada vez mais conta das bancas.

A partir dali, comecei a me tornar o que sou hoje. O interesse em compreender o sentido das letras — não mais as palavras, mas o contexto no qual estavam inseridas — me fez buscar informações avidamente. Aquilo tudo se encaixava muito bem com o que diziam Ira!, Legião ou Titãs, todos interessados de uma forma ou de outra em transformar a sociedade ou pelo menos, em fazer com que acreditássemos que era isso o que desejavam.

É claro que, se o critério aqui fosse outro, alguma coisa do tipo "O melhor disco da sua vida", este texto teria sido bem diferente. O próprio U2 tem discos infinitamente melhores que "Under a Blood Red Sky". Mas foi a partir deste EP que pude descobrir os outros, e tantas maravilhas do bom e velho rock'n'roll.

Título: "Under a Blood Red Sky"
Artista: U2
Lançado em: 1983
Gravadora: Island
Faixas: 1. Gloria; 2. 11 O'Clock Tick Tock; 3. I Will Follow; 4. Party Girl; 5. Sunday Bloody Sunday; 6. The Electric Co.; 7. New Year's Day; 8. 40

BILLIE HOLIDAY, "LADY IN SATIN"

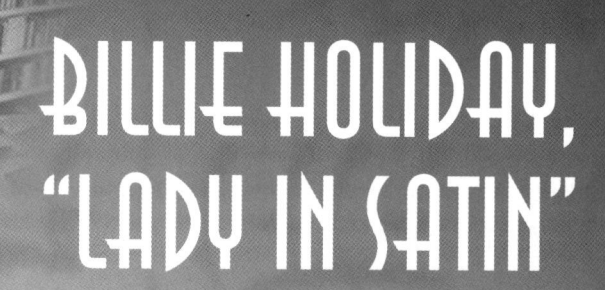

por Antônio Carlos Miguel

Foi Janis Joplin quem me aplicou de Billie. Além de me apresentar em seus discos a compositores pré-rock'n'roll como George & Ira Gershwin ("Summertime") e Richard Rodgers & Lorenz Hart ("Little Girl Blue"), nunca esqueci do que li numa entrevista na qual a branquela texana botava Bessie Smith e Billie Holiday na lista de suas cantoras favoritas. Tempos depois, através de uma gravação do Blood, Sweat & Tears, foi a vez da Billie, compositora bissexta, entrar na minha vida, com a arrebatadora "God Bless the Child" (parceria com Herzog).

A cantora mesmo, no entanto, não bateu de primeira. Para uma cabeça ainda roqueira, o blues da Imperatriz foi bem mais palatável no início, enquanto Billie, que sempre foi mais uma jazz singer e gravou raros blues em sua carreira, parecia melosa demais para os meus então ouvidos moucos.

Certo dia, algo mudou. "You've Changed" foi o gatilho, num vinil gasto, coletânea da CBS brasileira que trazia na capa uma caricatura de Billie tirada da caixa de LPs com suas gravações para a Columbia. Esse disco chegara com uma moça que viera ocupar o terceiro quarto de uma casa que eu já dividia com um amigo, no alto de uma ladeira em Laranjeiras, e virou o mais executado naqueles fins de noite, nas melancólicas tardes de domingo, em qualquer hora na qual procuramos nos agarrar numa canção como um náufrago em qualquer objeto que bóie. Tempos depois, eu já tinha a minha cópia, comprada num sebo do Centro do Rio de Janeiro. E, enfeitiçado pela Lady Day, logo passei a beber tudo de Billie que passava pela frente.

Aos poucos, também comecei a diferenciar as diferentes fases, nos selos por onde ela passara, até dar de cara com "Lady in Satin", seu último LP lançado em vida. O impacto daquela capa — Billie, aos 43 anos, linda, de perfil, cabelo preso em rabo de cavalo, brinco e colar sob o torso nu que um generoso tomara que caia nos oferecia — permanece até hoje. Assim como o repertório e os arranjos (melosos, sim) de Ray Ellis com sua orquestra — algo que tanto incomoda os jazzófilos quanto a maioria dos billieófilos. Para esses, aquilo caminha perigosamente no universo da muzak, que pouco teria a ver com "the real Billie". Mas a própria declarou na época que este era o seu disco preferido. Entre as músicas estava aquela versão de "You've Changed" que tudo mudou para mim, funcionando como uma chave para o mundo de Billie. E mais um lote de demolidoras baladas, desde então companheiras inseparáveis.

Esse disco foi uma chave também para o quesito orquestração, cordas e sopros. Algo que se revelou num abrangente universo para mim, mas que até então funcionara como um corta barato para alguém criado (a partir de Beatles & Stones) na seara de guitarras, baixo, bateria e eventuais piano, teclados e saxofone... Sim, sei que George Martin já aplicara belas orquestrações nos Beatles, e que Rolling Stones e cia. ilimitada também usaram eventualmente delas. Mas era algo episódico, nada tão ostensivo, ou derramado demais, como vim perceber mais tarde ao ser conquistado por outros arranjadores mais audaciosos. Claus Ogerman — para quem despertei mesmo no "Amoroso" de João Gilberto (dá para levar um segundo disco?) mas depois descobri que já tinham me encantado seus arranjos para Tom Jobim, principalmente em "Matita Perê" e "Urubu" — Nelson Riddle, Gordon Jenkins, Billy Strayhorn, Billy May...

"Lady in Satin" é uma confluência de muitos signos. A começar por uma Billie precocemente desgastada, mas que driblava as deficiências orgânicas e se reinventava. O tom dolorido da voz é um dos charmes, ainda mais embalado, comentado pelas orquestrações de May e pelos eventuais solos. Por fim, um repertório irresistível, em seqüência perfeita.

Na abertura, "I'm a Fool to Want You" é uma rara, talvez a única, letra de Frank Sinatra (para música de J. Wolf e J. Herron), o mesmo Sinatra que escalava Billie como a sua cantora preferida. São muitas as pérolas de um colar para apaixonados eternos, que passa por "It's Easy to Remember" (Rodgers & Hart), "You Don't Know What Love Is" (Raye & DePaul), "Violets For Your Furs" (Adair & Dennis), "But Beautiful" (Burke & Van Heusen), "Glad to Be Unhappy" (Rodgers & Hart), "The End of a Love Affair" (Redding)...

Nas recentes edições em CD, ainda somos brindados por deliciosos takes alternativos, com ela ensaiando, tropeçando em "I'm a Fool to Want You" e "The End of a Love Affair".

E a capa da edição em vinil é para ser emoldurada e posta ao lado de "Monalisa". No Louvre ou na ilha, não mais deserta.

Título: "Lady in Satin"
Artista: Billie Holiday
Lançado em: 1958
Gravadora: Decca
Faixas: 1. I'm a Fool to Want You (edit); 2. For Heaven's Sake; 3. You Don't Know What Love Is; 4. I Get Along Without You Very Well; 5. For All We Know; 6. Violets for Your Furs; 7. You've Changed; 8. It's Easy to Remember; 9. But Beautiful; 10. Glad to Be Unhappy; 11. I'll Be Around; 12. The End of a Love Affair (Mono Version); 13. I'm a Fool to Want You; 14. I'm a Fool to Want You (alternate take); 15. The End of a Love Affair: The Audio Story; 16. The End of a Love Affair

NENHUM DE NÓS, "ACÚSTICO 2"

por Ângela Azevedo

Não foi preciso pensar muito, talvez uma dúvida (atroz, pois toda dúvida é) entre George Harrison ("All Things Must Pass") e o Nenhum de Nós. Fiquei com o Nenhum. O "Acústico 2" da banda. Vários motivos eu tenho para justificar minha escolha, foi para isso que me pediram para escrever. Qual disco e porque.

Esse disco dos gaúchos foi todo pensado e produzido pela banda, sem a assinatura da emissora musical ou seu "padrão". O disco é indubitavelmente belo. Ouvir, sentir e cantar junto é como brindar: Você explora todos os sentidos.

Conscientes, eles nos brindam com uma sonoridade e perfeição de acordes únicos. Ouvir a guitarra de Carlos Stein é como se eu estivesse nas nuvens, de olhos fechados e tentando fazer "guitarrinha imaginária". O cara toca com uma delicadeza que você pode fechar os olhos e ouvir só a guitarra (costumo fazer isso, escuto um instrumento de cada vez).

Daí tem Veco, que toca muito. Tanto na qualidade como na quantidade. Dos instrumentos: sitar, banjo, bandolim... Em seguida vem os teclados mágicos do João Vicenti. Posso escolher em qual momento vou fechar os olhos: na concertina, no piano, na scalleta.... Sady, além de diretor de clima, é baterista/maestro de mão cheia, lotada.

Quer participação especial? Nico Bueno. Ponto final.

Agora a voz do acústico: Thedy Corrêa. Transparência vocal emocionante. Uma das mais belas vozes do pop nacional (como sou do tipo que quando gosto, gosto muito...). A mais bela voz. De todas. Fui explicativa e explícita.

Agora vem a resposta: não estou levando um disco para ilha, estou levando muitos discos para a ilha com o "Acústico 2". Coisas do Nenhum.

Uma boa parte da carreira do Nenhum, confesso com certa tristeza, não acompanhei tão de perto. Bom motivo para me redimir de tamanho pecado. Analisar a parte como um todo é arriscado.

"Você Vai Lembrar de Mim" é muito, muito lindo. Não me canso de ouvir. Aliás vou ter que levar vários exemplares do disco para a ilha. Um só vai furar. Daí, pulo para "Das Coisas Que Eu Entendo". O piano de João dá o tom. Tom. Ah...Ouça bem, tem George. Totally Harrison. E como "preciso ser livre"... (na ilha então...)

"Eu Não Entendo" é como os críticos gostam de definir — a maturidade da banda. Aí, meu brother, escuto a scalletta e a voz de Thedy... "Vem você para me oferecer mais... Um dia sou seu grande amor no outro dia não...". Putz, a harmonia (no sentido harmonia e união dos músicos mesmo) dessa canção é emocionante.

Pronto, não falo nada do Girassol (intimidade demais com o título da canção). Não tenho palavras. A beleza é sempre ou quase indescritível. Mineira que sou, fico quieta. Só sentindo o Sol Girassol. E choro de alegria, "se eu morrer não chore não... é só poesia".

Bruscamente vou para "Amanhã ou Depois", digo bruscamente porque escuto o Girassol 15, 20, 40 vezes. E acho "Amanhã ou Depois" uma das letras mais contundentes de Nenhum. Canto junto. E olha que cantar junto com Thedy é coisa difícil, o moço canta pacas (a palavra pacas é alguma influência, minha, é claro dos 70).

George continua me acompanhando na ilha quando ele "Deixa o Sol Entrar". Ah, Veco. Essa sitar e a "gaita gaúcha" ao fundo. George, com certeza, amaria essa música. Esse é O Girassol deles. (pretensiosa eu sou!).

A límpida e emocionante voz de Thedy e o piano de João eximem a minha culpa de dizer que "Eu Menti", como vocês podem notar, levo esse disco ao pé da letra, pessoalmente. Como um filme de minha vida. Acho isso tão bom. Meu analista aprova. Eu também. "Dizem que sou louco".

Quando escuto e vejo "Compaixão", lembro de minhas filhas Ludmila e Uiara. De meus irmãos, de meus amigos. De Stellinha, de Zezinho, de Tom, da Carmela, de filhos de todos os pais, de todos os filhos, e numa música tão bela e fortemente executada. E todos estarão comigo na tal ilha. Com a fúria e a doçura em se permitir "Compaixão".

"Julho de 83". Essa música é muito a cara do Thedy. Nunca consigo ouvir a música, só a letra. É de extrema beleza. Todas as pessoas (sensíveis) já passaram por isso, "ninguém me compreendia", é tão real e delicadamente poético que um LL* não deve ter passado por isso.

Ah, "Da Janela". Já furou no meu CD original. O lirismo dessa canção me lembra das nossas mineiras janelas e a gente debruçado, escondido. E de quebra estarei levando Astor Piazzola, by João Vicenti. Quer mais? "Você ainda me ama?". Eu arrepio. Vai ecoar na ilha esses acordes e a voz de Thedy. Os peixinhos ficarão apaixonados.

Agora estou vendo o pôr-do-sol no Guaíba, que nunca vi na verdade. "Vou Deixar Que Você Se Vá" é tão universal que posso estar no Tâmisa, na Lagoa da Pampulha, no Nilo, até no Mar Morto que eu canto. Que eu toco bateria, violão, guitarra, baixo, e o "escambau". A ilha está em festa. No "Acústico 2" é um grito alegre de "Não Vou Mais Me Segurar " ou "lhe". Mergulho no mar.

Saí do mar, não tem "Fuga" para Nico Bueno. Feche os olhinhos e baixem o baixo. Um "trenzim" mineiro. Será que Nico já andou de trem em Minas? Senão, "então adeus". Banjo incrível. Acho que vou pro Tennessee.

---

* Lesma lerda ou...

Estou levando o disco "Acústico 2" do Nenhum para a ilha, mas junto com ele, dentro dele, vão os Beatles, Tom Petty, Mutantes, Borghetti, New Order, Lô Borges, George Harrison, Byrds, Piazzola, Smiths, Secos e Molhados, O Terço, Travis, 14 Bis, Suede, Paralamas, Radiohead, Almôndegas, Coldplay, O Rappa, Beach Boys, Wings, Oasis, Shankar, Pogues... E o melhor: Nenhum de Nós.

Motivos pessoais: tenho. Amo os caras e a música deles. Não mais que de ter descoberto a maravilha de brindar o som do Nenhum. Quem levar um disco, leva só um, eu levo uma bagagem inteira, de uma história de vida, de música e principalmente de postura.

Não sou uma pessoa ilha, sou metrópole, mas a proposta era essa. Então aí está. Meu disco para a ilha, para qualquer lugar, para a minha vida. E para a delicadeza que sempre me permeou.

O "Acústico 2" salvou a minha vida em 2003. E outros que, espero, virão. Depois de lidar com tantos egos, tanta vaidade, o Nenhum me presenteou com essa delicadeza. Salvou-me com a amizade, com o reconhecimento, com o carinho que somente amigos verdadeiros podem nos oferecer.

Título: "Acústico 2"
Artista: Nenhum de Nós
Lançado em: 2003
Gravadora: Orbeat
Faixas: 1. Você Vai Lembrar de Mim; 2. Das Coisas Que Eu Entendo; 3. Eu Não Entendo; 4. Um Girassol da Cor de Seu Cabelo; 5. Amanhã ou Depois; 6. Notícia Boa; 7. Deixa o Sol Entrar; 8. Eu Menti; 9. Compaixão; 10. Julho de 83; 11. Da Janela; 12. Vou Deixar Que Você Vá; 13. Fuga; 14. Paz e Amor

MOTT THE HOOPLE, "LIVE"

por Alvin L

Como disse um querido amigo, prefiro afundar abraçado a toda minha coleção de discos do que escolher apenas um para levar para uma ilha deserta. Isso diz muita coisa para mim. Durante toda a minha existência, vários discos salvaram minha vida. Às vezes, apenas uma música salvou. Às vezes, só uma frase ou um riff. E muitas vezes, aquilo que me salvou naquele momento, não disse mais nada nos zilhões de momentos seguintes e outros continuam salvando sempre que é preciso.

Arte em geral, não apenas música, tem esse poder sobre mim. Me lembro de filmes que vi apenas uma vez, livros que quando acabei de ler recomecei imediatamente. Até um rosto na multidão pode salvar uma vida em um momento de necessidade. Um Warhol, um Hockney, um Pancetti: mais sete vidas salvas. Mas, por alguma estranha razão, minha alma tem mais ouvidos do que visão, tato ou paladar. Acabei tendo música como paixão, vocação e profissão e (dizem) talento para amá-la e reproduzi-la. E, muito de vez em quando, odiar também. Falar e escrever sobre o que se ama pode ser um prazer e uma tortura, às vezes ao mesmo tempo.

Dizer porque amamos um disco é mais ou menos como dizer porque amamos alguém. Podemos nos afogar em um mar de clichês que não fazem o menor sentido para mais ninguém. Mas um disco é diferente de uma pessoa nesse quesito, eu só consigo amar uma pessoa de cada vez, mas sou perfeitamente capaz de amar quase todos os discos do mundo ao mesmo tempo.

Escolher apenas um, no palheiro das coisas que amo, é certamente arranjar um problema comigo mesmo, pois toda vez que me lembrar disto, vou ficar pensando que deveria ter escolhido aquele, ou ainda aquele outro, achando que o "Sticky Fingers" vai ficar sentido ou que "Ziggy Stardust" vai se vingar de mim. Como não vou ter que ir a ilha deserta alguma, discos são objetos inanimados quando estão em silêncio e minha vida, pelo menos por enquanto, parece estar salva, acabei escolhendo por impulso, e tenho absoluta certeza que, quando estiver lendo esse texto, caro leitor, já devo ter mudado de idéia pelo menos 365 vezes e nem vou me lembrar por que escolhi logo este, um disco meio obscuro, de uma banda que tem um culto enorme embora nunca tenha estado na moda e seja praticamente desconhecida no Brasil. Mas cada momento é um momento, e o coração tem razões que a revista Vogue desconhece: eu adoro o "Mott the Hoople Live". Tenho toda uma história para contar sobre ele e vou tentar ser sucinto como um disco de Glam Rock dos anos 70... Rá, rá, rá....

Vamos aos fatos.

O Mott The Hoople foi uma banda meio armada por um produtor, Guy Stevens, um excêntrico e bem sucedido ex-mod, tido como gênio pela drogada e decadente Swinging London, em 1969. Ele descobriu uma banda cujo nome não me lembro mas que soava mais ou menos como um Rolling Stones mais sujo e decidiu unilateralmente que o que a banda precisava era de um cantor e compositor que fosse um Bob Dylan mais sujo ainda. A banda não gostou muito da idéia, mas para sair do buraco, mesmo com seus integrantes sendo ainda bastante jovens, resolveram ir em frente. Entra Ian Hunter, um cantor e compositor dez anos mais velho que o resto da banda, vesgo, cabeludo, com uma voz tipo Bob Dylan só que mais podre e grave e, como todo fã de Bob Dylan, cheio de letras mirabolantes.

Sem muito entusiasmo partiram para os ensaios. Não se sabe bem como, mas a coisa funcionou, um pouco diferente mas até melhor do que Guy Stevens tinha imaginado, e, pegando o nome de um dos livros de um escritor americano bem obscuro, Willard Manus, a recém-formada armação de maluco foi batizada de Mott The Hoople.

Sempre de óculos escuros para esconder a vesguice e muito cabelo na cara para disfarçar a diferença de idade do cantor, o Mott foi uma sensação imediata no underground inglês, que os via como uma biker band, ou seja, uma banda de motoqueiros sujos tipo Hell's Angels. Foram contratados pela Island Records, então a mais bem vista e bem sucedida gravadora independente do Reino Unido e lançaram quatro discos, "Mott The Hoople" (69), "Mad Shadows" (70), "Wildlife" (71) e "Brain Capers" (71), todos pesadamente produzidos por Guy Stevens, mas com vendas modestas. Só que o Mott era uma contradição de óculos escuros, seus discos vendiam pouco, mas os shows eram em lugares grandes e estavam sempre lotados.

Não havia explicação, os discos eram ótimos e originais, a gravadora trabalhava, a imprensa musical adorava (vai ver que era por isso, rá, rá, rá), e os fãs eram dezenas de milhares. Tentaram de tudo: compactos com covers de Neil Young, rocks pesados, baladas estontentes, turnês enormes, TV, rádio. Nada funcionava. Enquanto isso os shows lotavam mais e mais e a banda ficava desestimulada pela falta de vendas de discos, o que no primeiro mundo, ao contrário do Brasil, é o que sustenta os artistas e suas turnês. Desanimada, a banda resolveu acabar no começo de 1972.

David Bowie era então um cantor compositor de apenas um hit já meio antigo ("Space Oddity", 1969) mas era gravado com sucesso relativo por outros intérpretes e investia nessa carreira, apesar de estar de banda, gravadora e empresários novos e, sem saber, a ponto de explodir com seu próximo disco ("Ziggy Stardust", outro que salvou minha vida váááárias vezes, talvez mais do que todos os outros). Admirador de longe do Mott, já que achava a banda meio perigosa e tinha medo de conhecê-los pessoalmente, Bowie achou que uma de suas músicas seria perfeita para a banda e mandou um demo de "Sufragette City" para eles.

Para sua surpresa recebeu um telefonema do baixista agradecendo e elogiando a música, mas explicando que a banda tinha acabado. Arrasado e percebendo que a banda não mordia, tentou convencê-los a continuar. Só que Bowie nos meses seguintes passou de um mais ou menos, à pessoa mais famosa da Europa e pôs em andamento um plano que levou o Mott a uma nova gravadora (CBS) e empresário (o seu próprio Tony DeFries) além de compor uma música ("All The Young Dudes") e produzir um álbum (do mesmo nome) cheio de brilhantes angústias juvenis para a banda. Depois de um pequeno banho de loja e lançamento do compacto de "Dudes", o Mott The Hoople começou a tocar no rádio, vender discos às toneladas e receber em seus shows, toda uma nova leva de fãs adolescentes e gritalhões. Voi lá! Sucesso da noite para o dia!

Invadiram a América, Europa e Japão com a mesma eficiência e se tornaram uma das pontas de lança do novíssimo Glam Rock. Nenhum deles depois de anos batalhando, esperava por isso. Muito menos Ian Hunter, já com trinta e alguns anos, imaginou que viraria ídolo de adolescentes, capa e pôster de revistas cor de rosa, e tudo isso sem perder um milímetro da credibilidade artística conseguida nos anos de dureza da banda.

Foi assim pelos meses seguintes, com todos se bronzeando nos refletores e confortáveis dentro da gaiola dourada da fama. Só que, temendo ficar sob a sombra de Bowie que se tornava cada vez mais famoso e influente, a banda abandonou, depois de um ano o empresário (que não gostava muito de pagar ninguém) e resolveu não gravar mais nenhuma música do benfeitor, apesar dele ter oferecido o que seria mais um mega hit, "Drive-in Saturday". Mesmo assim continuaram a fazer sucesso internacional. Gravaram mais um disco, "Mott" (1973) antes do guitarrista Mick Ralphs sair para formar o Bad Company e perderam o tecladista Verden Allen pelo caminho. E, como todos sabemos, bandas de rock quando começam a trocar membros freqüentemente, é por que não se agüentam mais e estão perto do fim. No caso do Mott, mais uma vez. Depois disso fizeram seu segundo melhor disco, "The Hoople", em 74, e foi durante a espalhafatosa turnê deste que gravaram seu último disco enquanto Mott The Hoople.

A turnê seria coroada com uma temporada em um teatro da Broadway (Uris Theater), fato até então inédito para uma banda de rock, e um último show em Londres, no Hammersmith Odeon, templo do rock bacana da época. E assim foi que "Mott The Hoople Live" tem um lado ao vivo na Broadway e outro em Londres. O disco fez o sucesso esperado com o público, embora a crítica especializada tenha sido estranhamente blasé, mas foi atravancado pelas brigas públicas dos integrantes da banda, que se acusavam mutuamente em jornais e revistas de várias coisas desimportantes, culminando com a saída do quase novo guitarrista Ariel Bender, e entrada do velho escudeiro de David Bowie, Mick Ronson.

Tarde demais. Ronson, que também era estrela solo, chegou criando encrenca e tinha empresário e camarim separado. Depois de mais um compacto, Ian Hunter, o cantor compositor vesgo e principal força criativa da banda, foi embora com Ronson. Os que sobraram, o baixista Overend Watts, o baterista Dale Griffin e o, mais ou menos, novo tecladista Morgan Fischer contrataram dois novos membros e continuaram apenas como Mott (sem The Hoople) fizeram dois discos sem muito sucesso comercial (um deles muito bom, "Shouting and Pointing" de 76) e desapareceram nas brumas de Avalon.

Ian Hunter se saiu um pouco melhor, estreando solo com um disco homônimo de sucesso, mas sua carreira se alternou até 1980 em meios sucessos e fracassos artísticos e comerciais. Depois sumiu da mídia e virou objeto de culto, mas deixou um legado subcutâneo. Em 1977, ao ouvir pela primeira vez os Sex Pistols, eu e muitas outras pessoas tivemos a nítida impressão de estar ouvindo uma imitação descarada da fase pré-Bowie do Mott The Hoople. Embora os Pistols admitissem algumas influências, o nome do Mott nunca foi mencionado.

Contrário ao The Clash, que endeusava a banda (Mick Jones, o guitarrista, tinha pertencido ao fã-clube oficial da banda e tinha percorrido a Inglaterra alguns anos antes acompanhando uma das turnês como tiete). O Clash chegou a ter um de seus álbuns, "London Calling", seu melhor, produzido por ninguém menos que Guy Stevens, o maluco que tinha inventado o Mott e estava desde a ida da banda para os braços de Bowie, perdido no submundo do álcool e das drogas.

Mick Jones produziu o pior dos álbuns-solo de Ian Hunter que por sua vez produziu um dos piores álbuns do Generation X, outra banda ponta de lança do punk rock que admitia abertamente sua admiração pelo Mott. E assim foi e é, os punks também foram substituídos por uma nova geração e o culto ao Mott The Hoople cresce a cada ano.

Lembro que nos anos oitenta, em um filme, "Jumpin' Jack Flash", a personagem de Whoopi Goldberg trocava fitas do Mott com outro fã, pelo que seria o primórdio da Internet. Prova de que os fãs ainda estão por aí e podem ser achados na realidade virtual.

Se me lembro bem, só dois discos da banda foram lançados no Brasil: "Mott" (1973), que veio logo depois do "All The Young Dudes" e "Rock and Roll Queen" (1974), uma coletânea caça-níqueis, muito boa, dos melhores momentos da fase anterior ao envolvimento com David Bowie. Isso quer dizer que a banda não fazia o menor sucesso por aqui, o que faz sentido, pois era preciso entender as letras para cair na rede do grupo. Portanto, eles são desconhecidos para o roqueiro brasileiro mais casual, e, se não me falha a memória, além dos personagens principais da história a seguir, só conheço mais duas ou três pessoas que conheciam a banda. Mas ela é amada por todos eles.

E eu com isso?

Primeiro de Abril de 1975, dia do meu aniversário (verdade) de 14 anos. Eu era um garoto que amava o Bowie, os Beatles e os T. Rex Stones, a caminho de amar os Clash Beatles e os Sex Pistols Stones, enquanto quase todos os meus amiguinhos amavam os Yes Carey e os Emerson Lake & Britneys a caminho de odiar suas carecas e barrigas de chope.

Comprava a revista POP e assistia o Sábado Som e achava Nelson Motta (a quem conheço hoje em dia) e Big Boy, the coolest guys in Brazil. MTV? Rádio rock? Rá, rá, rá. Estamos nos anos 70, e como estamos nos anos 70 e eu só tenho 14, as mazelas do mundo e do Brasil em particular ainda são incompreensíveis pra mim. Só me interessava por sexo (prestes a acontecer), drogas (desejava ardentemente) e rock and roll (muito), mais ou menos as mesmas coisas que hoje em dia (menos as drogas, que depois de serem abusadas e renunciadas, só me interessam como literatura).

Revistas importadas? Discos importados? Era preciso economizar o dinheiro do lanche na escola para poder comprar um número de seis meses atrás ou um disco de capa e som bom dos meus artistas favoritos. E eu já tinha muitos apesar da parca informação sobre rock que chegava ou era produzida no país. Mas alguma coisa acontecia. Tinha a Eldo Pop, uma rádio FM do Rio que tocava rock sem parar e sem anunciar quem eram os artistas e quais eram as músicas deixando todo mundo louco pra saber. Tinha o "60 Minutos de Música Contemporânea" na rádio Jornal do Brasil (não lembro se era AM ou FM) que todo dia tocava uma hora de novidades. Tinha o Big Boy na rádio Mundial que pesava mais para o lado do que hoje chamamos Pop, mas também rolava um rock. E o Nelson Motta de vez em sempre botava um arrasa quarteirão no Sábado Som, e foi lá que vi, com o queixo arrastando no carpete, pela primeira vez, o Mott The Hoople.

Na minha casa, David Bowie era deus e suas palavras, profecia. Àquela altura já tínhamos e amávamos desesperadamente todos os seus LPs, além de todos os outros glams e glitters que conseguíamos alcançar com nossas mãos recém-adolescentes. T-Rex, Gary Glitter, Sweet, Roxy Music, Slade. Até gostávamos um pouco do "Dark Side of The Moon" e de uma ou outra música do Genesis, mas rock progressivo, que era o gosto geral em rock na época, realmente não fazia nossas pequenas cabeças. Desde que eu, minhas irmãs, e meus dois amigos que achavam Pink Floyd (ainda não sabíamos de Syd Barrett) um saco, soubemos da existência do Mott produzidos por Bowie (pronunciamos com sotaque londrino chique: BÁUI!) já gostávamos incondicionalmente.

Por alguma estranha razão eles tinham nos escapado e nunca tínhamos ouvido ou visto um disco deles. Mas, para minha grata surpresa, vendo TV naquela tarde de sábado descobri que eles não eram só produzidos por Deus, eles eram ÓTIMOS!!! O cantor de óculos escuros tocava uma guitarra em forma de trevo de quatro folhas, o baixista usava uma bota plataforma que dava para prospectar petróleo na bacia de Campos, o outro guitarrista usava mais maquiagem que minha mãe e, as músicas eram ótimas e o som era pesado e a voz do cara era divinamente podre e eu tinha que ter um disco deles.

Voltamos agora ao primeiro de Abril, meu aniversário, de 1975. Arrecadei uns dias antes, todos os meus presentes em dinheiro e planejei que meu presente seria um disco do Mott, mesmo sem saber qual, já que naqueles tempos sem Internet era praticamente impossível se ter à mão a discografia de qualquer artista. Acordei e fui para a aula imaginando no meu mundinho adolescente, todas as aventuras que aquele dia me proporcionaria. Depois de sair da escola fui quase catatônico em direção à Billboard, uma loja em Copacabana de discos importados, que ao lado da Modern Sound (que ainda existe) era a única que poderia ter uma coisa tão rara e imprescindível como um disco do Mott The Hoople para vender. Chegando na loja reparei que um dos discos em exposição na vitrine era o mais novo do Mott, um disco ao vivo, justamente o que eu precisava depois de ter visto a banda ao vivo (porém, gravada) no Sábado Som. Era a realização de todos os meu mais imediatos desejos e, me pareceu naquele momento, um presente de aniversário dos céus.

Entrei excitadíssimo loja adentro, meio com a sensação de estar sendo observado pelos cabeludos comprando rock progressivo obsessivamente e pelos vendedores que deviam estar imaginando o que aquela criança de uniforme escolar (tinha 14, mas parecia 11) estava querendo comprar ali. Imediatamente me joguei na caçamba da letra M e entre um Mountain e um Mahavishnu Orchestra (eca!), achei. Já adorava o disco só olhando a capa, uma foto coloridaça que parecia ter sido tirada no mesmo evento da TV (não me lembro se a transmissão foi a cores, embora tivéssemos TV colorida, e na minha fantasia tenha sido). A da contracapa era melhor ainda, a banda parecia ser perigosa, cheia de óculos escuros, botas plataforma e tinha "All The Young Dudes", a música que eu mais tinha gostado na TV, de autoria de Deus.

O disco era meio gordinho, como quase todo LP importado, mas como de regra estava lacrado, e eu só podia imaginar o que mais poderia ter dentro. Um pôster? Seria sorte demais para um dia só. Nem olhei que outras delícias poderiam estar à venda. Entrei na fila do caixa e paguei o disco, que me lembro ter custado 41 qualquer que tenha sido a moeda da época.

Saí orgulhosíssimo da loja exibindo a chiquérrima sacola da Billboard. Peguei um ônibus lotado protegendo o disco como se fosse um bebê recém-nascido e hoje percebo que, naquele momento, se Copacabana tivesse afundado, eu tinha tudo que precisaria para uma vida solitária em uma ilha deserta. (Estou supondo que essa ilha teria um toca discos e eletricidade à minha disposição).

Chegando em casa (no Flamengo) nem tirei o uniforme, corri para a vitrola (!) e passei a meia hora seguinte tentado abrir o disco. Naquela época os discos importados tinham o mesmo problema dos CDs hoje em dia, um plastiquinho nojento que só sai com o uso de violência. Nada ia me deter, entretanto, e depois de lutar e vencer o plastiquinho nojento coloquei o disco na vitrola, aumentei o volume (afinal era meu aniversário e ninguém se atreveria a reclamar do som alto) e um piano anunciou a primeira música, "All The Way From Memphis", seguido de um arranhão que jogava a agulha direto no resto da música.

Oh, céus! Será que é assim mesmo? Tirei o disco da vitrola e observei de perto. Nenhum sinal de estrago. Será que devo voltar e trocar? Cadê o recibo? Resolvi tocar de novo. E de novo o arranhão, que dessa vez era mais simpático e dava até um charme violento à introdução da música. Resolvi ouvir até o fim e ver qual era.

Duas horas depois, o disco escutado três vezes seguidas, eu amava até o arranhão e estava achando aquele o melhor aniversário de todos os tempos. "All the Way from Memphis", "Sucker", "All the Young Dudes", "Walking with a Mountain", "Angeline", "Rest in Peace", tudo. O medley de umas 20 músicas que fechava o disco era uma obra de arte, não tinha nenhum pôster ou brindes, mas o encarte era fabuloso, escrito como se fosse uma crônica do show (esqueci de dizer que fui educado em duas línguas e entendia tudo, sorry dears!) e tinha uma foto do Freddie Mercury (do Queen, outra banda que adorava e que abria os shows da turnê) tomando champagne com os integrantes do Mott e mil histórias contando que David e Mick Jagger estavam na primeira fila aplaudindo e que John Bonham do Led Zeppelin tinha tentado invadir o palco para tocar com a banda, mas tinha desmaiado de tão bêbado antes de conseguir. Quanto glamour! Era quase insuportável!

A minha festa de aniversário naquela noite foi no mesmo nível. Todos os dez amiguinhos e amiguinhas que eu me dignava a dirigir a palavra (eu me achava) foram. Elegantíssimos em suas camisetas Hang Ten, calças cocotas e tênis All Star falsificados, sorviam cocktails de Coca-Cola e Guaraná, fumavam cigarros comprados a varejo no banheiro de empregada enquanto eram brindados pelo "Mott The Hoople Live". De novo e de novo e de novo... Se alguém se atrevesse a reparar o arranhão era reduzido a pó por apenas um olhar. Foi um sucesso. Até os que foram obrigados a gostar ficaram impressionados com o meu bom gosto. No dia seguinte só se falava de Mott The Hoople do meu quarto.

Já tinha o que fazer pelos próximos dois anos: ouvir aquele disco. Minhas irmãs e meus dois amigos não-cafonas também adoraram o disco e ele nos fez companhia por muito tempo. "All The Young Dudes" virou nosso hino nacional e serviu de trilha sonora até para romances juvenis. Ainda hoje essa gravação ao vivo me faz ficar emocionado. Também achei os dois discos que tinham sido lançados no Brasil, "Mott" e "Rock and Roll Queen" em um sebo e comprei o "The Hoople" na mesma Billboard. Todos eram ótimos e ainda fazem parte da minha coleção.

E o Mott The Hoople passou a fazer parte da minha vida. Mesmo com todas as mudanças climáticas que eu e o rock passamos na década de setenta, sempre continuei tendo interesse pela banda. Fiquei arrasado quando soube que acabou e acompanhei os primeiros discos tanto do Ian Hunter, quanto do resto. Alguns eram bons: o primeiro solo de Hunter tem "Once Bitten Twice Shy", e Mick Ronson (cuja guitarra sempre me chamou a atenção). Os do resto, bem... o primeiro, "Drive On", é horrível, mas o segundo, "Shouting and Pointing" é bem razoável. Pena que pararam por aí.

Ian Hunter, depois do primeiro, fez outros bem caídos dos quais só se aproveita uma música ou outra. Mas durante a era punk original (1976-1979) ele apareceu bastante, mais numa de socialite nas festas punks do que como criador. Depois sumiu e só se fala dele quando o Mott The Hoople é revisitado. Eu do meu lado, abracei o punk fervorosamente, aprendi a tocar três acordes e formei uma banda. Depois outra. Depois mais uma. E em quase todas elas obrigava os integrantes a tocar um cover de "All The Young Dudes". Gravei discos, fiz shows e indo em frente acabei quase sem querer tendo uma carreira bem sucedida como compositor. Mas o que eu queria mesmo era tocar guitarra numa banda que fosse uma versão punkeada do Mott The Hoople.

E muitos anos se passaram. No começo dos anos 90 pedi a um amigo que ia para Nova York, uma cópia em CD. Eu não tinha mais toca-discos, embora ainda tivesse o disco (tenho até hoje) e queria ouvir de novo, como tantos outros que o tempo tinha transformado em peças de museu e precisavam de um upgrade digital. Quando meu amigo chegou trazendo o CD, fui correndo buscar, quase que com a mesma sofreguidão de quando comprei o LP em 1975.

Voltei para casa correndo, abraçando como se ainda fosse um bebê recém-nascido e lutei com a nova versão do plastiquinho nojento mais uma vez. Foi um prazer enorme, como reencontrar um amigo que o tempo afastou de mim. Mas como disse alguém, a história só se repete como farsa. Foi melhor do que isso mas... o CD é lindo, tem o encarte reproduzido na integra, o som é ótimo, as músicas ainda são maravilhosamente perfeitas, mas aquele arranhão me faz muita falta. É como não ter 14 anos outra vez. Quem sabe se eu comprar um toca-discos no meu aniversário...

Título: "Mott the Hoople Live"
Artista: Mott the Hoople
Lançado em: 1974
Gravadora: Columbia
Faixas: 1. All the Way from Memphis; 2. Sucker; 3. Rest in Peace; 4. All the Young Dudes; 5. Walkin' With a Mountain; 6. Sweet Angeline; 7. Rose; 8. Jerkin' Crocus/One of the Boys/Rock & Roll

RENATO E SEUS BLUE CAPS, "UM EMBALO COM..."

por José Telles

Para começar, embora more numa cidade que é um arquipélago (uma porção de ilhas cercadas de miseráveis por todos os lados) não tenho a menor vontade de ir para uma ilha deserta, ou habitada. Nem mesmo a tal paradisíaca Fernando de Noronha. Tô fora. Se Fernando de Noronha fosse tão legal, não teria sido, durante tanto tempo, uma prisão. Mas sem tergiversar, caso fosse para tal ilha deserta, o disco que eu levaria, seria "Um Embalo com Renato e seus Blue Caps", lançado originalmente em 1966. Ele não chegou a salvar a minha vida, mas conseguiu me livrar do tédio da "minha adolescidade, idade de pedra e pau" (de "Acrilírico", de Caetano Veloso, outro disco que levaria para supracitada ilha).

Só leio neguinho falando que nos anos 60 escutava Beach Boys, The Who, Troggs, Animals. Sei não. Naquele tempo, a não ser no Rio, Sampa, não era fácil encontrar disco desse pessoal, a não ser importado. Quando lançavam por aqui, geralmente eram umas coletâneas escrotas. A primeira que vi dos Beach Boys era foda, tenho até hoje, mas só saiu aqui em 1968. Comprei uns dois anos depois.

Mas voltando a Renato e seus Blue Caps. Qualquer garoto que cismasse de aprender violão, em meados dos anos 60, fatalmente, começaria por Renato e seus Blue Caps ou Roberto Carlos. A primeira que tirei no violão foi "Meu Bem Não Quer", versão de "My Baby Don't Care" (nunca consegui saber quem canta a original).

Renato e seus Blue Caps foram os deuses subestimados da Jovem Guarda. O grande momento do programa era o final, invariavelmente encerrado pelo grupo, ou conjunto, como se dizia então. Inesquecível aquele som de guitarras afinadas com o treble ao máximo, o maior baixão de Paulo César Barros, e putas harmonias vocais. O grupo encerrava o programa não apenas pelo prestígio, mas por "carioquismo" mesmo.

Renato me contou que no domingo, dia em que rolava o Jovem Guarda, eles ficavam na praia até a hora de pegar a ponte aérea para São Paulo. Chegavam, o programa já havia começado. O traje dos caras: camisa quadriculada, jeans surrados (precederam a moda de jeans rasgados também) e tamancos (sic). Roberto Carlos subia pelas paredes. Uma tarde, Renato conta que estava meio cochilando, abraçado à guitarra, esperando que Wanderléa terminasse seu número para ele e a banda entrarem. Roberto Carlos aproximou-se, deu uma geral nas roupas, e parou nos tamancos: "Porra, bicho, tu quer foder meu programa, é? Por que não bota um sapato?".

Entrevistei Renato Barros há uns oito anos, por aí. Fiquei nervoso, quando combinamos que ele viria à redação. Depois da entrevista, de volta para casa, parte da minha vida passou feito um filme pela minhas retinas fatigadíssimas. Um assustado, em 1967, em Campina Grande, onde nasci e morei até o início da adolescência. Renato e seus Blue Caps estava sempre tocando em algum canto, na radiola nas festinhas, no rádio, nos grupinhos de meninos e meninas cantando na esquina, era onipresente. Se na época houvesse essa coisa de Disco de Ouro, "Um Embalo com Renato e seus Blue Caps" teria arrebatado um de platina, fácil. Nos assustados, era o disco obrigatório.

O repertório deste álbum é uma brasa, mora. Começa com a citada "Meu Bem Não Me Quer" ("My Baby Don't Care", as versões aportuguesadas eram basicamente pelo som das palavras), "Pra Você Não Sou Ninguém" ("Look Thru Any Window", dos Hollies), "Até o

Fim" ("You Won't See Me", dos Beatles), "Sim, Sou Feliz" (Paulo César Barros/Renato Barros), "Gosto de Você" ("Tell Me What You See", Beatles), "Perdi a Esperança" (Marcus Fabiani/ Paulo César Barros), "Primeira Lágrima" (Renato Barros), "Dona do Meu Coração" ("Run for your Love", Beatles), "Não Te Esquecerei" ("California Dreamin'", Mama and The Papas), Vivo Só (For Your Love, Yardbirds), "Não Quero Ver Você Chorar" (Paulo César Barros), "A Garota Que Eu Gosto" (Renato Barros)...

Vale ressaltar que essas versões foram infinitamente mais bem-sucedidas no Brasil do que as originais. Aliás, os caras da Jovem Guarda conheciam muito rock americano e inglês. Lançavam as versões antes que as originais chegassem aqui (quando chegava). "I Should Have Known Better", dos Beatles, aportou no Brasil depois que a versão, "Menina Linda", de Renato e seus Blue Caps era cantada do Oiapoque ao Chuí. Foi a primeira que Renato Barros fez, escutou o compacto num dia e no outro o conjunto apresentava "Menina Linda" no programa de Carlos Imperial (que lhe deu o compacto).

Renato Barros aprendeu logo os macetes de Lennon e McCartney, principalmente o artifício de alterar a seqüência dos acordes com uma nota meio troncha, como dizemos no Recife. Neste disco isto acontece em "A Primeira Lágrima", um dos sucessos de "Um Embalo..." . Mas o grande hit mesmo foi "Não Te Esquecerei", versão da música de John Phillips que virou quase um standard da MPB.

Este é o disco do grupo no auge, é o melhor de Renato e seus Blue Caps, que imprimiu sua marca sonora na Jovem Guarda. O som de Roberto Carlos era o de Renato e seus Blue Caps, que toca em quase todos os discos de ié ié ié de RC. O mesmo com Wanderléa e mais uma pá de ídolos da JG.

Em 1967 a música pop americana e inglesa sofisticava-se, os Byrds incursionam pelo modal, os Beatles arquitetaram o "Sgt Pepper's", o Pink Floyd estreou em álbum. Bandinhas como Herman's Hermits, Gary Lewis and The Playboys não teriam mais vez. Tornou-se difícil encontrar boas músicas para versões que se encaixassem no estilo de Renato e seus Blue Caps. O maior sucesso do próximo disco do grupo foi "Não Me Diga Adeus", de Renato Barros feita em cima da seqüência de acordes de "All My Loving" (Beatles, gravada em 1965, como "Coisa Linda"). Pensando bem, levaria também para tal ilha, o LP de 65, "Isto é Renato e seus Blue Caps". Foi com este disco que o grupo estabeleceu sua identidade sonora, e tornou-se o conjunto mais famoso da Jovem Guarda.

Ambos, mereciam um relançamento com uma remasterização legal, enfim, com a qualidade merecida. Para encerrar, um alerta. Leitores, quando lerem estas mal tecladas e pensar em comprar "Um Embalo com Renato e seus Blue Caps", cuidado. Há uma edição feita pela gravadora Polydisc (do Recife), com regravações feitas por Renato e seus Blues Caps, nos anos 80. Até aí tudo bem, só que na capa, sacanagem, colocaram a mesma foto de "Um Embalo...".

Título: "Um Embalo com Renato e Seus Blue Caps"
Artista: Renato e Seus Blue Caps
Lançado em: 1966
Gravadora: CBS
Faixas: 1. Meu Bem Não me Quer (My Baby Don't Care); 2. Pra Você Não Sou Ninguém (Look Thru Any Window); 3. Até o Fim (You Won't See Me); 4. Sim, Sou Feliz; 5. Gosto de Você (Tell Me What You See); 6. Perdi a Esperança; 7. Primeira Lágrima; 8. Dona do Meu Coração (Run For Your Life); 9. Não Te Esquecerei (California Dreamin'); 10. Vivo Só (For Your Love); 11. Não Quero Ver Você Chorar; 12. A Garota que Eu Gosto

Disco de maior êxito e vendagem da banda. Com "Um Embalo...", Renato e Seus Blue Caps emplaca vários sucessos e conquista a juventude brasileira. Quase todas as músicas do álbum tornam-se bastante populares. Foi editado em CD pela Sony em 1994.

GABRIEL, O PENSADOR, "GABRIEL, O PENSADOR"

por Lulu Santos

Em 1994, numa matéria de capa do Segundo Caderno, do jornal "O Globo", Antônio Carlos Miguel, perguntava-se e aos leitores, se este artista estaria passando da condição de "último romântico" àquela de "maldito". Eu explico: com a pequena circulação do criticamente elogiado disco "Mondo Cane", disco único que fiz em casa, me indispus com a direção da então Polygram, atual Universal, e pedi meu boné.

Isto já se seguia a uma indisposição anterior com a BMG Ariola, então RCA, para quem tinha feito seis discos de 1986 em diante, inclusive o criticamente elogiado e comercialmente ignorado "Pop-sambalanço e outras levadas, vol. 1". Da WEA, atual Warner, e minha primeira gravadora, já tinha me desincompatilizado semelhantemente na esteira do mau aproveitamento do igualmente elogiado/ignorado "Normal", de 85, meu quarto álbum. Então, frente pra trás, já tinha "brigado" com três das "majors" e não mantinha boas relações com a então presidência/diretoria da restante: a Sony, ex-CBS. A dúvida do Miguel era legítima e nada indicava uma solução benéfica para a minha carreira fonográfica.

Nessa época comprei um caiaque, que carregava do meu apartamento no décimo-sexto andar até a borda da lagoa Rodrigo de Freitas, na Zona Sul do Rio de Janeiro. Costumava remar furiosamente contra o vento de agosto em cima do espelho d'agua e internamente contra os moinhos parados e parasitas corporados das firmas citadas.

Fora isso, caiaque, fazia músicas e tinha idéias de como realizá-las. A feitura do "Mondo Cane", o décimo disco, por mim produzido, me deixou com uma clara sensação de esgotamento de idéias, de recursos, de expedientes. Aqueles sons, songs, aquela concepção pop-rock começavam a me enfarar. Um dia fui a uma loja de discos e comprei o álbum de estréia do Gabriel, O Pensador e o último lançamento de um sólido grupo de pop/rock nacional. Em comparação, o primeiro parecia, e era, instigante, excitante, ousado, engraçado, humano. Enquanto que o segundo, seu antípode, era insosso, pomposo, repetido, e, sinceramente, algo broxa.

Comprei o do Gabo porque também estava vendo muito rap na metevê. Eles passavam o "Yo MTV Raps" no original americano, quase as 3h da manhã. Mas eu esperava escornado, morrendo de sono, até o negócio entrar no ar. Ficava ligado, melhor, eletrizado com a riqueza e propriedade daquela emergente cultura, o hip-hop. As roupas, as calças largas abaixo da cintura com a cueca boxer aparecendo, as camisas xadrezes, o look presidiário/latino, as redes no cabelo, os carros low riders, as bikes, ou seja, o gueto me deixou de cara.

Isso, claro, como complemento informativo da música, o texto e sua ênfase nele, a atitude de autovalorização contra as dificuldades da vida e principalmente o jeito de se produzir aquele som, copiando pedaços de discos antigos e reincorporando dentro de novas estruturas. Ao mesmo tempo valorizando o histórico e criando um futuro dentro da mesma estética, e que estética. Aquilo me venceu. Peguei o telefone e liguei para o produtor creditado na capa do disco do Gabriel, e lhe expliquei que estava com umas idéias e que também gostaria de brincar daquilo, de sampler e batidas e coisa e tal. O cara foi muito sucinto, dizendo que para fazer aquilo era melhor que eu procurasse o DJ que lhe tinha dado suporte para esses efeitos, e, lhe agradeço desde então.

Ele me passou o número do DJ Memê. Ato contínuo fizemos umas demos, fui recontratado pela BMG, agora com meu amigo e ex-empresário Luiz Oscar Niemeyer no leme, e gravei "Assim Caminha a Humanidade", produzido pelo Memê. Maldito... Quem? Eu? É ruim, hein?

Título: "Gabriel, o Pensador"
Artista: Gabriel, o Pensador
Lançado em: 1993
Gravadora: Sony
Faixas: 1. Abalando; 2. Tô Feliz (Matei o Presidente); 3. Lôraburra; 4. Indecência Militar; 5. Lavagem Cerebral; 6. ...E Você; 7. Retrato de um Playboy (Juventude Perdida); 8. 175 Nada Especial; 9. Esperanduquê; 10. O Resto do Mundo

KISS, "CREATURES OF THE NIGHT"

por Beto Lee Carvalho

Esta é uma pergunta cruel para qualquer um que gosta de música, sendo músico ou não. Para mim, é uma das piores porque eu preciso de pelo menos uns cem discos para poder viver tranqüilamente numa ilha deserta. A mesma coisa acontece com os meus ídolos das seis cordas. Como levar o Jimi Hendrix e não levar o Keith Richards? Por que o Angus Young vai e o Jimmy Page fica? Cadê o Slash? O Johnny Thunders e o Mick Ronson? Não vivo sem meus guitar heroes e meus discos! NO WAY!

Em casa, a música rolava solta. Meus velhos tinham uma coleção impressionante de vinil e enquanto a molecada da minha idade ia jogar bola, eu ficava aprendendo acordes de guitarra e fuçando aqueles encartes gigantescos. Minha jornada musical estava começando e meus pais faziam questão de não esconder o jogo e mostrar tudo. Cresci ouvindo Chet Baker, Zappa, Stones e Beatles, Sigue Sigue Sputnik, Billy Idol, Alice Cooper, Gil e Caetano e outras maravilhas do baú. Agora, se eu tivesse que culpar uma banda (sem contar a influência dos meus pais) por ter me capturado os olhos e ouvidos, essa banda é o Kiss. O disco "Creatures of The Night" é foda e me chapou como um uppercut do Mike Tyson. Quando eu escutei a intro de bateria de "I Love it Loud", eu simplesmente pirei e depois disso fui buscar os primeiros discos como os clássicos "Destroyer" e "Love Gun".

O Ace Frehley é um dos meus guitarristas preferidos porque ele tem muita personalidade, com bends bem esquizofrênicos e solos bem elaborados, como o de "Rock and Roll All Nite", do disco "Dressed to Kill". Acho que as bandas mais marcantes da Nova York dos anos 70 foram Ramones, os New York Dolls e o Kiss porque os caras topavam qualquer parada para poder mostrar o som próprio. Eles tocavam em hotéis decadentes, puteiros meia-boca e bares vazios a qualquer hora. Os Dolls foram responsáveis pelo surto do punk, e eu tiro o chapéu para eles, pois serviram como um elo importantíssimo na história da música. Já o Kiss pra mim tinha um sabor especial porque eles abusavam de uma roupagem super-heróica, e para uma criança isso era tudo na vida. Vendo o Ace com sua Les Paul era como ver o Batman ou o Super-Homem numa banda.

E quando vi o Gene Simmons cuspir sangue, não acreditei. Achava que eles fossem de outro planeta. Nenhuma banda foi tão longe em termos mercadológicos, com vários produtos pra molecada, desde lancheiras (eu tinha!) até máquinas de pinball, passando por sorvetes, cuecas, chaveiros, bonecos e tudo o que você possa imaginar. A banda virou uma máquina de fazer dinheiro e até hoje esses itens são disputados a tapa pelos fãs. Até gibi eles ganharam.

A turnê era toda engomada, de uma iluminação de primeira e um show de fogos de artifício logo após o bis, e no meio do espetáculo um solo de bateria interminável sobre um praticável que ia subindo a ponto de tocar a cúpula do ginásio. Certamente eles fizeram parte da turma do "arena rock" dos anos 70, com o Aerosmith, Led Zeppelin, Queen e Black Sabbath.

Infelizmente, eu era um pivete quando a banda pisou em solo nacional pela primeira vez, em 1983. Tive que me contentar com as pequenas aparições transmitidas pela Rede Globo diretamente do Maracanã e fiquei puto porque não vi o show e mais puto ainda quando descobri que meu vizinho tinha ido e, pra piorar, trouxe para casa uma camiseta novinha da turnê. O filho da puta ficava circulando com a maldita porque ele sabia da minha gula por Kiss e ainda ficava se gabando por ter ido ver a melhor banda de rock do mundo. Ele devia ter uns 13 ou 14 anos, e seu pai tinha algum envolvimento com a diretoria do estádio, pois só assim conseguiu tal façanha. Eu queria mutilar o cara. Felizmente, em minhas mãos, eu tinha os vinis e a minha preciosa lancheira para dar o troco.

Um belo dia resolvi mudar. Decidi ir maquiado de Kiss ao colégio e acordei minha mãe às seis da manhã pra me dar uma força. Ela, com toda a paciência e um olhar sonado, caprichou e me transformou num xerox miniatura do Ace Frehley, preparou o café e me levou até o portão do prédio para esperarmos o ônibus escolar. Assim que entrei, houve um silêncio geral, e logo após, uma onda de gargalhadas de todos os alunos e professores. Até o motorista rachou o bico da minha cara. Eu fiquei na boa porque queria aloprar todo mundo com esse look bizarro e estava pronto para ser zoado também, porque sabia que meus amigos não iam deixar barato. Pelo menos consegui quebrar o clima de monotonia e sentei-me ao lado da minha amiga Samantha, que foi logo disparando:

— Você pretende passar o dia inteiro assim, com essa maquiagem no rosto?

— Sim. — eu respondi. — Estou a fim de andar assim o dia inteiro. Eu acordei com essa vontade... Você não gostou da maquiagem?

— Não é isso. — ela devolveu com um olhar preocupado.

— Então o que é?

— Tome cuidado para sua pele não ficar irritada com essa brincadeira.

— Putz, nem pensei nisso. Ah, quer saber de uma coisa? Dane-se! Eu vou ter o meu dia de Kiss custe o que custar!

— Divirta-se! — respondeu.

Assim que cheguei ao colégio, percebi que realmente havia cometido um erro fatal, pois a primeira aula do dia era educação física, e lá estava eu, todo esquisito como um ser de outra galáxia que estava a poucos instantes de uma partida de futebol de salão. Parei, respirei fundo e falei:

— Tô ferrado.

Foi um show de horror. Lá estava eu, suando de tanto correr pela quadra e sentindo o meu rosto coçar muito, graças à minha idéia tosca de ser um rock star por um dia. Eu não havia pensado nisso, e todo orgulhoso que fui, me recusei a tirar a maquiagem pra jogar bola, e isso foi uma cagada monumental porque depois desse dia meus olhos sofreram uma irritação que durou uma semana e me deu uma dor de cabeça danada. Como eu fui imbecil! Eu devia ter desencanado, mas meu lado fanático falou mais alto e acabei pagando o custo. Logo após o apito final, corri para o vestiário e fui direto pro chuveiro, e infelizmente tive cinco minutos para tentar me desfazer da minha cara de Bozo dos infernos antes que a próxima aula começasse. Consegui tirar uma boa parte do rosto, mas meus olhos coçavam muito e a dor era insuportável. Pareciam duas bolas de fogo de tão vermelho e inchado. Foi treta.

Eu poderia contar outras aventuras que vivi, mas prefiro abordar o quanto um disco é fundamental na vida de alguém. Música é o espírito mais forte de toda a criação, sempre quebrando todas as barreiras impostas pela raça humana. Na minha humilde opinião, acho que música não tem pátria e pronto. Não há nada que um bom disco não resolva. Sempre que me encontro num dia de fúria, coloco a primeira bolacha ou CD que estiver ao meu alcance e imediatamente me sinto melhor. Os primeiros acordes vão direto para o sistema nervoso central e fico numa boa, como uma sopa quente num dia de inverno, sacou?

Odeio gente que põe música num letreiro. Rotular é a pior coisa que uma pessoa pode fazer. Se você analisar, todos os movimentos musicais no Brasil foram rotulados, do samba ao tropicalismo, da bossa nova à jovem guarda. Será isso um complexo? O pior é que nego quer encaixar o rock, etiquetar o rock no meio da salada, e não se ligam que o grande barato do rock é a não rotulação! O rock é a verdade de cada um! O Gilberto Gil é rock, o Caubi Peixoto é rock, Itamar Assumpção é rock e o Nelson Gonçalves é rock pra cacete, mesmo não fazendo o tipo roqueiro calça de couro e cabelo ao vento. Isso é uma coisa que a molecada de hoje está perdendo. Eles não sabem quem é o Tremendão! Uma das coisas mais legais — pelo menos pra mim — é pesquisar por contra própria, nunca desprezando dicas de pessoas que confio. Sou um rato de sebo e me sinto num imenso parque de diversões.

Infelizmente, a molecada assiste muita MTV e acaba comprando o que passa na programação diária, deixando essa aventura de ir sozinho, sem medo, comprar um disco de um artista que nunca ouviu antes, só pela sensação de mistério. Acredite em mim, meu querido leitor, essa sensação é muito boa e eu pude descobrir várias bandas assim, por curiosidade e com a mente aberta.

Hoje, assistir a MTV é como ler a revista Capricho. Aposto que, se essa entidade fosse composta e dirigida por músicos, por gente que sabe o que fala, o papo seria diferente. Então, meu amigo, não deixe de buscar, investigar sozinho, como um garimpeiro à procura da sua pepita de ouro.

Encontre o seu Kiss. O meu "Creatures" foi presente de um camarada, e eu o agradeço até hoje. Escutava esse disco no talo, com a guitarra nos braços, curtindo pra caramba. Desde então, pratico esse ritual e nunca mais parei. Os discos são excelentes professores. Como guitarrista, eu aprendi muito mais ouvindo minhas bolachas do que tendo aulas em conservatórios, uma coisa que sempre achei chato. Não existem regras na hora de abordar um instrumento.

Todo fã acaba pagando um preço. Fiquei uns bons dias com cara de cão chupando manga e continuo ouvindo Kiss. Nunca fui daqueles que vão até o hotel e ficam de plantão e sempre achei esquisito o fã que coloca o artista no altar e vive pelo mesmo. Conheço um pouco de cada banda que amo e estou sempre atrás de informação, mas tem doido por aí que sabe até o número e a cor da cueca do Mick Jagger. Isso é coisa de louco, bicho!

Título: "Creatures of The Night"
Artista: Kiss
Lançado em: 1982
Gravadora: Universal
Faixas: 1. Creatures of the Night; 2. Saint and Sinner; 3. Keep Me Comin'; 4. Rock and Roll Hell; 5. Danger; 6. I Love It Loud; 7. I Still Love You; 8. Killer; 9. War Machine

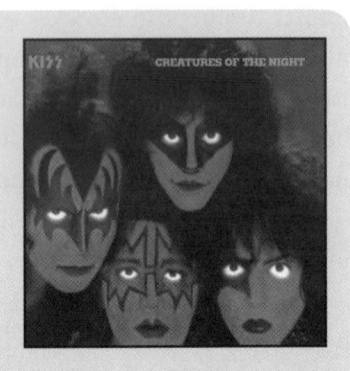

"Creatures of The Night" foi a afirmação do Kiss como banda "séria". O grupo deixou de ser um grande divertimento para conquistar respeitabilidade no mundo do rock. Muitos fãs consideram esse disco o melhor desde "Love Gun", de 73. "Creatures..." também foi responsável pela volta do Kiss às paradas, com "I Love It Loud". Um dos destaques do disco foi o som da bateria, que até então não tinha ganho um peso tão grande em um disco de rock. Nos anos 80, "Creatures..." foi relançado, com a capa diferente, onde os integrantes estão sem máscara. No entanto, em 1996, quando toda a coleção do Kiss foi relançada em CD remasterizado, "Creatures" saiu com a capa original.

J. S. BACH, "MASS IN B MINOR"

por Alain de Botton

Numa noite de inverno em Cambridge, na Inglaterra, onde eu fazia faculdade, me lembro de ter feito parte de uma, até então, desconhecida congregação. Atrás dos muros da capela da King's College, me juntei a um grupo de pessoas para ouvir "Mass in B Minor", de Bach ("o maior e melhor trabalho musical de todos os tempos e de todos os povos", Hans-Georg Nägeli, 1817).

Eu tinha dezoito anos e não sabia nada sobre Bach em particular, e muito menos sobre música clássica no geral. Mas, ouvindo aquilo, o som que emanava dali me dava uma maravilhosa sensação (e uma certeza) do que a música religiosa pode fazer pelas pessoas, até mesmo para aqueles — como eu — que de maneira alguma se consideram religiosos.

Tinha cerca de 500 pessoas na capela naquela noite. Muito nos separava: idade, renda, roupas e conhecimento. Tinha rico e pobre, jovem e velho. Nós nunca tínhamos trocado sequer alguma palavra entre si algum dia e éramos cautelosos na troca de olhares com "desconhecidos" (estamos na Inglaterra). Mas, quando a música começou, iniciou também um poderoso processo de alquimia social. A música expressou sentimentos escondidos, travados, mas que estavam gritando para sair, sentimentos e pensamentos até então resguardados apenas aos seus donos. Meus olhos se encheram de lágrimas, lágrimas de alívio e de agradecimento ao compositor e aos músicos, que tornaram audíveis e perceptíveis, para mim e para os outros, os movimentos de nossas almas.

Violinos, coros, flautas, dobros, contrabaixos, oboés, cravos e trompetes, combinados, unidos na criação de sons que exteriorizaram as mais íntimas e complexas áreas de nossas psiques. Percebi que se aquela "alucinação" natural me ajudou a perceber tudo isso, se todos estavam respondendo àquela música da mesma maneira que eu, então eles não seriam figuras tão incompreensíveis quanto eu julgava. Suas emoções caminhavam lado a lado com as minhas, eles estavam encantados com as mesmas coisas que também me seduziam, não importando as nossas diferenças, nossas contas bancárias ou maneiras à mesa. Nós dividimos uma essência comum, conectados por uma performance maravilhosa da música de Bach. Uma conexão que não poderia ser ignorada.

Desde a sua fundação, o Cristianismo pretende realçar, tanto na prática quanto nos termos teóricos, nosso senso e nosso valor de pertencer a uma comunidade. E, de uma certa forma, isso acontece nas missas católicas e nas apresentações da boa música religiosa. São nessas ocasiões que grandes grupos de estranhos conseguem sentir a vontade comum, sentir-se livre, agradecendo a um intermediário — a música — entre as divindades. Um grupo de estranhos, tão diferente inicialmente, mas que unidos pelo poder de uma música como "Mass in B Minor", adquirem aparente intimidade. Intimidade de amigos de longa data. Obrigado à música, movendo-se através de grossas e bem armadas fachadas, destruindo-as, brevemente, magistralmente. Derruba tudo, escancara, mostra para o mundo todo nossos sentimentos de seres humanos, de carne, osso e coração. E alma.

Título: "The Perfect Bach"

Artista: Johann Sebastien Bach

Lançado em: 2002

Gravadora: Angel

Faixas: 1. Toccata and Fugue in D Minor; 2. Sleepers Awake; 3. Jesu, Joy of Man's Desiring; 4. Cello Suite No. 1 in G Major; 5. Air on the G String; 6. Little Fugue in G Minor; 7. Sheep May Safely Graze; 8. Come Sweet Death; 9. Brandenburg Concerto No. 2 in F; 10. Badinerie; 11. Concerto for Oboe and Violin in D Minor; 12. Partita No. 3 in E Major; 13. See What His Love Can Do; 14. Mass in B Minor

Esse disco, lançado em 2002 pela gravadora alemã Angel, traz algumas das melhores peças religiosas e natalinas de Bach. Cada canção é regida e interpretada por músicos diferentes, deixando cada peça com uma personalidade única e emocionante.

LÔ BORGES, "A VIA LÁCTEA"

por César Maurício

Sabe, agora estou aqui tendo que pensar qual disco eu levaria para uma ilha deserta. Talvez nenhum. Não seria melhor uma garrafa de alguma coisa, e, é claro, uma companhia que não fosse um objeto?

Aliás, se eu levar um disco certamente terei de levar uma vitrola ou um discman, e pilhas, que vão acabar em algum momento e eu vou ficar primeiro puto, depois tentando inventar alguma coisa para fazer a porra do disco tocar.

Talvez um violão e letras cifradas, aí eu escolho as músicas e fico lá tocando, tocando e tal. Quem sabe, eu acabo montando um bar ou mesmo uma barraca.

Já que vou estar sozinho mesmo, vou ficar peladão. Bem, dá para ficar tentando lembrar de como pude ter esquecido um copo e uma faca, talvez desse para comer e beber daquele coco ali bem na minha frente.

Qual seria a trilha para tantas coisas? Nirvana, todos do REM, "Odelay", do Beck, "Revolver", Smiths, Cure, Coldplay, Radiohead (todos), Travis, The Police e sei lá quem mais...

Tem dias que eu acho que vou ficar louco, cara! Tantas sombras na noite, barulhos de bichos andando por você, sei não... Mas, sabendo como eu sou, levaria "A Via Láctea", do Lô Borges, que de uma forma cativante me mostrou logo o novo, uma música diferente, letras diferentes, e pensar que esse cara morava num bairro na minha cidade.

Eu ficava sempre tentando decifrar as músicas e tudo mais, letra, melodia e tal. Foi com esse disco que eu resolvi que queria fazer música também. Foi quando começou minha saga: "Pai, me dá um violão? Paga umas aulas para mim? Me dá um dinheiro para umas revistinhas?"

Eu me lembro muito bem de quando estava, lá no início dos anos oitenta, com um violão debaixo do braço, no pátio do Estadual Central numa roda de amigos tocando e cantando "Equatorial", "Ela" e "Paisagem da Janela" (que nem é do "Via Láctea", mas nessa hora eu já sabia todas as músicas do Lô Borges e de quebra umas do Caetano Veloso e do Luis Melodia), aí um colega meu que nessa época estudava piano e cantava no coral da UFMG me deu um toque depois de uma música: "Cara, canta pelo menos no tom". Que tom? Jobim?

Lembro muito bem que tinha uma menina que era vizinha da família Borges e eu vivia perguntando para ela de coisas que sabia sobre o Clube da Esquina e tal. Era aquela mística em volta de Santa Teresa e seus caras. Nossa, muito legal lembrar de tudo isso agora.

A gente tocava e cantava as músicas todas, desafinadas e mal tocadas, muita dissonância e notas complicadas. As letras das músicas sempre me intrigaram e nas minhas viagens de moleque novo, sempre imaginava conseguir compor músicas, e ter uma banda de rock, fazer música com o Lô.

Consegui todas, não sei se bem. A música passou a fazer parte da minha vida totalmente. Tenho certeza que essa iniciação me fez ter olhos mais críticos sobre música e assim escolher melhor quem eu vou acompanhar a carreira e com quem vou gastar minha grana num disco.

Aí veio o punk. Nas minhas tentativas de fazer uma música inventiva e tal com o Virna Lisi, eu fui para o outro lado. Adeus violão, adeus canção.

Agora, do trabalho do Lô Borges e seus comparsas como referência a gente acaba aprendendo, mais cedo ou mais tarde. "A Via Láctea" — esse disco me fez ver que existia vida na música e muito próximo de mim, era só um ônibus e umas duas cervejas, macarrão, umas ruas, ruas na volta até a avenida do Contorno para a gente pegar um ônibus mais rápido e minha vida de músico, além do meu acreditar que poderia ir à frente com meus sonhos.

Hoje, sendo parceiro e amigo desse cara legal e competente que é o Lô, nada melhor começar uma nova vida olhando para frente. Agora, o disco que eu tenho — "A Via Láctea" é vinil, e o meu som aqui em casa é um 4 em 1. É melhor levar um walkman, de preferência que grave, quem sabe eu não faço umas músicas e invento uns instrumentos com coco e palha. E vou continuar cantando mal, fora do tom.

Título: "A Via Láctea"
Artista: Lô Borges
Lançado em: 1979
Gravadora: EMI
Faixas: 1. Sempre Viva; 2. Ela; 3. A Via Láctea; 4. Clube da Esquina nº 2; 5. A Olho Nu; 6. Equatorial; 7. Vento de Maio; 8. Chuva na Montanha; 9. Tudo Que Você Podia Ser; 10. Olha o Bicho Livre; 11. Nau Sem Rumo

"A Via Láctea" recebeu uma nova versão em CD, fazendo parte da série EMI 100 Anos. O disco saiu com a capa e o encarte original, além das canções remasterizadas. Anteriormente, saiu em CD na coleção 2 em 1, junto com o disco "Nuvem Cigana". Geralmente, as coletâneas do Lô que foram lançadas tem 9 das 11 canções desse disco. A música "Clube da Esquina nº 2" que até então era instrumental, ganha letra de Márcio Borges, e Lô grava essa canção com sua irmã Solange Borges. "Tudo Que Você Podia Ser" foi gravada no disco "Clube da Esquina" com vocal de Milton Nascimento, aqui temos a versão com Lô cantando.

KING CRIMSON, "ISLANDS"

por Loop B

Quando recebi o convite do Alexandre me convidando para fazer um texto para esse livro, o primeiro disco que eu pensei foi "Islands" do King Crimson. Depois li melhor e vários outros vieram à lembrança. A música, o rock, o movimento de contestação, a contracultura me ajudaram muito na época, quase me salvaram mesmo.

Menino tímido que estava começando a se fechar em si mesmo, percebendo que o mundo, a vida, de jeito nenhum poderiam ser aquilo que se apresentava. Eu não ia mais a festas com os amigos, ficava em casa, uma depressão começando a se instalar. Meus pais preocupados. Um vizinho mais velho que eu, tinha uns LPs. Um dia, passei os olhos e não me interessei por nada. Não sei exatamente o que veio primeiro, talvez o contato com um pessoal mais antenado, a primeira revista "Rolling Stone", lida em total mergulho, e lá estavam os vinis. Um do Hendrix, "Aqualung" do Jethro Tull, um do Grand Funk Railroad. Corri na casa do meu vizinho e pedi emprestado. Ouvi muitas e muitas vezes e...

A vida continuou.

Logo vieram King Crimson, com "In the Court of the Crimson King", Kraftwerk, com "Radioactivity", os marcantes Mutantes,

Emerson, Lake and Palmer com "Tarkus". E Incredible String Band, e Meredith Monk, e Egberto Gismonti. E me parece que muitos anos antes da história acima (agora não consigo encaixar direito os fatos com o tempo cronológico com outras lembranças, enfim...), o "Álbum Branco" dos Beatles — chamava os amigos, e num quarto escuro ouvia "Revolution Nine", movimentando com o dedo o prato do toca discos para ouvir a música ao contrário.

Muitas histórias de momentos essenciais com a música como elemento fundamental.

Anos depois, Kraftwerk de novo, com Electric Café, que não me disse muita coisa quando ouvi na época que o disco saiu, e fui descobrir e me maravilhar vários anos depois. Mas, aqui e agora, eu só posso falar de um único disco. Então volto o pensamento para novamente sentir a primeira aparição, o primeiro que me veio à mente.

E lá está "Islands". Aí percebi que o álbum se chama Ilha. E no assunto do e-mail, o Alexandre escreveu: Disco Para Uma Ilha Deserta.

Comecei, então a escrever este texto, e agora vou parar pra colocar o CD para tocar.

É, o próprio. Venta muito, e a janela deixa passar apenas o som do vento zunindo. Quero levantar pra ir buscar a capa do CD, mas não tenho vontade de parar de escrever.

Nada para lembrar. A música hoje, os sons me penetrando.

Enquanto escrevia, me lembrava que já ouvi uma história que Robert Fripp não gostava deste disco. Realmente, em todas as coletâneas do Crimson, nunca foi reeditada nenhuma música deste álbum. E é sempre o Fripp que faz a seleção. Talvez contenha momentos de sua vida que ele não queira lembrar, talvez uma saudade que ele não queira sentir.

Só há alguns anos é que percebi o quanto existe de influência dos Beatles neste álbum. Incrível como isto pode acontecer. Ouvir muitas vezes e durante tantos anos um disco e não se dar conta de coisas que depois parecem ser tão evidentes.

Lembro de um papo numa mesa de cozinha, com Anjo Flores e Téo Ponciano, sobre uma banda que eu queria formar, e fazer um som tipo Crimson. A partir destes papos e de nossas tardes de sábado tocando livremente é que surgiu o Kumbai Nidada, trio do qual fiz parte durante os anos 80, e aonde foram esboçadas muitas idéias que depois fui aprofundando em meu trabalho solo. As idéias eram minhas? Do Anjo? Do Téo? Surgiam e íamos pensando juntos, sentindo e seguindo os caminhos por onde elas nos levavam. Era muito boa esta forma de trabalhar. Saudades daqueles tempos. Estou muito melhor hoje, e não vou dizer o porque, quase ninguém entenderia. Mas algumas coisas realmente ficaram para trás. Enfim, foram bem vividas.

Téo, hoje, novamente companheiro musical, tocando comigo na banda que formei para fazer o show do meu disco novo, "A Música Toca". O Anjo está longe, pelas montanhas de Visconde de Mauá. Aproveito para deixar registrado o meu agradecimento a estes dois amigos.

Engraçado que o Kumbai não tinha nada haver com o King Crimson: não tinha guitarrista e nem nada que lembrasse o som do Crimson.

Lembro de uma entrevista que um brasileiro fez com Robert Fripp e o jornalista perguntou sobre o solo "Sailor's Tale". Me parece que ele estava com dificuldade de colocar o solo na música, havia tentado algumas vezes e nada. Um dia chegou no estúdio, tinha que terminar as gravações, entrou e tocou. E estava pronto o disco.

Nesse disco, transparece a liberdade de improvisações jazzísticas, a melodia clássica da orquestra tocando o prelúdio das gaivotas, a sujeira controlada de distorções de guitarras. Não é só o som que importa, mas também quem o está escutando. A música vibra. Quem a compõe não sabe como ela vai chegar para as outras pessoas. Sei de outros casos em que isso aconteceu. O próprio artista não gostou muito de sua obra, mas quem a está ouvindo sente de uma maneira que nem o artista imaginou. É isso. Você coloca um trabalho no mundo e ele passa a interagir e a pertencer a cada um que o escutar.

O que mais me chama atenção no King Crimson, e mais ainda no álbum "Islands", é a capacidade de expressar diferentes sentimentos:

o lirismo, a beleza e a poesia de algumas canções, e no outro extremo sentimentos intensos, angústias, desespero. A música vibra em cada ser humano vivo.

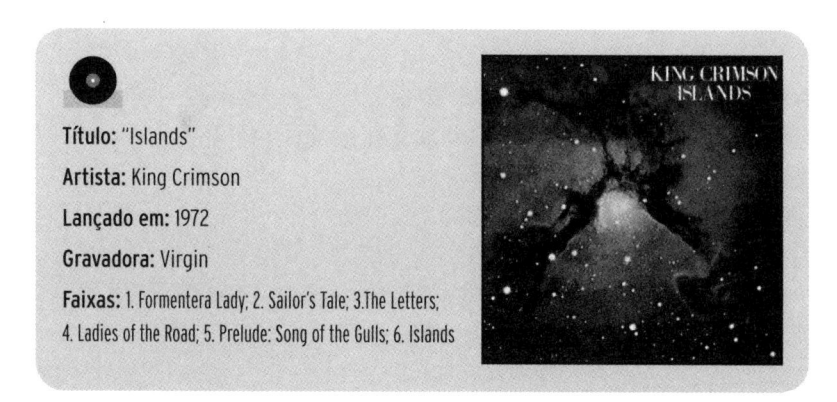

Título: "Islands"
Artista: King Crimson
Lançado em: 1972
Gravadora: Virgin
Faixas: 1. Formentera Lady; 2. Sailor's Tale; 3.The Letters; 4. Ladies of the Road; 5. Prelude: Song of the Gulls; 6. Islands

"Islands" foi lançado em 2000, numa luxuosa versão remasterizada.

BON JOVI, "THESE DAYS"

por Liliane Prata

Já faz uns seis meses que eu não ouço meu disco preferido. Não porque ele esteja perdido — eu só tenho um problema com chaves, mas meus CDs estão todos lá — ou porque eu seja uma dessas pessoas que não tem tempo nem para almoçar sem ser na frente do computador (na verdade, eu estou mais para essas pessoas que passam horas usando o computador para procurar calmamente uma deliciosa receita de almoço). Eu não ouço esse disco há séculos simplesmente porque quando o escuto não consigo fazer mais nada o dia inteiro, já que ele mexe comigo a ponto de me fazer rir, chorar e me emocionar entre uma faixa e outra — não pense que eu sou maluca, eu disse que ele é meu disco preferido.

Eu passei uma das melhores viagens da minha vida ouvindo uma fita com as músicas desse disco, em um desses toca-fitas que precisam de estratégia para ligar e desligar sem que solte um barulho de "crec" e estrague, em um desses Escorts XR3 vermelhos. Eu tinha catorze anos e nunca tinha ouvido aquelas músicas. Cumprindo bem meu papel de menina de catorze anos, eu me achava horrorosa, gostava de um menino lindo que não sabia se eu me chamava "Liliane" ou "Liliana" e tinha uma vontade de viver incrível (apesar de me achar horrorosa e de gostar de um menino lindo que não sabia se eu me chamava "Liliane" ou "Liliana"). E foi ficando com esse menino no tal Escort XR3 que eu conheci as músicas desse disco, embora eu estivesse ocupada demais para prestar atenção nelas.

Depois daquela viagem, eu comprei o CD e passei a ouvi-lo tanto que minha mãe sempre tinha que bater na porta do meu quarto para me lembrar de levar o cachorro para passear ou coisa parecida. E eu passava meus dias inteiros ouvindo meu "These Days", do Bon Jovi, não só porque eu me apaixonei pelas músicas como porque eu estava de férias e completamente à toa.

Certo, eu sei que não é exatamente original uma menina de catorze anos se apaixonar pelas músicas de uma banda cujo vocalista é loiro, forte e de olhos azuis (e ainda rebolava com uma calça jeans justa quando cantava... Que música mesmo?). Mas o caso é que eu nunca tinha visto o vocalista na vida. Afinal, eu conheci as músicas sem nem saber de quem era, em um Gol vermelho e tal... (era um Escort mesmo, troquei só para ver se você está prestando atenção). Então, gostei das músicas só porque eram boas mesmo e me lembravam do menino (que casou, se mudou e tal, mas enfim, o texto não é sobre isso).

Claro que, depois de descobrir que o cara que cantava aquelas músicas era loiro, forte e de olhos azuis (e ainda rebolava quando... Já falei isso, né?), eu tripliquei as horas que dedicava ao disco, mas isso não vem ao caso.

Continuei ouvindo o disco exatamente todos os dias até que o Jon Bon Jovi veio ao Brasil, foi ao Domingão do Faustão e ao Programa Livre e se mostrou um cara chato, antipático e metido — além de que estava começando a ficar careca, que eu vi. Falei para mim mesma que não iria mais ouvir as músicas daquele cara nojento para não dar lucro a ele. E fiquei um tempo com o disco guardado, em parte por causa disso, em parte porque a música-tema do namoro que eu comecei na faculdade era "Pra Dizer Adeus", dos Titãs, que eu passei a ouvir direto. Claro, o estilo deles não tinha nada a ver com o Bon Jovi, mas pelo menos pareciam ser simpáticos.

Voltei a ouvir meu disco preferido só depois que estava saindo da faculdade e sentindo falta da vida de antes da faculdade. As músicas não me lembram só daquele menino, mas também de outros meninos de quem eu gostei, das minhas amigas daquela época, e também do meu dia-a-dia de adolescente, do colégio, das minhas angústias. Tanto é que, quando comecei a escrever a coluna na Capricho, ouvia o disco para me sentir com catorze anos novamente e só então sentar para escrever (de preferência, com conhecimentos gramaticais mais avançados). Já nem sei falar se as músicas do disco são boas mesmo ou se só gosto delas porque são uma espécie de diário, que adoro "reler" toda vez que me dá vontade. Desde que seja sábado, domingo ou feriado, claro, já que, conforme eu disse no primeiro parágrafo, quando escuto esse disco não faço mais nada o dia inteiro — e a minha mãe não bate mais na porta do meu quarto para me lembrar de levar o cachorro para passear ou coisa parecida.

Título: "These Days"
Artista: Bon Jovi
Lançado em: 1995
Gravadora: Universal
Faixas: 1. Hey God; 2. Something for the Pain; 3. This Ain't a Love Song; 4. These Days; 5. Lie to Me; 6. Damned; 7. My Guitar Lies Bleeding in My Arms; 8. (It's Hard) Letting You Go; 9. Hearts Breaking Even; 10. Something to Believe In; 11. If That's What It Takes; 12. Diamond Ring

THE CURE, "STANDING ON A BEACH - THE SINGLES"

por Abonico R. Smith

O que você quer ser quando crescer?

A pergunta fatídica, da qual nenhuma criança conseguiu (ou conseguirá) escapar, deveria ser reformulada. Afinal, nunca, durante toda a minha infância, eu poderia imaginar que quando eu me tornasse adulto a ordem dos fatores viria a alterar o produto final. O fato é que hoje os fins não justificam mais os meios. Os fins antecedem os meios. Ou melhor, os fins são os fins mesmo e, para se chegar a eles, eliminam-se os meios.

Em um comercial de um festival promovido por uma marca de cerveja, duas personalidades do meio artístico (uma é modelo e apresentadora; o outro é cantor e ator) incitam o telespectador jovem/adolescente — o público-alvo do festival e, sobretudo, da cerveja. O que eles dizem é algo assim: "depois de fazer sucesso no seu quarto, na sua sala, na sua garagem, chegou a vez da sua banda fazer sucesso no festival tal". Como diria aquele comentarista de arbitragem de futebol, a regra é clara: você inscreve sua banda, passa por alguns critérios de seleção e o vencedor se apresenta em um festival de grande porte. Cara a cara com a massa, abrindo os shows de atrações internacionais vindouras. Assim, sem carreira previamente estabelecida, sem hit nas rádios, provavelmente sem um disco sequer lançado.

É como se alguém, parado no chão, resolvesse subir uma escada deixando para trás os primeiros degraus e alcançando logo um alto patamar. Claro que a probabilidade é grande do salto dar errado. Sem impulsão anterior — pré-requisito para dar base a todo e qualquer salto, aliás — perde-se o equilíbrio na chegada, dá-se com a cara na parede ou o corpo vai com tudo de encontro ao chão.

Não, os marqueteiros e publicitários não enlouqueceram. Eles estão apenas reproduzindo o senso comum de seu público-alvo. Sei disso porque criei e editei por quatro anos um caderno semanal voltado para os jovens em um jornal de Curitiba. Uma vez por mês, em média, eu dava uma capa desse caderno para uma banda da cidade, ainda com trabalho desconhecido pela grande massa (sim, as bandas de Curitiba não tocam nas programações normais das rádios, quase não aparecem na televisão e sempre tiveram pouco espaço nos cadernos culturais dos periódicos paranaenses — divulgar os MP3 é algo mais eficiente do que as tentativas de quebrar a resistência da mídia mainstream). Claro que havia o critério da relevância — como popularidade, consistência do trabalho atual, histórico e importância na cena naquele momento. Mas para as outras 999 bandas da cidade, aquilo soava como uma afronta.

Havia inveja, claro. Mas o pior é que quase 90% dessas formações se achavam no direito de merecer uma capa. Muitas nunca fizeram shows com regularidade, outras tantas nem sequer tinham um disco lançado. Tentar explicar uma música ou dar uma entrevista com o mínimo de eloqüência, então, sempre foi (e mesmo hoje, alguns anos depois, parece ser) coisa rara.

É fácil detectar onde está o problema. Formar uma banda hoje não significa mais um instrumento de expressão. O discurso hoje está praticamente vazio. A intenção de formar uma banda varia entre obter sexo, drogas ou dinheiro (separadamente ou em conjunto) da forma mais fácil possível. A tridimensionalidade do videogame e a infinita gama internética de informações e arquivos do mundo inteiro fizeram a comodidade se transformar em quase sinônimo de letargia. Um estalo de dedos faz o passe de mágica, tal qual o narizinho mágico da feiticeira Samantha ou o balançar de cabeça da "gênia" desengarrafada Jeannie. E o máximo de articulação nas letras parece ser o neologismo "tcharroladrão" ou refrões como "Na moral, na moral, na moral/ Só na moral".

Consigo me lembrar perfeitamente de uma tarde especial de sábado do começo de 1986, quando eu tinha 13 anos. Já ouvia rádio havia algum tempo e acompanhava todo e qualquer programa musical na televisão. O videocassete dava seus primeiros passos rumo à popularização no Brasil. A revista "Bizz" fora lançada no final de julho e eu estava apenas engatinhando na leitura sobre o universo da cultura pop. Eu não perdia um só "Clip Clip" (feito pela Rede Globo no rastro do sucesso estrondoso da MTV nos EUA) e ainda anotava todos os artistas e músicas exibido — talvez criando uma ânsia inconsciente de procurar posteriormente por aquilo que mais me chamara a atenção. Foi quando um videoclipe — que nem sequer fora anunciado na chamada inserida dentro do programa anterior (um seriado americano, não sei se "Fama" ou "Casal 20") — me deixou paralisado.

Em um fundo infinito (aquele famoso brancão, no qual chão e parede se misturam) estavam cinco rapazes vestidos de preto dos pés à cabeça. Todos eles tinham vasta cabeleira eriçada, os fios completamente em pé, como alguém que leva um susto em uma história em quadrinhos. O vocalista, um desengonçado ser gorducho com maquiagem carregada (olhos pretos e batom vermelho cuidadosamente borrado), brincava com uma câmera presa no teto por apenas um fio. Era ele quem dava as loucas tomadas ao direcionar o aparelho para onde bem entendia. Por vezes empurrava a câmera para longe, o que provocava um vertiginoso "vai-e-vem" enquanto os músicos — com exceção do baterista e do tecladista — moviam-se para todos os lados. De repente, toda a imagem fica em negativo, com muitos rostos verdes e olhos coloridos. A canção era extremamente agradável e ficou na cabeça. Nunca tinha ouvido antes, nem sequer sabia da existência do tal grupo. Mas sabia que ali, naquela hora, uma página da minha vida havia sido virada e um novo capítulo começava a ser escrito.

E foi com o Cure (o clipe era "In Between Days", música que, coincidentemente, logo se transformaria na trilha sonora de abertura e encerramento do mesmo "Clip Clip") que eu descobri o que realmente significava na minha vida. Os cabelos desgrenhados de Robert Smith e seu jeito bonachão me fizeram descobrir que eu não estava sozinho no mundo. Sim, era perfeitamente possível ser estranho e, sobretudo, diferente. Para a cabeça de um adolescente, tal descoberta — a de que a falta de aptidões atléticas, a timidez loser e a insistência em não se encaixar em modelos pré-determinados de comportamento ou de vestuário de fato não são empecilhos para enfrentar o mundo — mexe com a cabeça. E para o bem. Logo depois não tardaram a vir Smiths, Siouxsie & The Banshees, Echo & The Bunnymen, Jesus & Mary Chain, New Order, Joy Division, Mission...

Morava em Nova Friburgo, aprazível cidade da região serrana do Rio de Janeiro. Temperatura baixa, 250 mil habitantes e, naquele tempo, opções noturnas e de divertimento quase zero para um adolescente. Emissora de TV, só a Globo — a Manchete, que passava videoclipes nas tardes de sábado e domingo, eu fazia pegar mal e porcamente através de um truque rasteiro com bombril pendurado na ponta de uma antena de UHF.

Só havia uma loja de discos decente e ainda assim era em um bairro afastado do centro (e no lado oposto onde eu morava). Levava 40 minutos, no mínimo, para chegar de ônibus. Lá chegando, precisava encomendar os discos que queria caso eles não estivessem disponíveis nas prateleiras — o que freqüentemente acontecia, já que títulos mais populares eram os de mais saída, e o que me fez optar por levar imediatamente para casa, no lugar do álbum de carreira "The Head on the Door", a compilação de singles "Standing on a Beach" (que, relançada em CD, ganhou o novo nome de "Staring at the Sea").

Meu pai viajava periodicamente para o Rio de Janeiro e São Paulo. Assim, encomenda após encomenda, em esperas que duravam uma ou duas semanas, pude, enfim, ir conhecendo as bandas que fui aprendendo a admirar através da televisão e das matérias publicadas na "Bizz" — cuja coleção completa mantenho guardada até hoje.

Aprendi a tocar instrumentos, penei com a podridão de baixo e amplificador nacionais, formei bandas que teimavam em não ir adiante, decorava todas as letras das músicas, furava os discos de tanto ouvir. Cheguei até a viajar para o Rio de Janeiro, sozinho, aos 14 anos, somente para assistir a um dos shows do Cure na turnê brasileira de março de 1987. Meses depois, acabei iniciando — meio que de maneira trôpega e inesperada — minha carreira de crítico musical, algo que inicialmente não estava nos planos daquele moleque que sonhava diariamente com uma viagem para a Inglaterra.

Enfim, os meios subverteram os caminhos e me levaram a um fim completamente diferente. Ainda toco alguns instrumentos, participo de shows de amigos (relembrando Cure, Smiths, Echo etc.) e de vez em quando assumo as vezes de DJs (tais bandas nunca podem faltar no meu repertório). Ainda ouço com imenso prazer as mesmas músicas de quase vinte anos atrás. Foi tudo isso que me abriu os caminhos da percepção e me fizeram trilhar rumo ao mundo imenso e infinito nos anos seguintes. Foi tudo isso a minha porta de entrada para hoje compreender a música pop como um todo e como parte de fenômenos sociais, históricos e econômicos durante todo o século 20.

E hoje, aquele menino que um dia ficou boquiaberto com o clipe de "In Between Days" até pode se dar ao luxo de ministrar um curso (até onde eu saiba, inédito no Brasil) de História do Rock. Ele não queria ficar famoso ou milionário, muito menos ter sua banda abrindo o show de um grande medalhão da música internacional. Só pensava em se expressar. E segue com o mesmo objetivo. Sempre.

Título: "Standing On a Beach – The Singles"
Artista: The Cure
Lançado em: 1986
Gravadora: Elektra
Faixas: 1. Killing an Arab; 2. 10:15 Saturday Night; 3. Boys Don't Cry; 4. Jumping Someone Else's Train; 5. A Forest; 6. Play for Today; 7. Primary; 8. Other Voices; 9. Charlotte Sometimes; 10. The Hanging Garden; 11. Let's Go to Bed; 12. The Walk; 13. The Lovecats; 14. The Caterpillar; 15. In-Between Days; 16. Close to Me

A versão em K7, que inclusive foi lançada no Brasil, vinha com cerca de 13 B-Sides, incluindo um cover de Doors ("Hello, I Love You") e "Another Journey by Train" que foi durante muitos anos o tema de abertura do programa "Roda Viva", da TV Cultura.

Engenheiros do Hawaii, "10.001 Destinos"

por Agnes Arruda

"10.001 Destinos". Como se a vida tivesse um número determinado de caminhos a seguir. Não tenho certeza se gosto deste nome. Talvez ele queira representar exatamente o oposto desta limitação e eu ainda não consegui perceber; mas como do meu destino só eu sei, esse disco do Engenheiros do Hawaii passou a ser a salvação de várias noites minhas em que a melhor coisa para fazer era colocar o "tocador de cedê" em cima do travesseiro, colar o ouvido nele e quase ficar surda com a proximidade da caixa de som dos meus tímpanos. É óbvio que ouvir música sussurrando não tem graça nenhuma.

Pensar em quando o Engenheiros surgiu na minha vida é quase a mesma coisa que fazer uma dessas sessões de regressão que existem por aí. Aos quatro anos de idade, a miscelânea de letras e fonemas criadas por Humberto Gessinger se transformava, quando cantada por mim, em palavras inexistentes na língua portuguesa. Não preciso nem dizer que todo mundo achava "uma gracinha", mas ainda bem que a gente cresce.

O tempo, é claro, passou. Eu cresci, "A Montanha" se transformou em música obrigatória nas minhas seleções gravadas em fitinhas e "Concreto e Asfalto" serviu para eu morrer de raiva várias vezes daquele cara que me deu um pé na bunda certo dia.

Comecei então a cavar os baús e a descobrir pérolas como "Toda Forma de Poder", "Terra de Gigantes", "Somos Quem Podemos Ser" e, a minha predileta, "Infinita Highway". Todas me deixando sempre sem ar.

Passei minha adolescência assim, repetindo versos já cantados pelos meus pais. Até que, num belo dia, recebo em minhas mãos um pacotinho embrulhado em papel brilhoso. Não abri na hora, meu coração estava meio acelerado. Só depois fui ver o que tinha dentro dele. "10.001 Destinos", que reúne tudo que há de melhor na trajetória da banda. Foi o primeiro presente que recebi de dia dos namorados. Antes dele, passei (longos) 18 anos da minha vida na esperança de que existisse algum ser que, tímido demais, nunca teve coragem de se declarar e resolveu mandar assim, sem sinal de remetente nem nada, pelo menos uma florzinha para alegrar meu dia, já que, se você ainda não sabe, não há nada mais triste e deprimente do que fingir que está tudo certo com você, a solteira da paróquia, enquanto os apelos para os casais felizes borbulham por todos os lugares.

Nunca fui dessas românticas incondicionais que existem aos montes por todos os cantos. Quem me conhece (e nem precisa ser tão bem assim) sabe que minha cabeça sempre falou muito mais alto que meu coração (não consegui fugir desse clichê, ele é superverdadeiro); e apesar de que, por algumas semanas, fiquei me sentido a rainha da cocada preta, não seria esse o único motivo que daria ao "10.001 Destinos" um lugar de destaque na minha estante.

Entre os discos da minha coleção, esse é o único que, em todas as músicas e em todos os minutos, me dá aquela sensação gostosa, e sem nostalgia, de estar revivendo o passado. É o único que me faz fechar os olhos, cantar alto e dançar pelada na frente do espelho, ignorando o fato de que moro em uma república com mais quatro pessoas. E é também, com toda essa reunião de coisas boas, o único que me dá vontade de seguir em frente, copiar os "destinos" e fazer com que o meu seja ótimo da maneira que o do Engenheiros é.

Título: "10.001 Destinos"

Artista: Engenheiros do Hawaii

Lançado em: 2001

Gravadora: Universal

Faixas: 1. A Montanha; 2. Infinita Highway; 3. A Promessa; 4. Ninguém = Ninguém; 5. Parabólica; 6. Toda Forma de Poder; 7. Refrão de Bolero; 8. Somos Quem Podemos Ser; 9. Pra Ser Sincero; 10. Piano Bar; 11. Alívio Imediato; 12. Terra de Gigantes; 13. Era Um Garoto Que Como Eu Amava Os Beatles e Os Rolling Stones; 14. Ouça o Que Eu Digo, Não Ouça Ninguém; 15. O Papa é Pop; 16. Números; 17. Rádio Pirata; 18. Novos Horizontes; 19. Quando o Carnaval Chegar; 20. Sem Você (!É Foda!); 21. Freud Flintstone; 22. Eu Que Não Amo Você; 23. A Perigo; 24. Nunca se Sabe; 25. Novos Horizontes; 26. Concreto e Asfalto

U2, "ACHTUNG BABY"

por Olacir Dias

Sempre fui um apaixonado pelo rock nacional. É até uma honra estar escrevendo neste livro ao lado de várias pessoas, que fizeram boa parte da trilha sonora de minha vida (conheci minha noiva e dei meu primeiro beijo nela, ao som de "Aviso aos Navegantes" em um show do Lulu Santos em 1996). Minha paixão pelo rock brazuca, começou quando escutei pela primeira vez o disco "Vivendo e Não Aprendendo", um clássico do Ira!. Mas, curiosamente, o disco que mais me marcou, não é de nenhuma banda nacional. Foi um álbum concebido por quatro rapazes, que também adoram o verde, predominantemente ostentado na bandeira de seu país.

No cenário internacional não conhecia muita coisa, além do "Rei" Elvis Presley e dos Beatles. Porém, em um certo dia, estava jogando baralho na casa de um grande amigo, quando escutei uma música que começava com uma bateria em tom beligerante, seguida de um maravilhoso dedilhado de guitarra. Perguntei qual era o nome daquela música, que mais parecia uma marcha de guerra, e quem cantava?

— É o U2. — respondeu meu amigo.

Na mesma hora pedi para que ele gravasse pra mim aquela música, e me desse mais informações a respeito daquela banda. Então fui apresentado a Bono, The Edge, Adam Clayton e Larry Mullen Jr, os irlandeses do U2 e descobri seu maravilhoso repertório. Todas aquelas obras primas estavam ali: "Sunday Bloody Sunday", "New Years Day", "With or Whithout You", "Where Streets have no Name". Ficava me perguntando "como eu não ouvi isso antes?".

Em 1989, ao final da consagrada turnê "Rattle and Hum" durante um show em Dublin, Bono disse "temos que dar um tempo e sonhar tudo de novo". Então a banda saiu de cena por dois anos, até retornar em 1991. E qual não foi minha surpresa ao me deparar com "Achtung Baby".

O visual já foi chocante. Aquele figurino "bom rapaz" de Bono, já não existia mais. Ele agora era o "arrogante" Rock Star "The Fly", vestindo couro preto com imensos óculos negros. Mudança drástica no visual da banda e em sua sonoridade. A primeira faixa "Zoo Station" era cheia de ruídos e vocais diferentes, parecia com qualquer coisa menos com U2. Mas era justamente essa a intenção da banda. Pela primeira vez o grupo usou equipamentos eletrônicos. A maior banda de rock dos anos 80 se reinventando nos anos 90 e emplacando hits como "Mysterious Ways", "The Fly", onde The Edge concebe um dos solos mais bonitos da história do rock, "Even Better Than The Real Thing", além de outros sucessos como "So Cruel" (dedicada a mulher de The Edge de quem ele acabara de se separar) "Until The End of The World", "Who's Gonna Ride Your Wild Horses", além da inesquecível "One", uma das mais belas canções dos anos 90.

Logo depois do lançamento de "Achtung Baby", seguiu-se uma turnê megalomaníaca a "Zoo Tv World Tour", com monitores imensos espalhados por todo o gigantesco palco. A "Zoo Tv" entrou para a história como uma das turnês mais fantásticas já realizadas. Tanto o disco como a turnê que se seguiu foram um sucesso de público e crítica. Um prêmio para uma banda que, mesmo estando no topo do mundo, resolveu fugir do lugar comum, experimentando novos sons, fórmulas e estilos.

Título: "Achtung Baby"

Artista: U2

Lançado em: 1991

Gravadora: Island

Faixas: 1. Zoo Station: 2. Even Better Than The Real Thing; 3. One; 4. Until the End of the World; 5. Who's Gonna Ride Your Wild Horses; 6. So Cruel; 7. The Fly; 8. Mysterious Ways; 9. Tryin' to Throw Your Arms Around the World; 10. Ultraviolet (Light My Way); 11. Acrobat; 12. Love Is Blindness

VÁRIOS – TRILHA SONORA ORIGINAL, "AMERICAN GRAFFITI"

por Roger Moreira

Na improvável hipótese de eu ter que ficar sozinho numa ilha que, apesar de deserta, tem um ponto de AC para eu poder ligar pelo menos uma vitrolinha, eu jamais levaria um único disco para me acompanhar na experiência: eu levaria um computador com conexão rápida à internet, ou um rádio ou ainda um violão. Jamais um único disco.

Ouvir o mesmo disco mais do que algumas vezes em seguida já tiraria deste disco o status de predileto. Além do mais, nada é minha "coisa" predileta o tempo inteiro, nem eu mesmo. Mas, já que a idéia é essa, um exercício de abstração igual àquelas redações que eu tinha que fazer no ginásio, tipo "Se eu fosse um lápis" (e que eu odiava, diga-se de passagem), vamos tentar. Tudo pela arte! (No entanto, verdade seja dita, essas redações provaram ser muito úteis depois na minha carreira.)

Por eliminação então. Uma boa alternativa seria um disco que demorasse a cansar, um de música clássica, por exemplo. Que eu tivesse que ouvir várias vezes para perceber todos os intrincados nuances da composição. Mas convenhamos, um disco de música clássica exige uma aparelhagem de som muito boa, que eu não sei se teria na tal ilha deserta, melhor é ouvir a orquestra tocando ao vivo. Mas aí a ilha já não estaria deserta. E um disco de música clássica dificilmente seria meu predileto, já não basta eu estar na ilha sozinho e ainda vou ter que ficar escutando uma música que não faz meu estilo. Então este está fora. Discos de jazz seguem o mesmo raciocínio, são mais interessantes intelectualmente e demoram mais a cansar, e um dos motivos disso é que demora mais até eu estar com vontade de escutá-los. De vez em quando é legal, estimulante até, mas sei lá quanto tempo eu vou ter que ficar na maldita ilha, melhor eu levar alguma coisa mais animada.

Outra ótima opção é um disco dos Beach Boys. Afinal, a menos que a ilha seja uma pedra estéril no meio do oceano, deve ter uma prainha em algum lugar, o clima deve combinar com a música, ou vice-versa. Os Beach Boys são divertidos, suas músicas têm um astral legal, são boa companhia em qualquer situação. Também têm harmonias complicadas, são interessantes de se ouvir, têm sempre um detalhezinho que pode ter escapado em alguma audição e que merece ser ouvido mais uma vez. Uma coletânea dos Beach Boys, nesse caso, seria melhor que qualquer um de seus discos, por cobrir as diversas fases da banda (hmmm, coletânea, estamos chegando perto...). Ainda assim, o estilo é meio parecido, a chance de enjoar ainda é grande.

Os Beatles são excelentes, pelos diversos motivos explicados até agora. Músicas boas, estilo variado, composições inspiradas, arranjos rebuscados... Ainda por cima, pode-se notar influências que eles receberam de diversas épocas, além das influências que eles próprios criaram para praticamente todas as bandas depois deles. O problema aqui é escolher um disco só. No caso dos Beatles, acho que as coletâneas não funcionam, justamente por conter as mais manjadas, aquelas que já enjoaram, e nem sempre as melhores.

Outras bandas clássicas, como os Rolling Stones e o Led Zeppelin seriam boas escolhas nem tanto pela variedade e complexidade de suas músicas, mas pela excelência em seus estilos. Keith Richards, por exemplo, tem o dom de fazer o simples de um jeito que só ele faz, ou seja, não é tão simples assim. A mesma coisa com Jorge Ben Jor, por exemplo, ou Chuck Berry.

É claro que eu gosto do que faço e poderia levar um disco meu mas, ei, essas músicas eu conheço de cor, eu poderia simplesmente me lembrar delas. Já uma coletânea de bandas dos anos 80 teria um valor diferente para mim (a idéia da coletânea está amadurecendo...), seria uma feliz lembrança o tempo todo, ótima companhia. Mas essas coletâneas também são sempre limitadas por gravadoras e sempre muito óbvias, uma pena.

É, a tarefa não é fácil. Mas já que eu tenho que ir pra tal da ilha e tenho que levar um disco, eu vou levar um disco duplo, pelo menos (acho que pode, né?): a trilha sonora do filme "American Graffiti". Ali tem um pouco de tudo que eu falei aqui. Saca só algumas das músicas que tem no disco: "Rock Around the Clock", do The Comets, "Runaway", do Del Shannon, "Why Do Fools Fall in Love?", com Frankie Lymon & The Teenagers, o clássico "That'll Be the Day", do Buddy Holly, "She's So Fine", do Flash Cadillac, "Stroll", do The Diamonds, a maravilhosa "Surfin' Safari", do Beach Boys, "Almost Grown", do Chuck Berry, "Smoke Gets in your Eyes", com The Platters, "Barbara Ann", do The Regents (que até cheguei a gravar com o Ultraje a Rigor), "Ain't that a Shame", do Fats Domino, Chuck Berry de novo com a absoluta "Johnny B. Goode", "Do You Wanna Dance", com Bobby Freeman, "You're Sixteen (You're Beautiful and You're Mine)", do Johnny Burnette, "Love Potion No. 9", com The Clovers, "Since I Don't Have You", do Skyline, "Green Onions", do Booker T. & The MG's e acaba com "All Summer Long", dos Beach Boys.

Uma ótima trilha sonora para se ouvir na praia. Variedade, rock and roll clássico do bom, arranjos bacanas, orquestra, um pouco de jazz, harmonias vocais, tem até Beach Boys e Chuck Berry. Não tem os Beatles, mas o que se há de fazer, não se pode ter tudo, especialmente nessa ilha miserável. Mas tem alguns de seus ídolos (e dos meus), como o grande Buddy Holly e Lee Dorsey, maravilhosos grupos vocais como The Flamingos e The Platters, instrumentistas do mesmo naipe de Keith Richards, como Fats Domino, Booker T., Danny Cedrone (com The Comets de Bill Haley) e o já citado Chuck Berry, além do clima maravilhoso de uma época que eu não vivi mas que deve ter sido muito boa. De mais a mais, a ilha está deserta, eu posso viver a época que eu quiser, não é mesmo? Melhor do que essa época de celebridades vaidosas e sem talento de hoje em dia. Alguma vantagem tinha que ter.

Título: "American Graffiti"

Artista: Vários – Trilha Sonora Original

Lançado em: 1973

Gravadora: Universal

Faixas: 1. Rock Around the Clock (Bill Halley & The Comets); 2. Sixteen Candles (Crests); 3. Runaway (Del Shannon); 4. Why Do Fools Fall in Love? (Lymon, Frankie & The Teenagers); 5. That'll Be the Day (Buddy Holly); 6. Fannie Mae (Buster Brown); 7. At the Hop (Flash Cadillac); 8. She's So Fine (Flash Cadillac); 9. The Stroll (Diamonds); 10. See You in September (Tempos); 11. Surfin' Safari (Beach Boys); 12. (He's) The Great Imposter (The Fleetwoods); 13. Almost Grown (Chuck Berry); 14. Smoke Gets in Your Eyes (Platters); 15. Little Darlin' (Diamonds); 16. Peppermint Twist (Dee, Joey & The Starliters); 17. Barbara Ann (Regents); 18. Book of Love (Monotones); 19. Maybe Baby (Buddy Holly); 20. Ya Ya (Lee Dorsey); 21. The Great Pretender (Platters); 22. Ain't That a Shame (Fats Domino); 23. Johnny B. Goode (Chuck Berry); 24. I Only Have Eyes for You (Flamingos); 25. Get a Job (Silhouette); 26. To the Aisle (Five Satins); 27. Do You Wanna Dance (Bobby Freeman); 28. Party Doll (Jimmy Bowen); 29. Come Go with Me (Del-Vikings); 30. You're Sixteen (Johnny Burnette); 31. Love Potion No. 9 (Clovers); 32. Since I Don't Have You (Skyline); 33. Chantilly Lace (Big Bopper); 34.Teen Angel (Mark Dinning); 35. Crying in the Chapel (The Orioles); 36. A Thousand Miles Away (Heartbeats); 37. Heart and Soul (Cleftones); 38. Green Onions (Booker T. & the MG's); 39. Only You (Platters); 40. Goodnight, Well It's Time to Go (Spaniels); 41. All Summer Long (Beach Boys)

BEATLES, "OS REIS DO IÉ, IÉ, IÉ"

por Jamari França

O disco que salvou minha vida está associado a um filme e não há como separar um do outro. Assim sendo, tinha eu 14 anos, morava no bairro do Grajaú — porta de acesso ao subúrbio carioca —, levava o estudo aos trancos e penava com a Cultura Inglesa, onde a minha mãe me colocara aos 13 anos dizendo que seria importante para a minha vida. Eu achava um saco. Nada fazia sentido, então, levava a vida irresponsável de um moleque de classe média baixa. Um dia, um amigo avisou que no Bruni Grajaú, o cinema do bairro, passava um filme com quatro cabeludos que faziam uma música inacreditável e viviam correndo de um bando de garotas. Opa! Qual o moleque que não queria um monte de meninas correndo atrás dele?

Eu dava um duro danado para correr atrás de alguma e sempre me dava mal — um padrão que duraria a vida toda, by the way —, então, corri para o cinema e, de cara, fiquei chapado. Já na abertura era muita informação para minha cabeça limitada (um padrão que...). Um acorde forte de guitarra (a Rickenbacker de 12 cordas de George Harrison) abria o filme: "It's been a hard day's night/ And I been working like a dog...", cantava John Lennon. Uma canção agitada, fantástica, como nunca ouvira antes. E três cabeludos de terno (John, George e Ringo Starr), — e vocês não imaginam como eram cabeludos para os padrões da época — correndo pela rua até uma estação de trem com milhares de garotas histéricas atrás deles. Tinha um mais espertinho (Paul McCartney) já na estação, disfarçando-se atrás de um jornal e de um bigode ao lado de um velhinho de ar blasé.

Na seqüência, eles viajaram de trem, azararam umas garotas, fugiram de mais garotas e aprontaram todas numa estação de TV cheia de gente careta, onde tocaram para uma platéia histérica. Aquilo para mim era o máximo da rebeldia. Os caras faziam o contrário do que pediam para eles, o humor era incrível: um alfaiate tirando a medida dos ombros de Paul, ele sai de repente, o cara fica com a fita no ar, John vai lá, corta a fita métrica e, com voz fina, diz "declaro inaugurada esta ponte".

Depois de ver todas as sessões possíveis da semana em que o filme ficou em cartaz, começou a minha campanha caseira para conseguir uma vitrola, que não tínhamos em casa, e o disco do filme. No natal daquele ano fui premiado com um aparelho portátil stereo Philips, novidade na época, e pude finalmente comprar o disco que mudou minha vida: "Os Reis do Ié Ié Ié". Este foi o nome que deram na época para "A Hard Day's Night", aportuguesando o 'yeah yeah yeah' do coro de "She Loves You". De quebra, a nova música que chegava por aqui, vinda da velha Albion e do Tio Sam, ficaria conhecida como ié, ié, ié.

Os Beatles teriam que disputar o trono com os Rolling Stones, que logo chegaram com "Satisfaction", apresentados como a alternativa rebelde aos Beatles, marketing que o empresário Andrew Loog Oldham criou para diferenciá-los de seus maiores rivais. E havia o produto nacional, a Jovem Guarda, liderada pelo saudoso Roberto Carlos, um nome que também definiria o novo movimento e era o título do segundo disco que comprei na vida, puxado por "Quero Que Vá Tudo Para o Inferno", uma música genial que seu autor renegaria no futuro.

Eu estudava no João Alfredo, um ginásio público em Vila Isabel, bairro vizinho que eu alcançava de bonde, e o vírus Beatle logo tomou conta de todo mundo. As rádios tocavam Beatles direto. Na época, se não me engano, as mais legais eram a Mundial e a Tamoio, AM naturalmente. Eu me amarrei no disco inteiro, mas tinha minhas favoritas. O Lado A eram as músicas do filme, no lado B, canções igualmente maneiras. Minha preferência inicial recaiu em "I Should Have Known

Better", com uma gaita tocada por Lennon, que também fazia o vocal. Lembro que minha condição de estudante da Cultura Inglesa me qualificou a tirar as letras. Em termos, claro, porque eu não entendia xongas e conseguir uma letra na época era a maior batalha. Daí comecei a cometer a barbaridade de tirar a letra do modo como os Beatles pronunciavam. Ficava tipo assim: "ai djunenon beta uita guerl laiqiú/ derai ud love everisin det iu du/enaídu rei rei rei/ enái du" ("I should have known better with a girl like you/ That I would love everything that you do/ And I do/ Hey hey hey/ And I do). Era o maior sucesso porque batia direitinho com o que Lennon cantava.

Outra favorita era a romântica "If I Fell"; John novamente, uma semiacústica com aquela infalível vocalização beatle, que era uma beleza para dar um chega pra cá nas meninas nas festinhas que a gente fazia. Era uma festa por semana em casa, se os pais deixassem. Eu levava a vitrola, discos, outros levavam mais discos, a gente fazia uma vaquinha para comprar refrigerante, as meninas entravam com sanduíches. Algumas músicas tinham o maior pique e a gente gostava de dançar como no filme, dando socos no ar em "Can't Buy me Love", "Anytime at All" e "I'm Happy Just to Dance with You", esta cantada por George Harrison — e eu me amarrava na voz dele, diferente das de Paul e John.

Uma que eu achava bem peculiar era "And I Love Her", acústica, com Ringo tocando um bongô. As vozes dos Beatles, quando cantavam sozinhos, eram estranhas porque usavam dobra em todas elas. Eu não sabia disso na época e tudo era um deslumbramento pelo requinte de uma produção que eu não conseguia decupar.

Na seqüência, descobri que o grupo era uma verdadeira máquina de fazer boa música. Na época o padrão da indústria britânica era lançar um compacto a cada três ou quatro meses e dois LPs por ano, cada um com 14 faixas e sem repetir as canções dos compactos, e a dupla Lennon e McCartney não negava fogo. "A Hard Day's Night", por exemplo, foi composta por John Lennon na noite de 15 de abril de 1964, quando eles fecharam que o nome do filme seria mesmo este. Foi uma frase que Ringo disse ao fim de um dia de filmagens em 19 de março para demonstrar seu cansaço, daí ficou com nome provisório até a decisão final. A canção foi gravada no dia 16 em nove takes, valendo o quinto (informações do livro "The Complete Beatles Recording Sessions", de Mark Lewisohn).

O fascínio pelos Beatles a partir de "A Hard Day's Night" foi o maior incentivo para estudar inglês, passando a encher a paciência dos professores para que ensinassem as letras. Em vão, porque na época a Cultura ainda tinha aquela pompa britânica tradicional que só perdeu muitos anos depois, quando passou a enfrentar uma concorrência séria de outros cursos de inglês. À medida que ia aprendendo, irritar os professores da Cultura passou a ser um dos meus passatempos favoritos. No quarto ano tive uma senhora, de bengala e tudo, que terminava a aula invariavelmente 10 minutos antes da hora por causa do sagrado chá das cinco. Eu sempre usava a pronúncia 'cockney' de Mick Jagger, um inglês de rua que os educados abominam, e muitas gírias. Ela ficava possessa.

A "Hard Day's Night" me deu rumo na vida. Comecei a escutar rock em 1964 e não parei até hoje. Fui por tortuosos caminhos até concluir que a minha era o jornalismo. Comecei em 1977 fazendo reportagem geral na Manchete; passei para a internacional em 1979 no Jornal do Brasil e, só em outubro de 1982, surgiu a primeira oportunidade de fazer uma matéria sobre rock para o caderno B. Era sobre um monte de bandas de nomes engraçados que estavam pipocando em bares da cidade e no Circo Voador. Mas isso já é outra história.

Título: "Os Reis do Ié Ié Ié"
Artista: Beatles
Lançado em: 1964
Gravadora: EMI
Faixas: 1. A Hard Day's Night; 2. I Should Have Know Better; 3. If I Feel; 4. I'm Happy Just To Dance With You; 5. And I Love Her; 6. Tell Me Why; 7. Can't Buy Me Love; 8. Any Time At All; 9. I'll Cry Instead; 10. Things We Said Today; 11. When I Get Home; 12. You Can't Do That; 13. I'll Be Back

BOB DYLAN, "DESIRE"

por Jotabe Medeiros

Quando eu encarei Curitiba frente a frente, em 1979, dei logo de cara com os intestinos da cidade. Eu tinha 17 anos. Me desculpem os patrícios, mas o Passeio Público era nojento naquela época. Olhando o lago, sentado na mureta de pedra, não dava para saber onde começava o musgo e onde terminava o vômito dos bebuns da noite passada. Tinha ainda umas gaiolas com bichos doentes no fundão, macacos fedorentos e uma jaguatirica desbotada, se me lembro bem. Mas era o lugar onde, no domingo, a gente espantava a fome atirando pedra nos patos — um deles poderia inadvertidamente chocar-se contra uma pedra, e nós ganharíamos um abençoado almoço.

Creiam-me: isso não é uma sobra de texto de algum livro de Charles Bukowski. Não é imaginação podreira, não é ficção. Muito menos imitação: de onde eu venho, nós matamos pastiches a chineladas.

Em 1979, em Curitiba, numa quitinete velhusca da Marechal Deodoro, nós dividíamos irmamente a fome e os gibis velhos do "Ken Parker". Éramos eu; meu anfetamínico primo Edson (cujo pai recentemente dera adeus ao mundo no banco traseiro de um Opala, engolindo um copo de agrotóxico); meu irmão Jack, eterno e belo pugilista de rua; o maneirista Santana, que se virava com a grana de uma namorada generosa; o gigante Léo, que tornou-se outra pessoa quando virou homem e foi merecidamente esquecido.

Todo mundo tentando a sorte na vida sem carta nenhuma na mão. Quando o Santana inventava de fritar um ovo, de madrugada, o óleo respingava na minha cara, enquanto eu forçava o sono num dos beliches espremidos no apertamento. Ele também comia pão com banana, uma das coisas que eu não encarei nem nos dias mais tenebrosos.

Curitiba nunca foi uma cidade generosa com os migrantes. Os schwarz que chegávamos do interior, com os pés cheios de terra vermelha e olhos esperançosos, éramos apenas um problema estatístico a ser resolvido. Meu único bem material nessa época era um toca-fitas de carros transformado, que tinha um adaptador para energia elétrica, e duas ou três fitas cassetes que ouvia incessantemente. Naquele tempo, a indústria fonográfica editava os álbuns em dois formatos: LP e fita K-7, e eu estava refém da segunda forma. Minha predileta, entre aquelas fitas que possuía, sempre foi a que carregava em seus cilindros de dióxido de ferro (o material das fitas-cassete) as canções de "Desire", de Bob Dylan.

Não me lembro o que me fascinava mais, se a voz anasalada, fanha, feita de espamos, ou se era a imagem de figurante de filme de caubói que Dylan ostentava na capa. Na fotografia, ele era aquele tipo de cara que seria inevitavelmente morto por uma bala perdida no saloon. Mas, apesar de portador compulsório de um destino trágico, ele tinha o sorriso sereno e um lenço esvoaçante no pescoço. Havia dignidade e auto-suficiência naquela expressão. Havia um arcabouço de herói involuntário naquele chapéu e naquele sobretudo de gola de pele.

Eu ouvia "Hurricane" mais de uma vez numa mesma jornada, e era conveniente sua extensão quilométrica, 8 minutos e 33 segundos que pareciam durar uma noite inteira. Nas madrugadas em que o frio criava crostas de gelo nos vidros da janela, eu me enternecia ouvindo o violino lamentoso de Scarlet Rivera e os versos que eu quase não entendia. Para acompanhar uma pizza (ó, dia glorioso, quando a grana dava ao menos para uma pizza!!), eu preferia "One More Cup of Coffee".

E tinha as notas do encarte, escritas por Allen Ginsberg. Foi a primeira vez que ouvi falar em Ginsberg (hoje em dia, as reedições do álbum em disco ignoram aqueles apontamentos, um dos absurdos da vida moderna; o atalho, o caminho encurtado no seu sentido, no seu significado). O poeta beat destacava as pausas, a respiração do cantor, as palavras divididas de forma inusitada, o canto estranho, sangüíneo, "como um lamento em hebraico".

Mas eu era só um moleque e ficava mesmo era fascinado com a displicência com que Dylan contrapunha sua voz indolente às das vocalistas de apoio (Emmylou Harris e Ronee Blakley), sob o som da gaita, em "Jooooooooooeeeeeyyyyyyyyyy". Viajava por canyons e fugia de emboscadas ouvindo "Romance in Durango". Confesso: eu não tinha a menor idéia de quem era Ruben Carter, o presidiário para quem Dylan fizera a canção "Hurricane". Só vim a saber muito tempo depois. Gostava era da ênfase que Dylan dava a cada trecho do seu discurso, da indignação contida no seu jeito de pronunciar "son-of-a-bitch".

"Como pode a vida de um homem/Estar na palma da mão de um tolo?", cantava. Ele se declarava enojado de viver numa terra onde a Justiça era um mero jogo. Eu comecei a gostar daqueles discursos enviesados, sem conclusões, sem a elucidação. Não de todos eles. Por exemplo: desprezava aquele sobre o meteorologista, em "Blowin' in the Wind", de outro disco. Mas gostava de outras. "Nesta era de fibra de vidro, estou em busca de uma gema", dizia ele, uma de minhas frases preferidas.

Quando mudamos da Marechal para as imediações do Corpo de Bombeiros, eu carreguei o fogão nas costas pela avenida, nossa única aquisição em dois anos curitibanos. No forno, levava o toca-fitas e o cassete do Dylan. Poeta e trovador, Dylan abria possibilidades para um mundo vastíssimo, coisas como política, literatura, poesia, ética, viagens lisérgicas. Até religião, coisa para a qual, felizmente, nasci vacinado.

Ao longo daqueles anos, deu-se minha iniciação. Tempos depois, conheci finalmente Clapton, ouvindo um som que escapava pela fresta da janela de um bar no Largo da Ordem e alcançava a rua. Era

"Cocaine", e não me tocou especialmente, apesar do lobby de todos os doidões do Colégio Positivo. Continuei fiel ao pastor Dylan. Depois, arrematei um velho vinil do Television num sebo pelos lados da Cruz Machado, e aí já começou a ficar mais séria minha conversão.

Lembro perfeitamente também quando veio "Let's Dance", de Bowie, já com o frescor de uma época nova, algo que anunciava uma era de futilidade e de descompromisso, de hedonismo e diluição. Mas também de muita diversão.

Alguns anos depois, já na UEL, em Londrina, conheci uma garota que era mais do que sempre sonhei, e pensei em lhe dar algo que me fosse especialmente caro. Fucei nas minhas coisas e achei a ensebada fita do Bob Dylan. Não hesitei: dei a fita de "Desire" de presente para a mina, e nunca mais a vi desde então (a fita, não a mina).

Bom, a vida escorre, como todos sabemos, e as experiências se acumulam. Anos depois, dividi uma Coca Light com Elvis Costello num lobby de hotel no Hyde Park, em Londres. E, uma vez, eu me dei conta que estava cercado de críticos de jazz no saguão do Carnegie Hall, em Nova York, e saquei que só o tuxedo de um deles pagaria todo o mobiliário que eu tinha na minha casa em São Paulo.

Isso tudo, essa velocidade das coisas da vida, faz com que a gente acabe esquecendo da nossa história mais pessoal, da nossa constituição física e intelectual, da sopa de brotos de abóbora que a mãe fazia na infância, uma redenção. Tem horas, nesses momentos confessionais, que a gente fica tão inflamado que parece que vai, a qualquer momento, repetir aquele discurso de despedida do Rutger Hauer em "Blade Runner — O Caçador de Andróides": "Eu vi coisas nas quais vocês humanos não acreditariam: naves em batalha sobre os ombros de Orion. Testemunhei o brilho de Raios Gama na escuridão, perto do Portal de Tannhäuser. Todos aqueles momentos se perderão no tempo, como lágrimas na chuva".

Então, de vez em quando, ouço de novo o velho Bob, para não deixar que a solenidade se sobreponha à experiência, para que o reflexo não seja mais nítido e visível que o objeto que o projetou. Mera superstição, ou algo do tipo.

Sei que não parece lógico evocar uma lembrança tardia como essa, esmaecida, para referendar algo fundamental. Talvez a ocasião pedisse algo mais bem-humorado, ou heróico. Mas aqui, humildemente ajoelhado perante os deuses da folk music, eu devo confessar: Bob Dylan emprestou-me alguma grandeza quando eu precisei de algum empurrão. Eu recorreria a ele, sem hesitação ou culpa, para me indicar novamente o caminho.

Quando você é moleque, e é lúmpen, diverte-se como pode, pulando o muro para entrar de penetra em festa de debutante, jogando bola com lata de refrigerante na Rua das Flores, 'varando' shows em estádios ou no Círculo Militar, dividindo uma ponta indivisível com os chegados. E procura fazer com que a "sua" música seja parte da sua experiência, da sua aventura.

Sangue nas retinas, é disso que se trata. Como diria Freewheelin Frank, "sem formalidades, sem regras, sem responsabilidades nem consequências". Vida longa ao bardo! God save Zimmermann!

Título: "Desire"
Artista: Bob Dylan
Lançado em: 1976
Gravadora: Sony
Faixas: 1. Hurricane; 2. Isis; 3. Mozambique; 4. One More Cup of Coffee (Valley Below); 5. Oh, Sister; 6. Joey; 7. Romance in Durango; 8. Black Diamond Bay; 9. Sara

SMASHING PUMPKINS, "ADORE"

por Eduardo Palandi

Ano 2000. Marco de alguma coisa? Começo de uma nova vida? Viria Cristo reencarnado nos salvar da violência, do dólar alto, dos corações partidos? Eu não acreditava nisso, não acreditava sequer que minha vida teria salvação. Salvava-se quem pudesse, e não parecia ser o meu caso.

2000 foi o ano em que comecei a faculdade. Acabei escolhendo o curso de Direito, muito por "influência" paterna. Mas, com o tempo, percebi que não contrariá-lo me traria alguns benefícios. Primeiro deles, conseguiria uma grana para comprar discos. Segundo, poderia fazer umas viagens. E nas férias de julho, motivado por algumas amizades, decidi conhecer Brasília. Só não imaginava que lá estava minha salvação.

Numa das primeiras noites na cidade, um amigo me pergunta o que quero ouvir.

— Não sei, não tenho idéia. Coloca qualquer coisa — eu estava feliz, não precisava ouvir música naquela hora.

— Vou colocar Smashing Pumpkins.

Smashing Pumpkins. Minha irmã gostava. Eu me assustava com a voz azeda do Billy Corgan. Mas o que saía das caixas de som era uma harpa, doce, como que me quisesse adormecer ali mesmo, na orla do lago Paranoá.

— Tem certeza que isso é Pumpkins?

— Tenho.

— Deixa eu ver a capa.

E ali estava o "Adore", um disco que até então não tinha ouvido. A canção era "To Sheila", e me atacava o coração. Billy Corgan cantava "e eu podia te trazer a luz, e te levar para casa em meio à noite". A essa hora eu, no coração de Brasília e a mais de mil quilômetros de distância de casa, me sentia em casa.

— Meu Deus, é bom demais.

— Nunca tinha ouvido?

— Não.

— Para mim é um dos melhores discos da história — meu amigo disse, sério.

Naquela madrugada de julho de 2000, achei um grande exagero. Hoje, três anos depois, sinto que minha vida recomeçou naquela cidade, com o "Adore" como trilha sonora. E se no começo eu não acreditei quando ele disse que se tratava de um dos grandes discos da história, hoje não hesito em dizer que trata-se de um marco. Muito pessoal, é verdade. Mas, se eu quisesse um marco universal, teria de voltar uns dois mil anos na história.

Título: "Adore"
Artista: Smashing Pumpkins
Lançado em: 1998
Gravadora: EMI
Faixas: 1. To Sheila; 2. Ava Adore; 3. Perfect; 4. Daphne Descends; 5. Once upon a Time; 6. Tear; 7. Crestfallen; 8. Appels + Oranjes; 9. Pug; 10. The Tale of Dusty and Pistol Pete; 11. Annie-Dog; 12. Shame; 13. Behold! The Night Mare; 14. For Martha; 15. Blank Page; 16. 17.

MANIC STREET PREACHERS, "EVERYTHING MUST GO"

por Carlos Alves Júnior

Eu poderia muito bem "dissecar" aqui algum álbum dos quatro garotos de Liverpool. "Rubber Soul", "Revolver", "Abbey Road" ou qualquer outro disco dos Beatles que você conseguir imaginar, certamente foi, e é até hoje, responsável por me ter salvo muitas e muitas vidas ao redor do mundo na noite passada.

Mas, nas madrugadas que passei vasculhando meus CDs alguma coisa me dizia que isso não seria tão fácil como escolher um CD de John, Paul, Ringo e George na prateleira. Eu precisava de mais, precisava descobrir que banda, ou mesmo que álbum criou em mim essa "mania" de música. Dezenas de nomes fervilhavam em minha cabeça: Elvis, Rolling Stones, Eric Clapton, Frank Sinatra, Chuck Berry, Jerry Lee Lewis, Frank Zappa etc.

Cheguei à conclusão que essa história de escolher apenas um disco para salvar sua vida, é uma tarefa terrivelmente difícil. Mas, em meus devaneios sobre o assunto, descobri um padrão comum a todos os nomes que atrapalhavam minhas noite de sono: todos eles são de uma época anterior ao meu nascimento. Isso quer dizer que eu estou cercado de pessoas neste livro que conhecem a história muito melhor do que eu, porque viveram essa história. Cheguei à conclusão que não deveria escolher um disco anterior ao meu nascimento porque minhas palavras não teriam o mesmo peso das palavras de companheiros do gabarito e conhecimento de Juca Kfouri, Roberto Maia, Roger Moreira e tantos outros que estão aqui.

Foi aí que "ele" brilhou na prateleira. Tive a certeza que esse disco pode não ter sido o início de tudo, mas foi uma das maiores influências musicais em minha vida e além disso, esse álbum foi responsável por formatar meu gosto musical por muito tempo. Senhoras e senhores com vocês "Everything Must Go", do Manic Street Preachers.

Para quem não conhece a banda pode parecer difícil entender o som desses galeses. Além disso, eles tinham uma péssima reputação: eram considerados um grupo socialista punk retrô, usavam camisetas com frases de Karl Marx e invariavelmente apresentavam-se maquiados no palco. Muitos fatos estranhos e acontecimentos inusitados aconteceram antes de a banda lançar "Everything Must Go". Em 1994 o problemático guitarrista Richey James simplesmente sumiu. Foi considerado desaparecido pela polícia inglesa e nunca mais foi visto.

Antes de sair com "Everything Must Go" a banda já havia lançado outros três discos: "Generation Terrorists"(1992), "Gold Against the Soul" (1993) e "The Holy Bible" (1994). Mas, enfim chegamos a 1996. "A Design for Life", primeiro single de "Everything Must Go" chegou fácil ao topo da parada britânica, o que ajudou e muito a propagar a imagem da banda por outros países do mundo.

Aqui no Brasil, ou pelo menos em São Paulo, apenas uma rádio tocava esse single. Quando o ouvi pela primeira vez, tive a certeza que algo mudaria depois que ouvisse aquele disco inteiro. Como era de se esperar, o álbum não foi lançado em terras tupiniquins e tive que correr atrás de um importado.

O Manic Street Preachers não fazia mais um som tão pesado e sujo como nos álbuns anteriores, a falta de Richey, o abalo que o desaparecimento dele havia causado sobre todos, tudo isso era muito evidente neste álbum, triste, porém, extremamente bem acabado.

Impossível destacar apenas uma faixa neste trabalho. Além de "A Design for Life" — que foi a música responsável por todos os esforços que fiz para conseguir o álbum, tem "Kevin Carter", "Australia", "Enola/Alone", a faixa título "Everything Must Go" e "Further Away", músicas que poderiam figurar em qualquer lista das melhores canções da banda.

Pode-se dizer que existem "dois" Manic Street Preachers: o primeiro raivoso, pesado e com letras sobre paranóia e depressão liderado por Richey James; o segundo, mais fino, extremamente bem acabado e com uma mistura original entre punk rock, pop e letras politizadas, que nasceu em "Everything Must Go".

A partir desse disco me tornei um comprador quase compulsivo de tudo o que leva o nome da banda e passei a me interessar muito mais pelos nomes que vem da Europa. Graças a esse interesse conheci gente como: Ride, Blur, Suede, Cast, Placebo, The Verve, Teenage Fanclub e muitas outras.

Não preciso nem dizer que prefiro a segunda fase da banda e que "Everything Must Go" marcou demais minha vida de "colecionador" musical. Encerro por aqui com uma trecho da música que foi o início de tudo: "Libraries gave us power/Then work came and made us free/What price now for a shallow piece of dignity".

Título: "Everything Must Go"
Artista: Manic Street Preachers
Lançado em: 1996
Gravadora: Sony
Faixas: 1. Elvis Impersonator: Blackpool Pier; 2. A Design for Life; 3. Kevin Carter; 4. Enola/Alone; 5. Everything Must Go; 6. Small Black Flowers That Grow in the Sky; 7. The Girl Who Wanted to Be God; 8. Removables; 9. Australia; 10. Interiors (Song for Willem de Kooning); 11. Further Away; 12. No Surface All Feeling

JORGE BEN, "A TÁBUA DE ESMERALDA"

por Pedro Alexandre Sanches

Minha vida se divide em "antes de Jorge Ben" e "depois de Jorge Ben". Entre quando eu não sabia da existência de "A Tábua de Esmeralda", seu disco de 1974, e depois de conhecê-lo.

Como nas histórias de amor mais apimentadas, houve pitadas de ódio em meu caso com a música do Ben. Quando era criança, eu tinha raiva da TV Globo — amor e ódio, evidentemente. Mais especificamente, morria de raiva e de amor pelo "Globo de Ouro". Era um programa semanal de parada de sucessos, uma competição entre os medalhões da música nacional. O primeiro lugar invariavelmente ficava com Roberto Carlos, a farsa era tão evidente. Mais atrás aparecia de tudo, mas Tim Maia estava sempre lá, e Jorge Ben também aparecia com certa freqüência. Eu odiava os três. Muito. Três chatos de galocha.

Pura ironia. Na minha vida adulta, os três passariam a ocupar lugares centrais de referência nos meus amores musicais — agora já sem muita sombra de ódio. E o primeiro desses adventos foi Jorge Ben.

Era 1989, eu tinha 20, 21 anos e morava na minha cidade natal, Maringá, Paraná. Meu acesso à música sempre fora o vendido pela Globo, o que estava mudando de mansinho conforme eu ia abandonando devagar a adolescência. Não havia muitas opções nas lojas maringaenses a não ser aquelas da Som Livre, da Globo e de seus satélites. Começavam a aparecer uns sebos de discos, ainda bem precários, desorganizados.

Eu acho que estava apaixonado.

Não, não acho. Eu estava.

Um dia bati de frente, numa das longas e prazerosas viagens aos sebos, com um disco de Jorge Ben. Ainda não era "A Tábua", era uma coletânea feiosa, série "Personalidade", zero de personalidade. Eu odiava o Jorge Ben. Olhei a capa e, pronto, comprei. Por que não sei, talvez porque estava apaixonado, talvez porque chegara a hora de testar meus ódios, amores e temores. Mas comprei.

E aí choveu dentro da minha cabeça.

Sem saber (só depois de muito tempo comecei a compreender), eu descobri um monte de segredos nas primeiras audições das melhores músicas do Jorge na fase 1969-1974 (a coletânea era tétrica, mas seu conteúdo era irreparável). Um desses segredos revelados foi o fato de que a música popular brasileira é eminentemente melancólica. Eu já tentava fugir da melancolia ouvindo e amando Rita Lee, para mim o mais adorável de todos os falsos alegres da MPB. Mas eu era um melancólico por excelência. Apenas fantasiava aquele banzo na tristeza implícita de Rita Lee, em vez de me afogar no desespero explícito de Elis Regina.

Com Jorge Ben, descobri pela primeira vez que a alegria existia, sem fantasias.

Nem era sem fantasias, de fato. "A Tábua de Esmeralda" fui garimpar em São Paulo, ainda maringaense, na primeira viagem exploratória aos sebos alucinantes, eróticos, que comecei a descobrir quando, por amor, comecei a testar a aventura de ir embora de Maringá. Ao descobrir a "Esmeralda" conheci, por exemplo, a fantasia de "O Homem da Gravata Florida". O homem da gravata florida deslizava pelo mundo com um jardim suspenso dependurado no pescoço, sua gravata era sensacional, cheia de detalhes. Uma combinação de cores de perfeição tropical. Era música, mas virava imagem, viagem sensorial. Eu via a gravata florida de Paracelso, o alquimista medieval que inspirou Jorge nessa canção — em 1974, Tim Maia havia virado fanático da seita Racional, Roberto Carlos havia se transmutado em fanático religioso de "Jesus Cristo", "A Montanha" e "O Homem" e Jorge Ben pairava por sobre todos, convicto de que os alquimistas estão chegando, os alquimistas.

Mas as flores, elas todas se apaixonavam por aquele homem florido, encantador, homem feminino que não feria o seu lado masculino. O homem era simpático e feliz, com aquela gravata florida de Paracelso qualquer homem viraria príncipe.

A gravata era uma fantasia, evidentemente. Hoje suspeito que havia tristeza e melancolia por trás daquele homem, daquele Jorge. Mas é que melancolia havia em todo mundo, é o que sempre há. O que acontecia, nesse nosso caso, era que em Ben a alegria lutava uma briga de amor e ódio contra a tristeza. E a alegria ganhava, triunfante, distribuindo flores formosas e cheirosas ao perdedor. A alegria era possível, era viável, era um bom mote, uma excelente razão de ser.

Me apaixonei, pela segunda vez consecutiva e concomitante, dessa vez pela música de Jorge Ben. O cara que antes me parecia um chato se revelou de repente o mais genial que até hoje eu já ouvi cantar e tocar violão e compor e propagar alegria.

Daí por diante havia todo um universo novo a descobrir, dezenas de discos daquele cara dando sopa nos sebos. "A Tábua de Esmeralda" foi o primeiro (sem contar coletâneas) e de longe o mais impressionante. Tinha tanta coisa nele.

"Os Alquimistas Estão Chegando os Alquimistas", surrealismo sideral sobre homens discretos e silenciosos que não querem qualquer relação com pessoas de temperamento sórdido, de temperamento sórdido, de temperamento sórdido. Era melodia para não acabar nunca mais, ritmo para não acabar nunca mais, amor quando gira o mundo e alguém chega ao fundo.

"O Namorado da Viúva", samba-soul dos mais sacudidos, transformava o amor profano da viúva pelo malandro na acomodação das sílabas ao tamanho perfeito da melodia: "Namo-mo-ra-rado da viúva", senão não cabia.

A alegria se comprimia e se condensava na melodia, com ele seríamos servis a nossos quadris, e que tudo o mais fosse para o inferno. "Menina Mulher da Pele Preta" fazia sério e célere manifesto anti-racista, numa época de tragédia para qualquer movimentação de minoria num Brasil que estava transtornado numa ferrada ditadura doente. "Eu Vou Torcer" era a mais desbragada declaração de amor à felicidade: "Eu vou torcer pela paz/ pela alegria, pelo amor/ pelas moças bonitas eu vou torcer, eu vou". Até "pelo meu amigo que sofre do coração" ele ia torcer, nossa, que flechada num coração sofrido. O coração adoentado devia ser do "Brother", o cara que Jorge reverenciava em black power, em inglês macarrônico colada na africanidade sambista de "Zumbi", nossa, nossa, nossa. Brasileiro, forasteiro, guerrilheiro, estrangeiro, gozador. Orra, meu.

"Cinco Minutos", por fim, era triste, para quem achasse que Jorge não sabia ser triste. Ben havia pedido à namorada que esperasse só mais cinco minutos, ela não o atendeu. Foi-se, e Jorge ainda a cantava, como chorando, num blues, num soul, num chorinho sambado, advocacia da música para extirpar a dor nas lágrimas que a voz vertia. A tristeza existia, sim, mas só como mero veículo de travessia para a estrada que ia dar na alegria (se a da felicidade passasse por labirintos e levasse a atalhos perigosos, arriscados, difíceis de encontrar).

Eu ouvia e chorava, chorava, chorava, chorava, chorava. De alegria, quase de felicidade. Aquele homem da gravata florida que cantava do outro lado do LP queria que eu fosse feliz, no mínimo alegre. E eu ia ser.

Título: "A Tábua de Esmeralda"
Artista: Jorge Ben
Lançado em: 1974
Gravadora: BMG
Faixas: 1. Os Alquimistas Estão Chegando Os Alquimistas; 2. O Homem da Gravata Florida; 3. Errare Humanum Est; 4. Menina Mulher da Pele Preta; 5. Eu Vou Torcer; 6. Magnólia; 7. Minha Teimosa, Uma Arma Pra Te Conquistar; 8. Zumbi; 9. Brother; 10. O Namorado da Viúva; 11. Hermes Tri; 12. Cinco Minutos

THE BEATLES, "HELP!"

por Samuel Rosa

Tenho uma curiosa relação com o passado, sou um saudosista assumido. Com freqüência, me pego lembrando de músicas antigas, seriados que assisti na infância, turmas de escola, escalação de grandes times de futebol, etc. Portanto, para mim, não é tarefa muito difícil lembrar de discos que tiveram relevância em minha vida. Na verdade, difícil mesmo seria escolher um entre eles pra levar a uma ilha deserta...

Porque determinados álbuns nos tocam de forma diferente? Alguns discos inexplicavelmente se tornam a trilha sonora de nossas vidas? Ou, pelo menos, em algum momento dela. É como se tivéssemos a nossa parada de sucessos particular e, de repente, escolhêssemos um disco no meio de tantos pra tocar a exaustão em nosso cd player.

Algum mecanismo é acionado, não sabemos exatamente o por quê, mas a sensação já foi sabiamente descrita por Paul McCartney — "uma música pode tocar tão profundamente uma pessoa, que ao ouvi-la, ela poderá dizer: é de mim que essa música está falando, isso me diz respeito". Comigo foi assim. Esse tal fenômeno já se repetiu por várias vezes ao longo dos anos. Mas, como tenho esse péssimo hábito de idealizar o passado, fui levado a crer que a primeira sempre seria a mais marcante. Não é só isso, alguém já disse que as primeiras vezes em tudo são mais intensas porque nos deparamos com sensações internas que até então desconhecíamos. Mas basta de psicologismo.

Segundo meu pai, a primeira vez que ouvi "Help!", dos Beatles, ainda sujava as calças. Conscientemente, só me lembro do disco quando completei nove anos, e escutar música sozinho passou a ser um hábito freqüente em minha vida. Nessa ocasião, "Help!" completava dez anos desde o seu lançamento, e os Beatles já nem eram Beatles mais. Porém, aqueles hits poderosos, junto ao filme dirigido por Richard Lester (que tantas vezes assisti imaginando que a melhor coisa do mundo seria estar em uma banda de rock), definitivamente "fizeram a minha cabeça".

A edição que tínhamos em casa, era a original brasileira, lançada em 65 mesmo. O lado "A" era exatamente igual à versão inglesa, porém o resto do disco era uma compilação de singles com uma lógica muito particular. Provavelmente feita por algum funcionário desavisado da EMI na época. Inexplicavelmente, entravam ali músicas de álbuns anteriores dos Beatles, como: "P.S. I Love You" ou "Ask me Why" que lá fora eram originalmente do álbum "Please Please me", de 63, e por aí vai. Enfim, nenhum problema. Para mim, era o álbum perfeito. A capa também era um pouco diferente da original gringa, vinha com uma tarja vermelha no alto, acima daquela foto emblemática dos Beatles com os braços abertos, tirada de uma cena do filme.

Obviamente que passados tanto anos desde o lançamento da primeira edição brasileira do "Help!", àquela altura a EMI já havia reparado seu erro e relançando no Brasil uma edição exatamente igual a inglesa (e aquele funcionário "abilolado" provavelmente já havia sido despedido). Sorte minha, porque o original de 65 acabou por se tornar uma espécie de raridade. O disco passou então a ser "cult" entre a garotada do bairro. Chegava ao ponto de receber convites para festas, desde que eu o levasse comigo.

Não são muitas as angústias de um garoto de nove anos, como também eram ingênuas as letras e a música dos Beatles nessa época, ainda que de altíssima qualidade. John, ainda por chegar no seu melhor como ícone pop, e a psicodelia dos consagrados álbuns posteriores só engatinhava. Mas, como aqui estamos falando de coisas inexplicáveis e processos muito pessoais, "Help!" não precisava mesmo ser o melhor disco dos "Fab Four". Tenho certeza que, a partir da minha relação com aquelas músicas, é que nasceu o interesse pelo rock e pela música pop. Mais do que isso: o desejo de me envolver como protagonista e não só como um ouvinte fanático. Não sabia ao certo — ou não importava — o que eu faria nos anos seguintes da minha vida, mas eu precisava ter uma banda.

A propósito, o disco se quebrou quando tropecei na calçada voltando de uma daquelas festinhas do bairro, e o deixei cair da capa (e olha que nessa época não havia começado ainda meu flerte com as bebidas). Cheguei em casa segurando o choro e fui contar pro meu velho (o dono original da "relíquia"). O já sonolento proprietário não deu sequer a menor bola... A essa altura, me convenci de que já era o mais fanático por música, pelo menos na minha casa.

Título: "Help!"
Artista: Beatles
Lançado em: 1965
Gravadora: EMI

Faixas: 1. Help!; 2. The Night Before;
3. You've Got to Hide Your Love Away; 4. I Need You;
5. Another Girl; 6. You're Gonna Lose That Girl; 7. Ticket to Ride;
8. Act Naturally; 9. It's Only Love; 10. You Like Me Too Much; 11. Tell Me What You See;
12. I've Just Seen a Face; 13. Yesterday; 14. Dizzy Miss Lizzy

BIDÊ OU BALDE, "OUTUBRO OU NADA"

por Simone do Valle

Se eu tivesse a sorte de encontrar uma ilha deserta, em pleno século XXI, e sem nenhum náufrago mala-sem-alça que tivesse levado um CD do Alexandre Pires por perto, eu levaria o último álbum da Bidê ou Balde, "Outubro ou Nada". Não consigo me imaginar bancando Robson Crusoé sem uma trilha sonora impecável. E esse foi, disparado, o disco que eu mais ouvi nos últimos tempos, todas as músicas são perfeitas para qualquer estado de espírito que, no meu caso, é sempre o mesmo: toga, toga, toga!!!

Eu só faço faxina aqui em casa ao ritmo louco da new wave, cada movimento com a vassoura e o perfex vira uma coreografia a la "Flash Dance". Esquentei muito a barriga no fogão, pra depois esfriar no tanque, delirando com "Bromélias" e "Matelassê", meu amigo. Aliás, como vocês acham que eu mantenho esse corpinho invejável, hein? Torcer lençol é uma maravilha para o bíceps da mulher moderna. Por isso não posso nem pensar em pegar no pesado para reproduzir o mito da construção da civilização judaico-cristã ocidental numa ilha deserta sem música dançante e feliz.

Eu já era fã da Bidê há tempos — os caras fazem o melhor show do planeta — mas "Outubro ou Nada" é um esculacho. Não tem pra White

Stripes, Strokes, nenhum desses grupelhos medíocres que viram a nova novidade do momento, só porque os bobões daqui ficam decorando nomezinho de banda que sai em revista gringa pra dizer que é bem informado. Pode ser informado, mas não entende nada de rock.

Sim, eu amo milhares de bandas americanas e inglesas, mas ultimamente, dessa geração nova, eu não ouvi nada que realmente fizesse alguma diferença. Bem ao contrário dos inacreditáveis suecos do Hives e Wannadies; do Guitarwolf e das Bunnies do Japão. Eu vi o show do Demolition Doll Rods, por exemplo, e em comparação, o nosso Thee Butchers Orchestra, discípulo da mesma escola garageira de Chicago, é infinitamente superior. Chega de complexo de inferioridade, compadres, o rock brasileiro nunca foi tão bom, e isso apesar da maioria das bandas ainda ser uma bela porcaria.

Mas é isso, caguei pro NME e para o Melody Maker — aliás, quero mais é que o Everett True vá plantar batatas na Nova Zelândia. Nenhuma banda gringa contemporânea (quer dizer, de dois anos para cá) conseguiu atingir o mesmo padrão criativo com a qualidade e a competência musical da BoB. Mas não pensem que eu cheguei a essa constatação apenas por critérios especulativos ou empíricos. Ou só porque a Kátia é minha amiga querida, aliás, foda-se se as minhas amigas são melhores do que as suas. Parafraseando o sábio Marcelo Nova, "é que eu não ando com bunda-mole".

Eu uso um método científico bastante eficiente para classificar se um álbum é melhor do que outro e, conseqüentemente, avaliar se aquela banda é realmente tão boa quanto garante a Rolling Stone. O meu conceitômetro Tabajara nunca falha. Se todas as músicas forem boas, ou seja, se eu me apaixonar enlouquecidamente por cada faixa — sem ficar no repeat, repeat em uma só — então aquela, pra mim, é uma banda realmente boa. E com "Outubro ou Nada" foi assim, cada música consegue ser melhor do que a anterior. Nem a impagável coletânea "Festa Pronta" conseguiu reunir mais sucessos dançantes por dígito binário quadrado do que "Outubro ou Nada".

A brincadeira já começa com a sensacional "Hollywood" — o Carlinhos conseguiu mostrar a referência ao Fred Schneider e inventar uma performance totalmente nova a partir disso. Além dos arranjos sofisticados, as letras são uma delícia para ouvidos inteligentes. É impressionante como a Bidê consegue, justamente, manter um compromisso tão sério com os arranjos e, ao mesmo tempo, demonstrar um desapego tão seminal em relação à fórmula infeliz que assola 99% dos compositores brasileiros, que é escrever letras bobas que qualquer cretino possa entender. Aliás que presunção esse negócio de achar que se pode entender letra de música. A metáfora é uma realidade.

As referências aos situacionistas são outra incorporação inédita que a Bidê colocou nas letras. Com todo o seu non sense, conseguem operar em um sentido profundo, que brinca com a imaginação e com a cartografia que cada um pode desenhar a partir de jogadas sensacionais como os versos de "Adoro Quando Chove": "nove milhões de dias chuvosos, inundarão a cidade e afogarão invejosos".

A minha música favorita, como não poderia deixar de ser, é "O Antipático". Aliás, eu acho que eu nunca, na minha vidinha Muh-Rah, me identifiquei tanto com uma canção. Se alguém me perguntasse, como eu me sinto a propósito da experiência existencial, eu mandaria ouvir essa música. "O Antipático" é música da minha vida, principalmente quando Carlinhos avisa "olha como eu estou cagando pro que você irá dizer". Misantropiaaaaaaaaaa, eu quero uma pra viver. Mas vem cá, o que eu iria fazer quando as pilhas do discman acabassem?! Comer uma banana?

Título: "Outubro ou Nada"
Artista: Bidê ou Balde
Lançado em: 2002
Gravadora: Orbeat
Faixas: 1. Holywood #52; 2. Cores Bonitas; 3. Microondas; 4. Bromélias; 5. Adoro Quando Chove; 6. A-Há!; 7. Matelassê; 8. Dulci; 9. O Antipático; 10. Soninho; 11. Aeroporto; 12. O Que Eu Não Vejo Não Existe; 13. Não Adianta Chorar; 14. Cores Bonitas

BLONDIE, "THE BEST OF..."

por André Fiori

Mas um disco só? É pouco, mas vamos lá... Estava lembrando que tudo começou na TV.

Quando eu era moleque, havia um programa na Cultura aos sábados, chamado "Som Pop". Naqueles árduos tempos pré-internet ou pré-qualquer-coisa, cada oportunidade de adquirir algum conhecimento musical era válida, rara e bem-vinda. Um programinha de rádio aqui, uma coluna numa revista ali. Era pouco, mas servia.

Era legal também ter amigos com discos para emprestar, e para os quais você emprestava os seus. Gravar "aquela" fitinha. Coisas que hoje parecem pré-históricas. Mas voltando ao início, lá estava eu numas dessas tardes de sábado, aguardando o que iria passar de legal no Som Pop.

Aí começa a história: uma música diferente de tudo (segundo o narrador, aquilo era "new wave"), vindo como uma rajada de vento fresco num dia de verão. (Sim, eu sei que é clichê, mas se eu tiver que usá-lo, que seja agora...) E depois tocaram várias daquela mesma banda.

Era um especial do Blondie (esse era o nome), e cada música era melhor que a outra, com um frescor e uma urgência, típica daquelas coisas que eu não conhecia, mas já sabia que iria gostar. O primeiro detalhe: eram todos clipes urbanos, com cenas da cidade grande (no caso deles, Nova York). Outro: cada música era num estilo.

Mas o principal eu ainda não contei.

A vocalista. Que mulher era aquela? Loira tingida, com porte e aparência frágil, mas que você percebia que de frágil não tinha nada. Aquela mulher era de verdade, e sabia o que estava fazendo e sobre o que estava cantando. Parecia que ela poderia ser tudo o que você imaginasse: uma "pin-up" glamourosa, uma "femme fatale", uma roqueira junkie, mas no segundo seguinte era uma garota normal.

Ali, parecia que ela cantava só pra você.

Tem bandas que te pegam pelo ouvido. Blondie te pegava pelos olhos e ouvidos, te jogava no chão, botava o salto alto no seu peito e dizia: vai encarar, garoto?

Em certos momentos da vida parece que tudo conspira a favor. Pouco tempo depois caía na minha mão o LP "The Best of Blondie", com aquelas músicas que eu havia visto, e mais outras, tão boas quanto. "In the Flesh" era uma balada tipo daquelas dos anos 60. "Dreaming" e "Hanging on the Telephone" eram rocks, meio punks. "The Tide is High" era um reggae. "Picture This" e "Presence, Dear" eram as tais "new wave". "Rapture" era um funk, mas tudo isso soava deliciosamente pop. E tinha "Heart of Glass", que eu já conhecia, pois tocava em tudo quanto é lugar, só não sabia que era eles. Qualquer pessoa que respirasse já tinha ouvido essa música, mas o curioso é que se tratava de uma "disco"... Ora, mas não era proibido gostar de discotéque? Roqueiro não podia, de jeito nenhum. Mas eu gostava. Taí: era legal então poder gostar de todos os estilos. Se a música era boa, era o que importava.

E a capa então? Esse dava gosto de ficar como primeiro na sua pilha de LPs. Quantas vezes eu ouvi esse disco? Vai saber.

Eu estava lembrando de outras histórias, e de muitos outros discos, mas tinha que escolher um, né? Fica esse então...

Título: "The Best Of..."

Artista: Blondie

Lançado em: 1981

Gravadora: EMI

Faixas: 1. Heart of Glass; 2. Dreaming; 3. Tide is High; 4. In the Flesh; 5. Sunday Girl; 6. Hanging on the Telephone; 7. Rapture; 8. One Way or Another; 9. (I'm Always Touched by Your) Presence; 10. Call me; 11. Atomic; 12. Rip her to Shreds

SANTANA, "CARAVANSERAI"

por Fernando Deluqui

O disco que escolhi para levar para uma ilha deserta chama-se "Caravanserai" e é do guitarrista Carlos Santana. É um trabalho de uma fase pouco conhecida, principalmente para os que pegaram os últimos estouros com direito a várias participações, colaboradores e músicas infalíveis que vão direto ao topo das paradas do mundo inteiro.

Estou ouvindo o disco enquanto escrevo, para que possa dar minhas impressões e explicar porque gosto tanto desta obra. Grilos... Me lembro de pessoas que ao ouvir o começo da primeira música que contém o ruído de alguns grilos inofensivos caíram na gargalhada pensando ser algum tipo de piada. "Vocês não estão entendendo nada" eu dizia e tirava o disco para que a "galera" pusesse algum som bem previsível e continuassem suas vidinhas sem sobressaltos. Tão interessante... Grilos... E um sax tocado com maestria dá início ao que, na minha modesta opinião é uma verdadeira viagem musical.

O disco é o que se poderia chamar de fusion (estilo de música instrumental que une rock ao jazz) e trás temas musicais por onde, essencialmente, Santana vai viajando com a sua guitarra inspirada e livre, graças à técnica exuberante que estava adquirindo na época. "Waves Within", a segunda faixa, é eletrizante e faz contraponto à primeira com um instrumental que parecem ondas que vem e vão. Santana é brilho puro com suas intervenções complexas e espasmódicas relendo a natureza mais bela. Divino!

Em seguida vem um funkaço, também instrumental, onde a negrada bota pra quebrar com slaps de baixo, riffs de órgão Hammond e guitarras wha wha. Música de verdade, se é que vocês me entendem. Percussão exuberante sem que sobre nada. E de repente, mudança de batida e tom... É a próxima canção que vem se desenhando como se fosse uma mudança de clima, como se fosse o céu que muda ao sabor do vento. Coisas que o Pink Floyd fazia e que mexe com quem está ouvindo o som, chamando para a próxima viagem sem interrupção.

Me amarro nessas manifestações criadas por músicos que pesquisam, tocam em jam sessions, estão sempre criando algo novo. Enquanto isso lá vai Santana... dois acordes... nem sei mais em que música está. Dois acordes e a sua guitarra não tem limites. Ela fala. Conta uma história, dialoga... Dialoga com o órgão, com a bateria, percussão, todos vão seguindo comandados por um mestre que faz brotar sorrisos em minha face. É como uma festa ou algo parecido... dois acordes, ritmos latinos, tudo se encaixa e traz alegria...

"Caravanserai" é uma espécie de manifesto, de homenagem à vida, de homenagem à liberdade (das drogas que estava conseguindo deixar, inclusive), resultado da consciência que viria a desenvolver cada vez mais e que possibilitaria uma das carreiras mais consistentes de toda a história do rock. Dá para sentir pelas notas musicais, harmonias, melodias, nuances e climas, um entusiasmo, uma energia, uma força capaz de movimentar montanhas... A espiritualidade que Santana buscou e busca ainda hoje. Há ainda "Future Primitive" um show de percussão, "Stone Flower" do nosso Tom Jobim, "La Fuente Del Ritmo" e "Every Step of the Way".

Espero que possa ter contribuído de alguma forma para que a música de Santana tenha merecido atenção... Ela merece.

Título: "Caravanserai"

Artista: Santana

Lançado em: 1972

Gravadora: Sony

Faixas: 1. Eternal Caravan of Reincarnation; 2. Waves Within; 3. Look Up (To See What's Coming Down); 4. Just in Time to See the Sun; 5. Song of the Wind; 6. All the Love of the Universe; 7. Future Primitive; 8. Stone Flower; 9. La Fuente del Ritmo; 10. Every Step of the Way

GUNS N'ROSES, "APPETITE FOR DESTRUCTION"

por Eddie Torres

De certa forma se a minha vida não está sendo salva pela música, com certeza ela deve estar sendo afundada por ela. Desde que me entendo por gente a música está presente na minha trajetória. Os primeiros refrões com a Turma do Balão Mágico, as coreografias do Michael Jackson, a explosão dos Menudos... Mas chegou a época fatídica e crucial na vida de qualquer homem: a puberdade. O que para muitos é uma época de descobertas, alegria e socialização, para mim se resumiu a manhãs de terror, tardes de ócio e noites de tédio. Digamos que isso possa ser normal para muitas pessoas da minha geração, porque nunca ouvi falar na história da humanidade sobre pessoas tão atípicas, superficiais e neuróticas.

É a partir das escolhas que você faz na puberdade que se constrói sua personalidade. Alguns optaram pelas farrinhas no shopping e hoje, se não trabalham nele, passam longe por não ter cacife para entrar num. Aqueles que optaram por estudar pra cacete entraram numa faculdade pública decente (sentiram o paradoxo? "faculdade pública decente") e hoje estão começando uma vida razoável. Mas também teve aquele tipo de gente que nem farreava, mas não estudava, não fumava e nem eram saudável, não transava, mas também não era virgem, ou seja, era tudo mais ou menos. Esse era o perfil no qual eu me enquadrava: o de pessoas mais ou menos. E justamente por não ter um rumo certo na vida é que muitos como eu procuravam a salvação. Uns nas drogas, outros na bebida, outros nas igrejas, mas eu optei por salvar minha alma no rock'n' roll. Por isso, quem eu considero meu Moisés é o Axl Rose e o Guns N'Roses, aliás, não só para mim, mas para uma legião gigante de roqueiros que viram a explosão do Guns no "Appetite for Destruction" (que, a propósito, foi o disco que salvou a minha vida, ou afundou... sei lá).

De um monte de coisas mais ou menos eu comecei a ser alguma coisa quase certa: "roqueiro". E tudo o que um roqueiro precisa ser é ser mais ou menos. Nada demais, só um cabelo grande e uma roupa preta já é o suficiente pra se destacar na multidão. Claro que isso acarreta em alguns contratempos como ser taxado de drogado, sujo, maluco, idiota, imbecil, otário, babaca, entre outros adjetivos hostis. Claro que isso não faz diferença pra quem vive o rock'n'roll. De certa forma, ser anti-qualquer coisa já é a filosofia de vida dos rebeldes sem causa. Principalmente no Brasil. Ser fã de Guns N'Roses virou sinônimo de "mal-educado". Desde os episódios das "latadas" no Lobão e dez anos depois, as "garrafadas" no Carlinhos Brown. Ficou no ar esse estigma de "roqueiros vândalos". Mas isso é rock, e quem não gostar foda-se.

Aliás, eu revejo essas cenas na minha cabeça e penso: será que eu realmente fui salvo? Eu estou com 22 anos, terminando uma faculdade que mal sei direito porque fiz, não sei fazer bem absolutamente nada além de tocar guitarra, beber cerveja e falar besteira, não tenho emprego fixo e minha namorada quer casar. Será que eu fui salvo? Dez anos depois de entrar na puberdade minha vida segue os mesmos padrões, só que numa ordem diferente: manhãs de ócio, tardes de tédio e noites de terror. Será que eu fui mesmo salvo?

Título: "Appetite for Destruction"
Artista: Guns N' Roses
Lançado em: 1987
Gravadora: Geffen
Faixas: 1. Welcome to the Jungle; 2. It's So Easy; 3.Nightrain; 4. Out Ta Get Me; 5. Mr. Brownstone; 6. Paradise City; 7. My Michelle; 8. Think About You; 9. Sweet Child O' Mine; 10. You're Crazy; 11. Anything Goes; 12. Rocket Queen

TUPAC SHAKUR, "GREATEST HITS - 2PAC"

por Roberta Monteiro

Eu tinha dezessete anos e começava a dar meus rolés serelepes pela night carioca. Eu ainda era "de menor" e por conta disso ficava de fora de muita coisa boa. O máximo que eu conseguia era ir para uma boate aqui, uma festinha fechada ali, um lual em uma praia qualquer e pronto. Nunca tive lábia forte ou conchavo com algum segurança sinistro pra liberar minha entrada nos bons lugares. Fazer o quê? Paciência, ora. "Cresça e apareça, Roberta."

Eis que um dia fiquei sabendo que uma boate no quarteirão da minha casa fazia vista grossa para os documentos. É claro que eu não ia falsificar minha carteira de identidade — imaginem! —, mas uma adulteração na data de nascimento da carteirinha de estudante não era nada grave, né? Então tá. Coloquei meu novo passaporte para a liberdade na bolsa, junto com o bip (sim, celular ainda era artigo de luxo, aquele tijolão), um gloss e uns R$15,00 para o refri. Subi na minha sandália salto 10, taquei lápis preto nos olhos e "vamo que vamo". Minha vizinha, um mês mais nova, me acompanhou nessa aventura. Entramos na fila e agimos naturalmente. Chegou a nossa vez: "Boa noite." "Oi, boa noite, moço.

Tudo bom?" "Tudo certo. Tá sumida, hein?" "Pois é, moço. A faculdade me consome!" "Ah, tá certo. Vê se volta mais vezes e divirta-se!" "Tá bom!". Pronto. Mole, mole. Bem mais fácil do que eu pensava. Tuntz, tuntz, tuntz.

Eu já estava lá dentro. A escuridão dominava o ambiente. O cheiro de cigarro se misturava com uma espécie de mofo. As paredes de tijolos eram iluminadas esporadicamente por luzes azuis, verdes, roxas. Eu estava na night!

Enquanto as músicas animadinhas não começavam eu e minha amiga criamos um itinerário fixo para averiguarmos o ambiente e as pessoas ali presentes. Coisa de mulherzinha. Íamos do banheiro para o bar, do bar para o segundo andar, do segundo andar para a porta, da porta para o banheiro e assim sucessivamente. Até que o batidão começou. A DJ — sim, uma fêmea liderava as pick-ups — fazia um mix de estilos, com rhythm'n'blues e gangsta raps, e eu me encantei com tudo aquilo. Eu sabia, é claro, que existia o movimento hip-hop e que havia um ritmo próprio dessa onda, mas não imaginava que era algo assim, tão forte, sedutor e envolvente.

Lá pelas tantas me toquei que eu estava dançando amarradona, já inserida num clima totalmente "nigga" de ser, e estava adorando tudo. Fui até o segundo andar e perguntei para a DJ o que era aquilo, quais eram aquelas bandas (!!!) e onde eu podia encontrar esses sons. Eu ainda nem tinha internet em casa e tampouco sonhava com a existência de um KaZaA da vida. Ela me indicou um CD do Tupac Shakur — "Ah, aquele cara que dizem que não morreu há dois anos?". Então, era esse mesmo.

Alguns dias depois o álbum duplo "Greatest Hits — 2PAC" já fazia parte de mim. Eu escutava as músicas no quarto, no som do carro, no discman no meio da aula... Eu me sentia uma negona do Bronx, tipo aquelas que falam com as mãos, fazem biquinho, mexem o pescoço de um lado pro outro e usam boinas estilosas. Tá certo que fui criada e educada ouvindo Billie Holiday, Sinatra,

Beatles... Mas, enfim, eu tinha acabado de descobrir o meu eu-interior dançarino e rebolativo, tinha encontrado a minha identidade musical.

"Life Goes On", "2 of Amerikaz Most Wanted", "Hit 'em Up", músicas do CD 1, são superpresentes até hoje — e cinco anos já se passaram. Muita gente comenta: "Ah, essas músicas não são perenes, não são clássicos." Mas, peraí, como assim? São clássicos pra mim, dá licença? Eu me transformo quando escuto. O som, o ritmo, o rap entra em mim e eu fico possuída. A vontade que dá é dançar, isolar o carretel, e sentir a música me consumindo.

E o CD 2, então, é todo bom. "I ain't Mad at Cha" é uma espécie de música de strip, mas lembra muito baladinhas românticas para se dançar agarradinho, tipo mela-cueca. Uma delícia! "California Love" é um clássico dos hi-fis em plays e salões de festas, e foi tocado em todas as boates da zona sul carioca na época em que usávamos nauru, calças de bali, tops e pochetes — "chic no úrtimo"! "Dear Mama" é um rap melódico perfeito para se ouvir sozinho numa noite fria de um sábado chuvoso, tomando chocolate quente no sofá fofinho, deixando uma ou outra lágrima rebelde cair — porque se é pra chorar, que choremos com uma bela trilha sonora! Agora, o auge: tem coisa mais linda que "Changes"? Tá pra nascer uma música mais completa que essa. Piano, voz, ritmo, melodia... Tudo se encaixa perfeitamente. Acho que chorei quando ouvi as trinta primeiras vezes... Pra mim Tupac é tipo um poeta, sabe? Sou absorvida pelas letras do cara.

Alguns anos se passaram e o rap está aí, tocando em tudo quanto é boate, rádio, filme. Rola uma banalização, com certeza, mas é saudável ter contato com outro mundo, outro estilo, outros valores. Ah, tá certo que eu não sou a precursora de tudo isso — ui, que pretensão —, mas fico feliz de ter encontrado Tupac Shakur naquela sexta-feira bombante. Freqüentei durante um ano inteirinho a tal boate perto da minha casa, virei "de maior", fiquei amiga de um ou outro segurança sinistrão e passei a conhecer e respeitar o movimento hip-hop. E, pra mim, 2PAC não morreu; ele vive em mim.

Título: "Greatest Hits – 2Pac"
Artista: Tupac Shakur
Lançado em: 1998
Gravadora: Death Row
Faixas: 1. Keep Ya Head Up; 2. 2 of Amerikaz Most Wanted (performed by 2Pac/Snoop Doggy Dogg); 3. Temptations; 4. God Bless the Dead; 5. Hail Mary; 6. Me Against the World (performed by 2Pac/Dramacydal); 7. How Do U Want It (performed by 2Pac/K-Ci & JoJo); 8. So Many Tears; 9. Unconditional Love; 10. Trapped; 11. Life Goes On; 12. Hit 'Em Up (performed by 2Pac/Outlawz); 13. Troublesome 96'; 14. I Get Around (performed by 2Pac/Digital Underground); 15. Brenda's Got a Baby; 16. I Ain't Mad at Cha (performed by 2Pac/Danny Ray); 17. Changes; 18. California Love (performed by 2Pac/Doctor Dre/Roger Troutman); 19. Picture me Rollin'; 20. How Long Will They Mourn Me?; 21. Toss It Up; 22. Dear Mama; 23. All About U; 24. To Live & Die in L.A.; 25. Heartz of Men

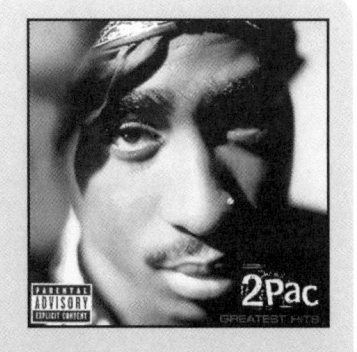

ROLLING STONES, "EXILE ON MAIN STREET"

por Fernando Rosa

Não foi o primeiro disco que comprei, nem é o mais importante de minha lista de clássicos, mas certamente é o mais marcante de minha vida. Por várias razões, o álbum duplo dos Rolling Stones, "Exile on Main Street", lançado em 1972, permanece até hoje sendo o meu disco "da ilha". É como se fosse uma bíblia profana dos ritmos negros, que aprendera a ouvir pelos próprios Stones e toda a leva de inglesinhos branquelos. Algo como os primeiros Stones, ou o Animals, dionisíaca (pagando tributo ao Zeca Jagger logo de cara, dos tempos do lendário jornal Rolling Stone) e perigosamente embalados para aqueles tempos pós-Woodstock.

Editado no Brasil no mesmo ano, o disco consolidou o meu gosto pelos ritmos negros e suas derivações inglesas. Naquelas músicas, encharcadas de álcool, estava tudo o que gostava, mas com um frescor totalmente "junkie". Sem saber, ali estava um exemplar do que, anos depois, veio a se chamar de pré-punk. O som socado em dois canais a la Phil Spector, as palavras mascadas por Mick Jagger, as guitarras de Keith Richards e Mick Taylor e um repertório irrepreensível. De "Rocks Off" a "Soul Survivor", a enfiada de músicas tirava o fôlego de qualquer um e afirmava a obra dos Stones para sempre.

Na época trabalhando como office boy, o disco consumiu boa parte do salário mensal, mas valeu a pena, não fosse o fato de "pular" a primeira faixa — "Rocks Off". Tentava-se de tudo — colocar uma moedinha em cima do braço, água no vinil, etc. — e nada da agulha deslizar legal em nossos singelos toca-discos. Defeito de fábrica ou não, o problema só foi resolvido com a aquisição de uma edição argentina, na época de melhor qualidade. Vivendo em Porto Alegre, e com a nossa moeda supervalorizada em relação ao peso, comprar discos do outro lado da fronteira era uma diversão e, por vezes, até mesmo um bom negócio.

Era o meu disco preferido, entre os mais de 3 mil LPs que acumulei — já então um precoce e privilegiado funcionário do Banco do Brasil — até 1976, quando decidi fazer um leilão da coleção, para pagar uma viagem ao exterior que acabou não ocorrendo. Vendi tudo, claro, desde a caixa original de "Let it Be", dos Beatles, até o "Their Satanic Majesties Request", também dos Stones, com a capa em 3D e outras futuras raridades. Mas o "Exile on Main Street" sobreviveu, ficando como uma espécie de semente que faria renascer o gosto pelo rock alguns anos depois, passada a overdose de samba, free jazz e música latina. Na virada dos oitenta, de volta ao rock, lá estava a velha e gasta edição do "Exile..." na primeira fila de audição.

Com a superação tecnológica do vinil (com as devidas desculpas ao Luís Calanca pela impropriedade), ele foi um dos primeiros CDs a entrar na nova coleção, atualmente majoritariamente digital. Da mesma forma que em sua versão vinil, duas cópias habitam atualmente prateleira da casa, uma simples, das primeiras edições, e outra especial, em papel, imitando a versão original, inclusive com os cartões postais, que acompanhava o disco em seu lançamento. Ainda hoje hit no cd-player, "Exile on Main Street" é, sem dúvida, o atestado definitivo da genialidade dos Stones que, depois, dele, nunca mais foram os mesmos.

Título: "Exile on Main Street"
Artista: Rolling Stones
Lançado em: 1972
Gravadora: Universal
Faixas: 1. Rocks Off; 2. Rip This Joint; 3. Shake Your Hips; 4. Casino Boogie; 5. Tumbling Dice; 6. Sweet Virginia; 7. Torn and Frayed; 8. Sweet Black Angel; 9. Loving Cup; 10. Happy; 11. Turd on the Run; 12. Ventilator Blues; 13. I Just Want to See His Face; 14. Let It Loose; 15. All Down the Line; 16. Stop Breaking Down; 17. Shine a Light; 18. Soul Survivor

THE CURE, "STANDING ON A BEACH - THE SINGLES"

por Fábio Bianchini

E aí está ela de novo. A ilha. É uma pergunta particularmente esquisita para quem passou boa parte da vida trazendo discos para uma ilha ou pedindo-os pelo correio. Como assim, "se eu precisar"? É uma das coisas que mais precisei fazer, o que elimina junto o outro problema da pergunta, pois minha ilha é mais legal que as dos outros e tem, sim, vitrola, aparelho de som e, quase sempre, luz elétrica.

Mas sabemos que isso seria fugir da brincadeira. Qual disco? A princípio, é complicado escolher, mas basta recorrer à nossa velha amiga analogia. Sempre digo que, para mim, Beatles é como Pelé: é mesmo o melhor do mundo e dificilimamente surgirá alguém para superá-los. Tanto que, a cada arrivista que surge clamando o trono, são eles o parâmetro.

E The Cure é como Zico. É o que bate mais forte no coração. Foi por causa do Zico que comecei a gostar de futebol e escolhi ser flamenguista, para desgosto de meu pai botafoguense. Da mesma maneira, foi a partir daquele dia, na casa da minha avó, quando deparei-me com o clipe de "In Between Days" e, pouco depois, quando vi "Close to Me", que a música tomou o papel central que até hoje ocupa em minha vida. E foi aí que começou minha preferência por um certo estilo e modo de ver arte e estética.

Escolhido o Zico, a dúvida seguinte é quanto ao gol a ser levado. Pode ser aquele contra a Iugoslávia com quatro zagueiros driblados, pode ser a pintura de falta contra o Cobreloa, pode ser aquele do primeiro título brasileiro, mas gosto mesmo é daquele contra o Paraguai em 1986, com a puxeta de calcanhar e o chute da entrada da área. Gol magnífico, mas que eu poderia fazer. Um dia ainda consigo.

Escolhido o Cure, a dúvida seguinte é quanto ao disco. Pode ser "The Head on the Door", que foi quando descobri a banda e quis ouvir mais discos, pode ser o "Disintegration", obra-prima de Robert Smith, pode ser o "Faith", que tantas vezes já fez companhia, mas a ocasião exige apenas um título: "Standing on a Beach". E não é só porque o próprio nome já lembra praia e, portanto, ilha.

Ao ouvir "Standing on a Beach" e ler sobre ele, fui informado de que muitas daquelas músicas, que entravam tão bem em meu ouvido de leigo de 11 anos de idade, eram de discos que nunca haviam sido lançados no Brasil. Outra ficha que caiu ali: não adianta contentar-se só com o que está na mão. Tem que correr atrás e a recompensa é um mundo maravilhoso de tesouros formidáveis, excitantes, emocionantes, repletos de vida, que nada têm a ver com a bobajada que atola o rádio e até então fazia-me pensar em música como algo muito chato e cafona. Quer dizer, na época, eu achava só chato, não sabia articular que minha outra impressão sobre o que eu via e ouvia tinha o nome de "cafonice".

Claro, não é só. Como eu disse, minha ilha é mais legal que as dos outros. Ela tem hora para o quase punk esquisitinho de "Killing an Arab" (nessa eu já lembraria de Albert Camus, que resolvi ler adivinhem por quê e aplacaria a falta de livros) e "Jumping Someone Else's Train", o clima de desenho animado de "Lovecats", "The Walk", "Let's Go to Bed" e "The Caterpillar". Como a ilha é deserta, às vezes estarei meio angustiado e vou precisar de "Charlotte Sometimes", "A Forest" e "Primary". Posso chegar perto do desespero e não ter como não botar "The Hanging Garden" ou achar tudo muito estranho e apelar para "Close to Me".

Mas certamente haverá os momentos em que vou querer dançar, mesmo que seja sozinho, na praia, debaixo do sol ou, quando estiver chovendo, dentro da minha cabana ou caverna, ao som de "In Between Days" ou "Boys Don't Cry", trilhas sonoras perfeitas também para quando eu quiser chutar cocos contra minha trave improvisada e fazer gols iguais aos do Zico. Como eu disse, minha ilha imaginária também é muito mais legal que as dos outros.

Título: "Standing On a Beach – The Singles"
Artista: The Cure
Lançado em: 1986
Gravadora: Elektra
Faixas: 1. Killing an Arab; 2. 10:15 Saturday Night; 3. Boys Don't Cry; 4. Jumping Someone Else's Train; 5. A Forest; 6. Play for Today; 7. Primary; 8. Other Voices: 9. Charlotte Sometimes; 10. The Hanging Garden; 11. Let's Go to Bed; 12. The Walk; 13. The Lovecats; 14. The Caterpillar; 15. In-Between Days; 16. Close to Me

PS: As divagações sobre como ser flamenguista em Florianópolis é muito parecido com gostar de Cure por tratar-se de algo pop, mas também estranho, ficam para outro texto, assim como a comparação entre a ilha e ter, aos 12 anos, a impressão de ser o único que gostava "daqueles sons".

THE CLASH, "THE CLASH"
MEU AMIGO, JOE STRUMMER

por Alex Antunes

Numa madrugada destas encontrei um chapa, o Stéfano, e fiquei aporrinhando o cara com uma questão: se ele não concordava comigo que a morte do Minho K pontuava o fim de uma era. O Stéfano não entendeu bem, e a pergunta insistente foi dormir comigo.

No dia seguinte, uma notícia inesperada — Joe Strummer, o vocalista e guitarrista do Clash, estava morto. Pra quem não sabe, o Minho K, ou Celso Pucci, jornalista (Bizz) e guitarrista (Verminose, Voluntários da Pátria, No. 2, 3 Hombres), era grande fã do Clash.

Mais do que isso. Alto, magro, sempre de botas e chapéu preto de caubói urbano, Minho K parecia uma espécie de filial brazuca de Strummer, com seu humor irônico, sua visão ao mesmo tempo política e apaixonada do mundo, e do rock.

Nos anos 80, sob a influência direta do pós-punk mais politizado (Stranglers, Gang of Four, o U2 do comecinho, e o Clash acima de tudo), militamos — esse é o termo — em uma cena que sacudiu o underground paulistano. Mas, ao contrário da cena inglesa, não encontramos nosso lugar ao sol... ou à chuva. Poucos registros ficaram.

Quem fez parte daquilo, ou acompanhou de perto aquele período intenso sabe, no entanto, que também aqui as coisas aconteceram, e aconteceram de fato. Nossas letras expressavam, em português, o mesmo inconformismo esclarecido, movidas a guitarradas vigorosas.

São Paulo ouviu a chamada londrina, mas nossa resposta entusiástica se perdeu entre as modorrentas reverberações tropicais. Por acaso ou não, muita gente da cena paulistana, como que magnetizada pelo velho continente, foi curtir do outro lado do oceano a ressaca da tentativa paradoxal, tão intensa e tão ignorada.

Minho K foi dos que ficaram e, entre uma canção e outra, um artigo e outro, viu aquele momento explosivo se perder no tempo. No começo deste ano, em uma certa manhã de sábado de março, recebi um telefonema da Andréa, a mulher dele: "Corre pra cá, eu acho que o Minho K está morrendo".

Cheguei ao edifício Copan no momento que os paramédicos saiam. "Foi óbito, vocês têm que procurar o médico dele na Santa Casa". Era onde o Minho K estava se tratando de um câncer na boca, depois de ter baixado no mesmo PS incontáveis vezes por causa das suas crises de diabetes.

Entre a espera da família dele (que mora no interior) e dos amigos mais chegados, a visita à Santa Casa (cujos médicos, apesar do histórico do paciente, não podiam dar o atestado de óbito sem ver o corpo) e a duas delegacias, vimos as horas se passarem, e o corpo do Minho K começar a se enrijecer na cama onde tinha morrido.

Num certo momento decidimos levar o Minho K para a Santa Casa, e simplificar o processo. Botamos nele as calças apertadas, as botas, e olhamos para o chapéu indefectível — aquilo pareceu recuperar nossa capacidade de agir, em meio a um certo clima de confusão. A Andréa e o Daniel procuravam a chave do apê que, sabe-se lá como, tinha ido parar embaixo do corpo...

Após uma negociação surrealista com o zelador, descemos o Minho K até a garagem onde um carro nos esperava, numa seqüência hilariantemente parecida com as do defunto no elevador no filme "Sábado", de Ugo Giorgetti. O peso e a sensação de carregá-lo era como se fossem uns galhos arrancados de uma árvore antiga.

O elevador foi parando em alguns andares, e, a cada vez que a porta se abria, nos preparávamos em silêncio para o susto de quem desse de cara com três fulanos abraçando um cadáver em pé. Mas ninguém apareceu.

Sem outros sobressaltos, sentamos o Minho K no banco ao lado do motorista, para o último passeio. E lá fomos nós, o irmão ao volante, e eu no banco traseiro, abraçando amistosamente os ombros do defunto pra que ele não escorregasse... Não, não é verdade que fincamos um cigarro nos lábios lívidos.

Os atendentes da Santa Casa se surpreenderam, mas não reclamaram — afinal, um deles é que tinha aconselhado, horas antes: "Quando alguém morrer em casa, enfie o corpo no carro e diga que morreu a caminho do hospital". O Minho K evidentemente não tinha morrido no caminho, a menos que estivéssemos vindo de muuuito longe. Talvez estivéssemos. Ninguém disse nada. Levaram o corpo duro pra dentro.

Na manhã seguinte, contei essa história no velório, ao pé do caixão, e fiz as pessoas rirem. Rirem de verdade, se sacudindo, de virem lágrimas aos olhos... Nunca mais ninguém iria nos roubar o sentido da palavra "irreverência", tão deturpada pelos babacas do rock playboy e engraçadinho.

Aquelas pessoas se despediram do Minho K da forma mais adequada, gargalhando com a história do defunto passeando de carro, e de outras, como a de um outro misterioso chapéu de caubói que tinha simplesmente aparecido no meio da rua, perto do cemitério. Certamente o próprio Minho K teria gargalhado, com seu senso de humor irresistível, sempre pronto para pular à frente das angústias, dos problemas recorrentes.

Muitas dezenas de amigos foram ao enterro. E tenho certeza de que quase todos, ao chegarem em casa, colocaram um CD ou um velho vinil para tocar. Certamente alguém ouviu "Joy Division"; eu mesmo preferi um sardônico Leonard Cohen — ou será que foi um melancólico Nick Drake?

Mas algo me diz que foram maioria absoluta os exemplares de "London Calling", "Sandinista!" e "Combat Rock" que rolaram naquela tarde ensolarada de domingo. O primeiro réveillon sem Minho K também é o primeiro réveillon sem Joe Strummer.

Stéfano, meu caro, certamente isto encerra uma época.

Título: "The Clash"
Artista: The Clash
Lançado em: 1977
Gravadora: Epic
Faixas: 1. Janie Jones; 2. Remote Control; 3. I'm So Bored with the U.S.A.; 4. White Riot; 5. Hate & War; 6. What's My Name; 7. Deny; 8. London's Burning; 9. Career Opportunities; 10. Cheat; 11. Protex Blue; 12. Police & Thieves; 13. 48 Hours; 14. Garageland.

TIM MAIA, "O MELHOR DE..."

por DJ Hum

Cheguei à conclusão que levaria um disco do Tim Maia. "O melhor de Tim Maia", para ser mais exato. Conhecido por nós DJs baileiros como "o Tim Maia Capa Rosa" (os DJs baileiros são os que começaram com equipe de som e festinhas em casas de família nas vilas da periferia entre o final dos anos 70 e início dos 80). Este não foi o meu primeiro disco, e talvez não seja o mais importante, mas vejo como um disco completo, tem energia e vibração. E soul e funk e samba rock e melodias...

Como gosto de música negra e é minha especialidade, tive dúvidas. Qual seria? James Brown, Jorge Ben, Metters, Kool and the Gang, Marvin Gaye... O disco do James Brown, "Hell" foi o primeiro play que ganhei (não foi exatamente o primeiro mas foi um lote de uns dez discos no qual ele veio junto). Esse disco é uma parte da minha história, mas o ideal seria eu levar uma fita ou um CD com umas vinte músicas porque eu gosto mais das músicas do que os discos completos (acho que é pelo fato de tocar e, geralmente, num play sempre se destaca uma faixa).

Mas esse do Tim Maia é da hora! Fala de tudo e pra todos, em todos os ritmos.

Título: "O Melhor de..."

Artista: Tim Maia

Lançado em: 1989

Gravadora: Universal

Faixas: 1. Réu Confesso; 2. Gostava Tanto de Você; 3. O Descobridor dos Sete Mares; 4. A Festa do Santo Reis; 5. Você e Eu, Eu e Você (Juntinhos); 6. Formigueiro; 7. Primavera (Vai Chuva); 8. Me Dê Motivo; 9. Azul da Cor do Mar; 10. Bons Momentos; 11. Você; 12. Preciso Aprender a Ser Só

JOÃO GILBERTO, "JOÃO GILBERTO"

por Marcus Preto

Todo mundo fala da importância que têm aqueles três primeiros LPs de João Gilberto (lançados entre 1959 e 1961) para a história evolutiva da música popular do mundo. Pode ser, pode ser. Ali, João nos apresentou a novidade, organizou o movimento, orientou seu carnaval rítmico — tudo embutido na tal "batidinha diferente", no jeito de cantar, de dividir as palavras. Revolucionários três primeiros LPs.

Mas eu, para mim, amo outro. Pouca (bem pouca) coisa no mundo me deixou mais baratinado que o desbundante álbum que o mesmo Joãozinho lançou em 1973. A bossa nova já havia sido inventada, assimilada, devorada pelo tropicalismo, reinventada. E João sabia disso. Ou, acho até, não queria nem saber.

Influenciado pelos Novos Baianos, ele fez um disco quase hippie. O homem freqüentava a "república" onde viviam Moraes, Baby, Galvão, Paulinho Boca e Pepeu Gomes desde quando eles preparavam "Acabou Chorare", o lendário álbum lançado pelos baianos em 1972. Ia lá a passeio [com a esposa Miúcha e a filha, recém-nascida, Bebel nos braços] e aproveitava a viagem [e as "viagens"] para ouvir o que os malucões estavam tocando, compondo, inventando — e, convenhamos, não era pouca coisa. Seria natural que aquela liberdade criativa toda tomasse conta, de alguma forma, do espírito [já tão libertário] de João. Tomou.

O disco só tem voz, violão e bateria — levada por Sonny Carr. Alguém já havia pensado num álbum inteiro com uma formação dessas? O foco do repertório, claro, não caiu sobre os compositores bossanovistas "clássicos". Nada de Carlos Lyra, Vinicius de Moraes, Roberto Menescal, Ronaldo Bôscoli... Não.

Um único Jobim, letra e música. "Águas de Março" abre o lado A do LP na melhor forma que essa canção tomou até hoje. João a tornou um mantra cheio de sutilezas vocais que nos transporta para a (e nos encharca da) tal chuva descrita na letra. Hipnótica.

E mais hipnose não falta. "É Preciso Perdoar" (que havia participado, apagadinha, do Festival Internacional da Canção de 1966), composta pelo juiz do TRT da Bahia — e amigo de João — Carlos Coqueijo, reaparece aqui como uma reza. João sabe, como muito poucos, ser tristíssimo às escondidas, sem que ninguém nada perceba. Ouve-se a música e sente-se sua melancolia, mas ela não aparece. Faz o mesmo com a alegria, o exemplo aqui é "Eu Quero um Samba" (Haroldo Barbosa e Janet de Almeida): sorri-se por dentro apenas, mas em intensidade maior que a de uma gargalhada.

Pescou canções pré-tropicalistas dos tropicalistas Gil e Caetano, "Eu Vim da Bahia" e "Avarandado" — ambas gravadas por Gal Costa em 1965 e 1967. Recém vinculada a essa mesma cantora (pelo sucesso do show "Fa-Tal"), "Falsa Baiana", samba de Geraldo Pereira, também consta no LP de João. Não eram só os Novos Baianos. Parece que, em 1973, João Gilberto queria ser também um pouco Gal Costa [Vale lembrar que, nesse período, e exatamente por conta do show "Fa-Tal", Gal era o ícone maior do "barato" nacional.

João lançou nesse disco dois temas instrumentais-vocais (sem letra, só com vocalises), "Undiú" e "Valsa (Como São Lindos os Youguis)" Bebel. Nos dois, brinca com os fonemas de forma lúdica — tanto para ele quanto para quem escuta. Executa sua arte que é a um tempo infantil e super-evoluída. E lapidada, minimalista, quase oriental, "origâmica". Mas nunca, nunca monótona. A propósito, "Valsa (Como São Lindos...)" seria regravada no ano seguinte pelos... Novos Baianos. Rá!

Outro tema instrumental (esse sem vocalise algum) trata também da Bahia. Em "Na Baixa do Sapateiro", de Ary Barroso, João debulha seu violão de forma brilhante, com técnica, inteligência e nenhum pedantismo. Ele sabe que punheta não é invenção. Este arranjo foi decalcado por Caetano em sua versão para a mesma música no álbum "Livro", de 1997.

Miúcha vem dizer boa noite junto com João em "Izaura" (Herivelto Martins e Roberto Roberti), da forma mais doce possível (ainda que esteja avisando que vai embora, que o disco está acabando). A mixagem foi feita de tal forma que, ouvindo num walkman, João canta sozinho no nosso ouvido direito, Miúcha no esquerdo. O violão soa no centro, dentro mesmo da nossa cabeça. Como se sempre tivesse estado lá. Sempre vai estar. Fim do lado B.

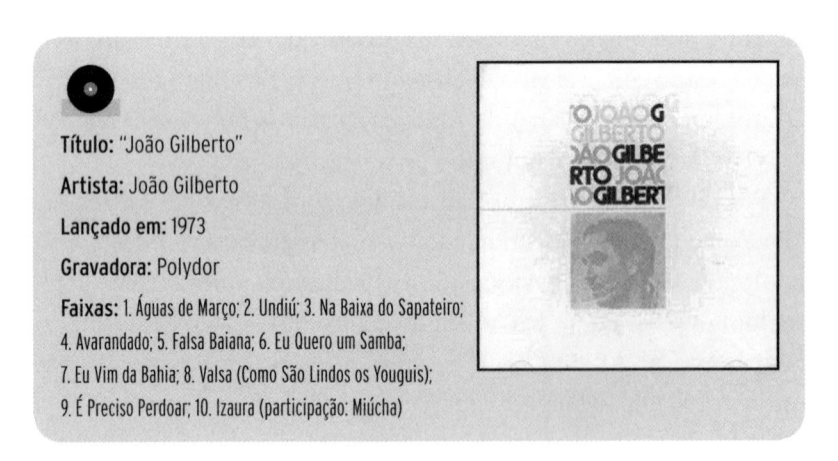

Título: "João Gilberto"
Artista: João Gilberto
Lançado em: 1973
Gravadora: Polydor
Faixas: 1. Águas de Março; 2. Undiú; 3. Na Baixa do Sapateiro; 4. Avarandado; 5. Falsa Baiana; 6. Eu Quero um Samba; 7. Eu Vim da Bahia; 8. Valsa (Como São Lindos os Youguis); 9. É Preciso Perdoar; 10. Izaura (participação: Miúcha)

FRANK ZAPPA, "STUDIO TAN"

por Hique Gomes

Era 1983 e eu tinha uma filha de quatro anos. Estava no litoral com minha primeira mulher e toda a família. Na época eu tinha um Opala, herdado de meu pai que acabara de falecer, quando um amigo me emprestou uma fita. A casa estava lotada de familiares. Eu e minha primeira mulher, aproveitando a presença dos familiares, deixamos nossa filha aos cuidados de vovó, titia e priminhos e fomos ouvir um pouco de música no Opala. Aí colocamos essa fita emprestada e logo no início, sem mais nem menos, entra uma abertura fenomenal com uma voz de trovão e uma orquestração estonteantemente engraçada ao estilo de música para cartoons, tipo os antigos Tom e Jerry, quando a companhia ainda pagava grandes compositores e colocava uma orquestra inteira à disposição para que eles fizessem o que quisessem. Era o "Studio Tan", do Frank Zappa.

Minha primeira mulher era esperta, entendia bem inglês e foi traduzindo todo o absurdo que acontecia ali. Era a história de um porco com uma gravata branca que vivia entre o Arizona e o Paraguai. Como se não bastasse sua condição suína, ele dirige todos os dias o seu Volkswagen vermelho em direção à parte mais suja da cidade, onde ficam os edifícios do governo. Greggery acelera seu fusca e canta voydn, voydn, voydn... (barulho do motor). É uma ópera contemporânea, no melhor estilo de um anarquista americano filho de italianos, Francesco Vincent Zappa. A narrativa deve ter dado muito orgulho a patrícios italianos como Fellini, por exemplo.

Em um certo momento da narrativa, o suíno é perseguido por agressores que, ao perderem-no de vista, param em um local e fazem amor. Eu e minha primeira mulher estávamos totalmente envolvidos na história, de maneira que, naquele momento, um fogo tomou conta de nós. Com um único olhar, nos aproximamos, nos beijamos ardentemente dentro do Opala que tinha um banco daqueles grandes inteiros e... Fizemos amor. Não... Não... Aquilo foi sexo!!! Minha memória de prazer não conhece outro momento como este. Ela vestia um colete de jeans apertado e decotado. Tinha vinte e quatro anos, aquela experiência foi um ápice de êxtase.

No outro dia entrei em crise total. O que eu faria com o "Slave Mass" do Hermeto, que levaria para uma ilha deserta? O que faria com os discos do Jacó do Bandolim, Pixinguinha, Gismonti, Villa Lobos? E tinha ainda aquele do Vinicius e Toquinho que eu adorava... O "Talking Book" do Stevie Wonder, que foi o primeiro disco que ganhei junto com o "Cirandeiro", do Martinho da Vila, aos 13 anos... Tudo por água abaixo. O que eu faria com o "Refavela" do Gil, e com o "Atrás do Porto tem uma Cidade", da Rita Lee, que foi o primeiro show de rock que eu vi e que me colocou em estado de graça por anos e anos? E o que eu faria com o "Schools Out" do Alice Cooper? Meu medo maior foi quando me lembrei do "The Dark Side of the Moon". Aí então tudo desabou. Na rabeira desta memória vieram o disco do Johnny Winter cantando com John Lee Hooker, Alvin Lee, Led Zeppelin. Meu Deus, foi uma avalanche musical total. Em segundos eu pude ver destroços da "Tábua de Esmeralda" do Jorge Ben que eu tanto cultuei como meus primeiros passos na alquimia, junto aos pedaços do "Araçá Azul" do Caetano e o dos "Mutantes e seus Cometas no País do Baurets"... Um pedaço de

Dune Buggi regurgitado de minha garganta saltou sem controle: Dune Buggi, mais de mil HP!!! E na rabeira deste regurgitar mais coisas como Adoniram Barbosa, Lupicínio Rodrigues, Kid Morangueira, Vicente Celestino!

Seguiu-se a isso a descoberta do disco inteiro. No outro lado da fita tinha "Revised Music for Guitar and Low-Budget Orchestra", (Música Revisada para Orquestra de Baixo Orçamento), "RDNZL", e "Lemme Take You to the Beach", que parecia uma coisa muito próxima dos Mutantes.

Os anos seguintes foram cheios de surpresas musicais e alguns desapontamentos. Me separei de minha primeira mulher, mas nunca me separei daquele momento do Opala. Nada teve força para suplantar aquilo. De maneira que um tempo depois de grandes sofrimentos nos casamos de novo. E ela passou a ser minha segunda mulher. Logo, com minhas forças recobradas, pude dar andamento ao projeto do Tangos e Tragédias, que é muito influenciado (embora ninguém perceba) por aquele momento no Opala.

Depois fiz outros espetáculos como "O Teatro do Disco Solar" onde a influência do Opala aparecia mais claramente, e aí veio outra vez uma crise matrimonial bem pesadinha, onde tivemos que novamente nos separar. Desta vez tive a impressão de que seria definitivo. Mas passado mais de um ano... Nada, nada conseguia me afastar da experiência do Opala. Então nos casamos novamente e minha segunda mulher passou a ser a minha terceira!

Nestes anos todos não sei quantas vezes dei o "Studio Tan" de presente para amigos em aniversários ou em Natais. O auge foi quando fui pela segunda vez ao aniversário de um amigo e levei o "Studio Tan" pra ele, que disse:

— Mas este foi o que tu me destes no ano passado!!!

Bem, os anos passaram e neste ano eu completo 25 anos de casado, nossa filha teve uma filha e vou casar de novo com a mina do Opala. Ela vai ser a minha quarta mulher. Ainda naquela época, tive muita dor em vender o Opala porque achei que só ali conseguiríamos aquele efeito. Acho que Zappa não tem nada a ver com isso, mas a gente conseguiu aquele efeito muitas e muitas vezes... fora do Opala, é claro. Seria ridículo se eu dissesse que só consigo aquele efeito ouvindo Zappa.

Título: "Studio Tan"
Artista: Frank Zappa
Lançado em: 1976
Gravadora: Ryko
Faixas: 1. The Adventures of Greggery Peccary; 2. Revised Music for Guitar and Low-Budget...; 3. Lemme Take You to the Beach; 4. RDNZL

MILTON NASCIMENTO, "CROONER"

por Maria Dolores

Antes de mais nada, preciso ser honesta: nunca comprei um disco em toda a minha curta existência! Para mim, é bom dizer, pois sou figura batida nas lojas, sempre atrás de alguma novidade para meu amor, que respira e exala música. Não sou do tipo que liga o rádio logo cedo ou escuta vários CDs ao longo do dia. Primeiro, porque não sou muito afeita aos botões e afins dos aparelhos eletrônicos, segundo, porque não consigo, definitivamente, fazer duas coisas ao mesmo tempo. Minha coordenação motora e intelectual é tão precária nesse sentido que até mesmo uma simples tarefa como varrer a casa torna-se impraticável se o som estiver ligado, a não ser que eu me desligue por completo da música e, aí, já não há sentido em colocar algo para tocar.

E se estiver trabalhando, pior ainda! Tenho inveja de quem consegue escrever com um fundo musical, parece tão fácil e divertido! Por essas e outras, além do tempo estar cada vez mais raro e das horas do dia já não bastarem para dar conta da vida, acabei deixando a música para segundo plano. Mas isso, até pouco tempo.

Há cerca de dois anos comecei um trabalho de pesquisa sobre o cantor e compositor Milton Nascimento. Como não podia deixar de ser, ouvi todos os seus discos, mais de trinta. Os que não havia em casa, dei um jeito de comprar (dando de presente para meu amor, para não quebrar a regra) ou pegar emprestado. Nesses momentos preciosos, entreguei-me a cada nota, a cada compasso e descobri um universo riquíssimo. Confesso que não conhecia muito da obra do Milton e fiquei encantada, com as músicas, quase sempre imprevisíveis, com sua voz forte, preenchendo cada canto do corpo e da alma, com o mesmo poder de uma orquestra inteira. Apesar de álbuns fascinantes como "Milagre dos Peixes", "Clube da Esquina", entre outros, eu, fiel bairrista, não pude deixar de eleger um dos meus favoritos, o álbum "Crooner" (Warner, 1999). O que me fisgou não foram as músicas em si, mas o espírito do disco, a aura ao redor dele. O Milton conseguiu mais que recuperar o clima dos antigos bailes da vida, nos quais começou sua carreira, conseguiu captar de forma única a atmosfera da cidade onde cresceu: Três Pontas, na qual também eu cresci, onde estão as minhas raízes, fortes, enormes, tão coladas ao resto do tronco que seria impossível desvencilhá-las. Com sua voz incomparável, ele interpreta clássicos da música brasileira e mundial que tocaram exaustivamente nos bailes dos salões do interior e transforma canções contemporâneas em novos clássicos, tal qual tivessem sido criadas não para outro fim. Um dos momentos mais comoventes é a interpretação de "Castigo", de Dolores Duran.

Ao ouvi-lo, é como se a cada frase musical, as ruas e pessoas da pequena e tradicional cidade cafeeira ao sul de Minas saltassem feito notas musicais em vôos rasantes. É possível ouvir o murmurinho das praças, sentir o cheiro do café sendo torrado nos armazéns e inebriando cada esquina da cidade como uma nuvem baixa, perene. Vejo ao longe, a torre da Igreja Matriz e as três pontas arredondadas da serra que não é serra, e não vejo, porque já não há, mas imagino a Maria Fumaça abrindo caminho até a antiga estação... As janelas, sempre abertas, e as pessoas, debruçadas nos seus umbrais, vendo a vida passar, devagar, mas eternamente, sempre. Sinto o calor dos amigos e entes queridos, tantos, dos dias de chuva brincando na enxurrada, dos de sol, pulando os muros e subindo nas árvores... É como se por um segundo, um fugaz precioso instante, revivesse parte querida da minha história, das histórias que passam, mas não se vão... O doce sabor da nostalgia.

Certa vez, meu amor me disse: você é uma pessoa nostálgica. Não precisei pensar muito para assumir: sou, sim. E não acho necessário chegar aos oitenta para isso. A nostalgia não é um sentimento menor, tão pouco um retrocesso. Não é querer reviver o passado, abdicando-se do presente. É a carinhosa lembrança das mesmas lembranças que continuam presentes na nossa vida, tanto que, volta e meia, pegamo-nos a pensar nelas. São pessoas queridas, passagens memoráveis, lugares, um simples aroma que, por algum motivo especial, deixaram um pouco de si em nós... E nenhum outro mecanismo desperta tanto a nostalgia quanto a música, com seu poder quase imperceptível de transportar os pensamentos. Quem nunca se pegou vagando em recordações, desenterradas por uma música ao longe, tocando baixinho? Muitas vezes, as lembranças nem são imagens concretas, de um momento ou pessoa... Pode ser apenas a sensação anestesiada de que algo bom já aconteceu e é também por esse motivo que vale à pena continuar, para que cada vez mais existam histórias a serem lembradas, guardadas com carinho nos porões secretos da alma, nos imprevisíveis e gratificantes corredores da memória, abertos com maestria pela voz do conterrâneo.

Título: "Crooner"
Artista: Milton Nascimento
Lançado em: 1999
Gravadora: Warner
Faixas: 1. Aqueles Olhos Verdes; 2. Certas Coisas; 3. Only You; 4. Mas Que Nada; 5. Frenesi; 6. Não Sei Dançar; 7. Resposta; 8; Beat It; 9. Se Alguém Telefonar; 10. Rosa Maria; 11. Castigo; 12. Ooh Child; 13. Lágrima Flor; 14. Barulho de Trem; 15. Lamento no Morro; 16. Pot-pourri: O Gato da Madame; Edmundo; Cumanã

NINA SIMONE, "NINA SIMONE RELEASED"

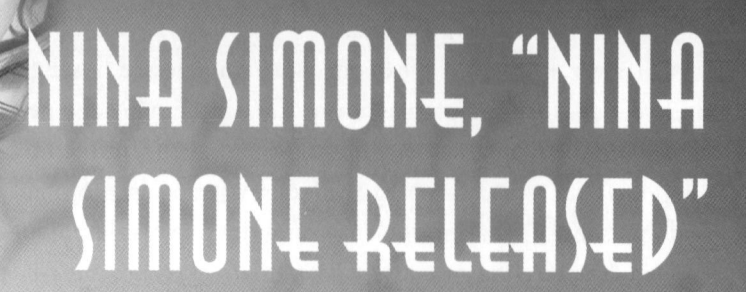

por Clarah Averbuck

"The blues are the roots; everything else is the fruits" – Willie Dixon

O blues é a raiz. Todo o resto são os frutos. Por que algumas frases perdem a poesia quando traduzidas? Bom, perdem a poesia mas não o significado. O blues é a raiz de tudo. De todo o rock que escuto hoje. Quando os brancos tentaram tocar blues, saiu o rock. E cá estamos nós hoje no mundo do rock, tão longe da simplicidade e da singeleza e da tosqueira do blues. Tosqueira no melhor dos sentidos, porque eu sou a favor do tosco. O tosco é bom. O tosco é verdadeiro. Seja tosco você também.

A Nina Simone, pra mim, era uma blueswoman. Ela lançou milhares de discos, muitos com big bands, muitos com orquestras e firulas. Mas a essência da Nina é ela e o piano. Só. Espancando e acariciando, doçura e fúria, revolta e candura, rebeldia e inocência. Simplicidade. A Nina blueswoman está inteira em "Nina Simone Released", o disco que eu levaria para uma ilha deserta se soubesse fazer uma vitrola de folha de bananeira e espinha de peixe.

Ela me mata. Ela me toca e me mata e me torce e me faz ouvir discos inteiros incessantemente por dias a fio, me faz cantar de olhos fechados e os punhos cerrados deitada no escuro do meu quarto, me faz aprender uma língua que não sei só para poder cantar "Ne Me Quitte Pas" direito, me faz escrever por noites e noites e noites só por causa de uma frase. A frase pode nem ser dela, mas parece que tudo que vem dela, é dela. Como "Ne Me Quitte Pas", "You've Got To Learn", "Love Me or Leave Me", "I Get Along Without You Very Well (Except Sometimes)", "See Me When You Can", "Feeling Good", "I Shall Be Released", "In The Dark" e até "I Put A Spell on You". Tudo dela. Ela rouba as músicas e ninguém nunca mais consegue pegar de volta.

Tem uns discos ao vivo onde ela fica conversando com o público e rindo, e obrigando-os a cantar e tendo total controle sobre aquela gente. É impossível dizer "não" à Nina Simone. Dra. Nina Simone. E quando ela ri muito porque esqueceu um pedaço da letra, também fico rindo aqui, porque eu amo aquela mulher e a risada dela me deixa feliz. E quando ela chora cantando "Why? (The King Of Love Is Dead)", em homenagem a Martin Luther King, eu choro junto, porque é muito real, muito fodido, muito forte. Como tudo que ela canta. A voz dela tem a densidade de uma bofetada, não dá para ficar impassível.

E as músicas? Tudo no "Nina Simone Released": "Nobody's Fault But Mine". If I die and my soul be lost, nobody's fault but mine. E "The Backlash Blues"? E "Do I Move You"? E "Blues for Mama"? E "I WANT A LITTLE SUGAR IN MY BOWL"? Ai, essa música, I want a little sweetness down in my soul, I could stand some loving, oh so bad, I feel so funny, I feel so sad. Pelo amor de deus. Quantas vezes já rebolei sozinha em casa de salto ouvindo essas músicas, quantas vezes já fui uma negra em um palquinho esfumaçado cantando essas músicas só para mim, quantas vezes já chorei sozinha, só eu e ela.

O jeito que a Nina tocava piano era único. Um acorde e já dava para saber quem era. Um jeito que só quem sentiu muita dor consegue, só quem tem um tornado por dentro consegue, só quem tem o blues consegue. Nina, Nina. Que vontade de abraçá-la. Abraçá-la por tudo que ela fez e foi. Vi a Nina em 99, em um lugar cheio de brancos ricos que estavam lá para ver um show de jazz, daqueles que os ricos gostam, bem asséptico, bem sem emoção, sem cor como eles. Coitados. Mal sabiam eles que era a Nina, a Nina bêbada e acabada, sofrida, velha, mal-humorada e sem saco. Ninguém entendeu nada. Uns poucos ali sabiam que a Nina era só a cantora e pianista de jazz (blues!) mais foda de todos os tempos. Só queria abraçá-la naquele dia. Abraçá-la, dizer obrigada e eu te amo. Fiquei com medo de levar um coice, achei melhor ficar na minha quando ela passou ao meu ladinho nos bastidores, bem pertinho de mim, sem nem saber quantas vezes dormiu comigo.

A Nina era minha amiga. Uma grande companheira de momentos fodidos e solitários onde ninguém estava lá, ninguém escutava, ninguém entendia, estava a Nina do meu lado, cantando você tem que aprender, minha nêga, a sofrer e quebrar essa sua carinha bonita. Você tem que aprender e baixar a cabeça às vezes e se resignar e conviver com um coração partido. Me mostrando que mesmo não tendo casa, nem amor, nem diploma, carro ou um aparelho de som, nem roupas de inverno, nem pilhas no discman, nem comida ou um corte de cabelo, nem cheque, dinheiro ou cartão, nem perfume, nem meias sem furos, nem giletes, nem chuveiro quente, nem gás na cozinha, eu ainda tinha a minha vida e sangue correndo nas minhas veias. Me fazendo dizer "vai, faz o que você tem que fazer, mesmo que eu nunca mais possa te beijar, vai viver a sua vida". E ele foi. E eu fiquei, eu e a Nina e os meus blues. Melhor assim. Porque segundo o Son House, a única maneira de ter os azuis (ai) é sofrendo por amor, é quando o coração dói. Eu e a Nina sofremos. Eu e a Nina temos os blues.

Eu nunca colhi algodão. Eu nunca sofri porque um líder da minha causa foi assassinado. Eu nunca vou saber o que era ter que entrar pela porta dos fundos e usar um banheiro diferente. Eu sou branca. Translúcida, para ser mais exata. Apesar de ter certeza que sou uma negra cantora de 111kg, nascida no Mississipi, sacudindo os quadris no calor, apontando o dedo com uma unha de quinze centímetros e falando alto enquanto mexo o pescoço, não, não: eu sou branca. Não adianta, não vou cantar como uma negra, nem sentir na pele o que todos os negros sentiram e ainda sentem. Nunca. Mas tudo bem, porque mesmo sendo desbotada, eu tenho os azuis. E quem me ensinou isso foi a Nina Simone, que agora está lá em cima, na grande jam session do céu, com uma garrafa de Bourbon e um sorriso no rosto, cantando pra sempre no meu coração.

Título: "Nina Simone Released"
Artista: Nina Simone
Lançado em: 1997
Gravadora: BMG
Faixas: 1. The Backlash Blues; 2. Blues for Mama; 3. Go to Hell; 4. I Shall Be Released; 5. It Be's That Way Sometimes; 6. I Want a Little Sugar in My Bowl; 7. My Man's Gone Now; 8. Why? (The King of Love Is Dead); 9. I Wish I Knew How It; 10. Do What You Gotta Do; 11. Do I Move You; 12. In the Dark; 13. The Look of Love; 14. Since I Fell for You; 15. Mr. Bojangles; 16. Just Like a Woman; 17. Turn Me On; 18. Nobody's Fault But Mine; 19. Ain't Got No (I Got Life); 20. I Loves You, Porgy; 21. Gin House Blues

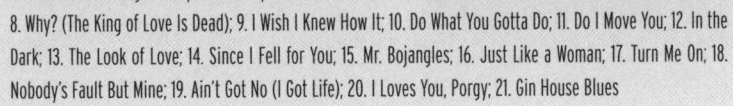

"Released" é uma coletânea australiana que compila 21 canções de um pequeno período da carreira de Nina Simone: entre 1967 e 68.

VÁRIOS - TRILHA SONORA ORIGINAL, "HAIR"

por Teté Ribeiro

"This is 1968, dearies, not 1948" (trecho de "I Got Life")

Um esclarecimento rápido, antes que qualquer aventureiro ouse tirar uma conclusão a respeito da minha idade: não, não sou da época de "Hair". O musical não mudou minha vida, não vi a peça nem na Broadway, nem aqui nem em lugar nenhum. Nem o filme no cinema eu vi. Minha cópia em VHS, no entanto, já está mais do que gasta. E este, que ouço enquanto escrevo nesse irritante computador de segunda mão (o CD não pára de dar pulinho, um saco), deve ser o meu quarto ou quinto CD da trilha sonora. Os outros foram sumindo, sendo esquecidos em casas na praia, emprestados, destruídos, roubados...

Pensando bem, a trilha de "Hair" faz o oposto de mudar minha vida, que é me mostrar que eu continuo a mesma, algo hipponga, com os olhos (míopes) no presente mas os pés nos 70 (meus tamancos me entregam). Hair é um influência constante, uma referência, uma pedra no meu sapato até, nas horas em que cismo de ser mais moderna.

E foi sempre assim. Diferente da primeira vez que ouvi um CD inteiro do David Bowie, em 1987, na discoteca da Ayr Catholic High School, em Ayr, cidadezinha na costa de Queensland onde morei durante um ano, em esquema de intercâmbio. O menino mais bonito da escola tinha ido numa festinha usando uma camiseta do David Bowie, aquela da capa do disco "Aladdin Sane", de 1973, que a Sarah Jessica Parker usa num capítulo de "Sex and the City" em que ela resolve pintar os armários da cozinha (sabe?).

Como meu inglês era quase nada, resolvi abrir mão do menino mas investir no Bowie. Na manhã seguinte, matei a aula de biologia do mr. Head, certamente o professor mais chato da Oceania, e peguei o cassete do álbum "Changes", o único do Bowie que a discoteca da escola tinha, e não parei mais de ouvir. Nunca devolvi a fita. O father Paul, diretor da escola, deve ter me perdoado. Perdoou todas as minhas faltas, não deve ter se aborrecido com esse pequeno delito que qualquer dois pais-nossos e uma ave-maria resolve.

Alguns meses depois de me apaixonar perdidamente pelo Bowie soube que ele daria um show em Sydney, que fica a muitas e muitas horas de ônibus de Ayr. Fora que as passagens de ônibus do outro lado do mundo são caras como o cão. Então arrumei um trabalho em que não precisava usar meus pensamentos nem meu inglês pobrinho, e sim meus braços e pernas ainda fortes por causa das aulas de circo que costumava fazer no Brasil. E catei mangas durante 40 dias ao som de "Changes", juntando dinheiro para o show em Sydney.

Anos mais tarde contei essa história a ele, numa entrevista que fiz para a Ilustrada enquanto morava em Nova York, entre 2000 e começo de 2003. Ao vivo, Bowie é bem mais encantador que no palco do teatro em Sydney ou no Estádio do Palmeiras, onde também vi um show em 1990. By the way, se pudesse levar dois discos pra essa tal de ilha deserta, claro que o outro seria dele...

Com Hair é tudo bem mais teatral, por motivos óbvios. Você não canta simplesmente as músicas, e sim as interpreta. Não dá para cantar um verso como "My hair like Jesus wore it, hallelujah I adore it, Hallelujah Mary loved her son, Why don't my Mother love me?", sem muita ópera-rock envolvida. Tem que acreditar, viver, ter ódio do sistema, torcer pela volta do Greatful Dead, pregar o amor livre, fumar maconha, tomar ácido, achar que Kama Sutra é uma holy orgy e que você não pode ficar de fora. Proclamar-se o presidente dos United States of Love. Saber os detalhes sobre a Era de Aquário, aquela cujo início é anunciado no começo do filme, da peça e da trilha. "When the moon is in the Seventh House, and Jupiter aligns with Mars. Then peace will guide the planets, and love will steer the stars. This is the dawning of the Age of Aquarius".

A história básica é essa: Berger, garoto rebelde e libertário, vive no Central Park e tem um grupo de amigos igualmente hippies e cabeludos. Conhece Claude, caipira de Oklahoma que vem a NY e se apaixona por Sheila, garota rica. Ela também gosta dele, apesar da oposição da família. Quando enfim os dois se entendem, ele é convocado a lutar na Guerra do Vietnã. Para não separar o casal, Berger, o líder do grupo, vai em seu lugar e morre numa batalha. O musical estreou no fim dos anos 60, e em 1979 virou filme, dirigido por Milos Forman ("O Estranho no Ninho", "O Povo Contra Larry Flynt", "Amadeus" etc.) com Treat Williams no papel de Berger e Beverly D'Angelo (a sra Al Pacino) como a patricinha Sheila. É de longe o melhor papel da carreira dos dois, que cantam e dançam no filme como se não houvesse amanhã.

O racismo, um dos assuntos secundários da trama, tem um momento de denúncia, em "Colored Spade", quase um rap ("I'm a colored spade, a nigger, a black nigger; a jungle bunny, jigaboo coon, pickaninny mau mau; uncle tom, aunt jemima, little black sambo, cotton pickin', swamp guinea, junk man, shoeshine boy…") e outro de celebração, na voz das jovens brancas que gostam dos negões e na voz das jovens negras taradas por branquelos. O "duelo" é um dos momentos mais pops da trilha. As brancas começam: "black boys are delicious, chocolate flavored love, licorice lips like candy keep my cocoa handy. I have such a sweet tooth when it comes to love". Então entram as neguinhas: "white boys are so groovy, white boys are so tough, everytime that they're near me I just can't get enough".

Como uma pobre pessoa a "two pay checks away from being homeless" (essa aprendi com a J.Lo, em uma entrevista em que ela tentava convencer a repórter que vivia uma vida modesta e comedida), as idas e vindas do trabalho, aqueles momentos em que o mundo se resume a você e o som que escolheu para ouvir no carro, com ar condicionado ligado e vidros fechados, são muito importantes para mim. Segunda de manhã, quando ainda acredito que essa vai ser a semana em que a minha vida vai mudar, vou direto à faixa 1 do CD 1, e dou boas-vindas à Era de Aquário. No fim do dia, quase sempre com ódio, pulo para "I Got Life", aquela que Berger canta enquanto anda por cima da mesa toda posta com talheres de prata e copos de cristal na festa dos pais de Sheila (a cena virou comercial de alguma coisa, sabão em pó se não me engano, numa dessas "sacadas" de publicitário nos anos 80). Se é a irritação que reina, algo me leva para Hair, e eu tento decorar o refrão: "I want it long, straight, curly, fuzzy, snaggy, shaggy, ratty, matty, oily, greasy, fleecy, shining, gleaming, steaming, flaxen, waxen, knotted, polka-dotted, twisted, beaded, braided, powdered, flowered and confettied, bangled, tangled, spangled and spaghettied". Se é sexta à noite, e a semana acabou, Let the Sunshine In.

Mas só numa ilha deserta eu teria coragem de cantar as músicas na altura que tenho vontade.

Título: "Hair"
Artista: Vários - Trilha-Sonora Original
Lançado em: 1979
Gravadora: BMG
Faixas: 1. Aquarius; 2. Sodomy; 3. Donna/Hashish; 4. Colored Spade; 5. Manchester; 6. Abie Baby/Fourscore; 7. I'm Black/Ain't Got No; 8. Air; 9. I Got Life; 10. Frank Mills; 11. Hair; 12. L.B.J.; 13. Electric Blues/Old Fashioned Melody; 14. Hare Krishna; 15. Where Do I Go?; 16. Black Boys; 17. White Boys; 18. Walking in Space; 19. Easy to Be Hard; 20. 3-5-0-0; 21. Good Morning Starshine; 22. What a Piece of Work Is Man; 23. Somebody to Love; 24. Don't Push It Down; 25. The Flesh Failures/Let the Sunshine In.

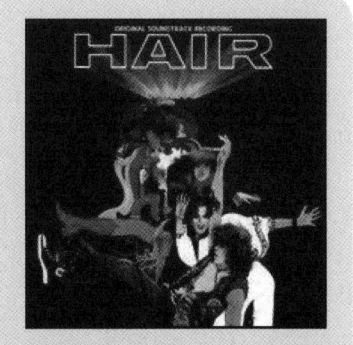

NIRVANA, "NEVERMIND"

por Pitty

Escolher um, unzinho, um único disco para levar a uma ilha deserta é de doer o coração para uma pessoa inconstante e inquieta como eu, que precisa de trilhas sonoras distintas em momentos diversos. Pensando nisso, sabia que seria sadio escolher um disco que contivesse em suas músicas, essas alternâncias de humor e velocidade. Saí fuçando entre os álbuns que marcaram a minha vida, catando essa particularidade.

Tem que ter nele um certo desespero. Para aqueles dias em que eu vou estar me sentindo incompreendida pelo resto da humanidade e vou precisar gritar bem alto num refrão que não me importa mais nada, porque eu tenho um All Star vermelho.

Não pode faltar também aqueles riffs do tipo "levanta defunto". Para por sozinha numa roda imaginária, dar mosh dum coqueiro, fazer lá meu show de rock. Ah, nem só de melancolia vive uma mulher. Um hardcore ou dois para as horas mais nervosas e tensas, TPM, aqueles dias, você sabe como é. Uma balada soturna, quase monotônica, um mantra. Volta e meia se faz necessária uma música assim. Para pensar, chorar, ou só deixar a mente viajar sem se ater a nada, flutuar de olhos fechados por uma melodia simples.

Preciso de um disco rico em nuances.

"Nevermind". Nirvana. Um clássico. Mexeu com meus brios e fez parte da minha adolescência desde a primeira audição. Aquela capa, puro simbolismo, geração X, toda uma geração nadando em busca de uma nota. As letras, um grande e belo "foda-se, pode não ser tão limpo e conveniente, mas esse sou eu". O sarcasmo, a melancolia, a ira, a pieguice, o grito, o sussurro. Está tudo ali.

E aqui, já não me preocupo com os clichês, ou o quanto se falou. Aqui, só me preocupo em sobreviver numa ilha deserta com um único disco.

Título: "Nevermind"
Artista: Nirvana
Lançado em: 1991
Gravadora: Geffen
Faixas: 1. Smells Like Teen Spirit; 2. In Bloom; 3. Come as You Are; 4. Breed; 5. Lithium; 6. Polly; 7. Territorial Pissings; 8. Drain You; 9. Lounge Act; 10. Stay Away; 11. On a Plain; 12. Something in the Way

RAMONES, "ROCKET TO RUSSIA"

por Gabriel Thomaz

Se tem um disco que, pra mim, é essencial e presente na minha vida, até hoje, é o "Rocket to Russia" dos Ramones. É o disco que tem a versão deles pra "Surfin' Bird". Eu até tenho o disco da versão original do Trashmen, e também um do Rivingtons que tem as duas músicas que fizeram os Trashmen juntarem pra chegar até esse resultado, "Pa-Pa-Oom-Mow-Mow" e "The Bird's".

"The Word", mas a versão do Ramones é a melhor, na minha opinião. Por muito tempo eu ouvia essa música de uma fita K7 gravada do rádio, numa época gravado de um programa lá em Brasília, que ia ao ar todo dia, ali pelas 18h.

Esse programa tocava um monte de coisas legais impossíveis de comprar, já que os discos não eram lançados no Brasil. Era o ano de 1986, eu tinha uns 13, 14 anos de idade. E todo fim de tarde lá estava eu, REC-PLAY-PAUSE, preparado pra o que viesse de som bom. Quem apresentava o programa era um DJ famoso de Brasília, que dizia na rádio que estava sempre indo pra Inglaterra comprar discos. Faz tanto tempo que eu nem lembro o nome do cara. E eu gravava as músicas e me sentia o moderno, ficando a par das últimas novidades.

Só que eu nunca tinha ouvido Ramones. Um dia o cara solta sem fazer muito alarde: a primeira música é X, a segunda é Y e a terceira Ramones, "Surfin' Bird". Gravei as três e a última era tudo o que eu procurava e não sabia que existia, aquilo sim é que era rock and roll. Gravei e ouvi milhões de vezes, uma atrás da outra, mesmo com a voz do DJ que entrou falando antes que a música terminasse.

Mostrei para os meus amigos, com quem eu tinha uma banda imaginária, que piraram também. Comecei a procurar qualquer coisa sobre os Ramones, eu não tinha nem idéia de como eles se pareciam, como se vestiam nem de onde eram. Um cara da minha sala falou que o vizinho dele tinha dois discos do Ramones. Fui na casa do tal amigo e pedi pra gravar uma fita, mas chegando em casa, fui ouvir e "Surfin' Bird" não estava lá. Os discos eram o "End of The Century" e o "Pleasant Dreams". Por algum tempo fiquei ouvindo essa fita e catando revistas, vendo as fotos. Não demorou e eu já estava andando de calça rasgada, conhecendo outras bandas punks, tudo mal gravado pra caramba, aquele esquema de fita pra fita.

Um belo dia, entro numa loja e lá está inacreditavelmente em edição nacional um disco do Ramones! Olho a contracapa e lá está: "Surfin' Bird", penúltima do lado B. Ah, se eu tivesse grana pra comprar... A sorte era que estava no fim do ano, época de amigo oculto no colégio e as pessoas faziam aquelas listinhas do que queriam ganhar. Fui lá e escrevi: disco do Ramones, "Rocket To Russia". Quase ninguém da sala sabia do que se tratava, mas eu deixei bem especificado, não tinha como errar, tem pra vender na loja 2001! Não me lembro pra quem dei presente nem o que era, mas quem me tirou, no caso uma menina chamada Daniela, me fez muito feliz e ainda autografou o LP e escreveu no foguete que o Pinhead está montado na contracapa: "Gabriel, você vai longe".

O disco veio sem encarte, mas isso não importava, ouvi milhões de vezes e ouço até hoje, graças a minha pickup muito bem tratada. Nunca cometi o sacrilégio de recomprar em CD. O disco é perfeito do início ao fim, assim como os outros quatro primeiros dos caras. E também foi inacreditável conseguir que minha banda abrisse um show deles e ficar no mesmo hotel. Tenho até hoje um video do Joey nadando na piscina do Sheraton.

Título: "Rocket to Russia"
Artista: Ramones
Lançado em: 1977
Gravadora: Warner
Faixas: 1. Cretin Hop; 2. Rockaway Beach; 3. Here Today, Gone Tomorrow; 4. Locket Love; 5. I Don't Care; 6. Sheena Is a Punk Rocker; 7. We're a Happy Family; 8. Teenage Lobotomy; 9. Do You Wanna Dance; 10. I Wanna Be Well; 11. I Can't Give You Anything; 12. Ramona; 13. Surfin' Bird; 14. Why Is It Always This Way?

THE SMITHS, "STRANGEWAYS, HERE WE COME"

por Jardel Sebba

Eu só não lembro se foi no fim de 1989 ou no começo do ano seguinte. O resto é nítido: minha mãe trabalhava no centro do Rio e eu, de férias, ia junto para me enfurnar pelos becos da Cinelândia. Algumas paradas eram obrigatórias, duas em particular. As bancas dos partidos políticos, na porta da Câmara dos Vereadores, onde discutia-se acaloradamente sobre a esquerda no Brasil e o novo Marxismo (existiam essas duas coisas na época). E a rua adjacente ao Teatro Municipal, onde colecionadores (e alguns recém-adeptos ao CD) se encontravam para trocar e vender discos de vinil. Ali foi a minha primeira prévia do Soulseek, onde conheci e ouvi milhões de coisas que não estavam à venda nas Lojas Americanas, e onde, numa dessas levas, trouxe para casa o disco mais importante da minha vida.

Naquele momento, eu tinha quinze anos e a triste convicção de que a música pop era burra. Gostosa de ouvir, dançante, excitante, intrigante, pegajosa, porém burra. Da voz rouca do Paul Young na Rádio Mundial AM aos primeiros números da Bizz, passando pela temporada histórica do RPM no Canecão e pelo meu primeiro disco, o sensacional "Colours by Numbers", do Culture Club, o gosto pela canção pop já havia se instalado de forma irreversível em mim ao longo dos anos 80. Eu gostava daquilo, meu pé não negava, meu coração menos ainda. E não fazia diferença se fosse o Ritchie de óculos escuros no Chacrinha ou o absurdo show do Motorhead no Brasil que passou na Manchete. "A Vida tem Dessas Coisas" e "Ace of Spades" nunca estiveram tão próximas.

Acontece que estávamos entrando nos anos 90, e os tempos eram outros. A América Latina tinha presidentes liberais, o Leste Europeu era um território livre, o mundo começava um ciclo sem Guerra Fria e o Brasil entrava na era Collor. Mais importante, eu estava naquele preciso momento deixando de ser um moleque descompromissado para me tornar um moleque chato, pedante, metido em discussões sobre a estética da crueldade enquanto bandeira ideológica em Saló, de Pasolini, ou sobre o impacto dos ensaios de Camus sobre a condição humana. Nesse contexto, a minha adorada música pop continuava grudenta como gel New Wave, mas parecia burra, muito burra.

Foi nesse contexto que, umas duas semanas depois de ter sido comprado nas bancas do centro, "Strangeways, Here We Come", dos Smiths, tocou pela primeira vez na minha vitrola e mudou a minha maneira de encarar a música. Ele tinha a resposta. Nunca, em nenhum outro momento da história da música pop, a canção obteve um tratamento tão luxuoso quanto no derradeiro álbum dos Smiths. Ali, a música pop deixava a seção de enlatados e passava a integrar a de biscoitos finos.

Num primeiro momento, "Strangeways..." parecia uma mulher linda mas sem assunto; você se apaixona por ela, mas não entende muito bem o motivo. Algo que não estava claro então, mas que já se instalava no inconsciente, era que aquele disco fazia algo sublime a quem gosta de música: elevava a música pop à categoria de obra de arte. Se deixar apaixonar pela obra-prima dos Smiths é entender um disco de música pop de outra maneira, é perceber o artigo de luxo que aquela embalagem pode conter. Nunca o mundo foi tão simples e tão intenso, nunca poderia imaginar que meia dúzia de canções poderiam ser tão ricas, tão vivas, tão belas. Tão admiráveis e, principalmente, tão coesas entre si. A partir de então, passei a entender que havia uma diferença entre os discos: havia aqueles, como o "Strangeways...", que precisam ser admirados como uma obra de arte, com a continuidade e coesão que se enxerga um quadro ou uma peça de teatro, e outros cujas canções podem figurar na próxima coletânea caça-níqueis da gravadora ao lado de meia dúzia de hits e lados Bs sem constrangimento algum ao consumidor. Algum estraga prazer há de mencionar a expressão "disco conceitual" para lembrar que discos para serem entendidos de forma contínua não eram novidade em 1987. Bullshit. Nenhum disco pode ser mais conceitual e coeso do que um que abre com "Oh, I Think I'm in Love" e fecha com "I Won't Share You".

É isso: o primeiro passo para me apaixonar por "Strangeways..." foi entender, depois de algumas audições, que aquele era um disco que falava essencialmente de amor. O amor da juventude perdida, o amor pelo que se começa e não se termina, o amor pelo ceticismo, o amor pela namorada em coma, o amor que é apenas um pouco menor do que costumava ser, o amor de sonho na noite anterior, o amor pelo ódio de quem não merece amor, o amor pelo que foi sua vida, embora você pudesse ter dito não, o amor de alguém que está perto, o amor que não compartilha seu objeto de amor. Dez faixas, dez tipos de amor. Se um disco podia ser tão simples e complexo, e ao mesmo tempo falar de amor de forma tão cortante e direta, talvez eu não precisasse de nenhum daqueles livros e cineastas e ensaístas, mas tão-somente de um quarteto de Manchester.

Há algo de mágico no testamento dos Smiths. Da capa, com Richard Davalos, à primeira faixa sem guitarras, a sublime "A Rush and a Push and The Land is Ours" (aliás, quantas vezes você começou a ouvir um disco e levou uma pedrada como "Olá, eu sou o fantasma de Joe, o encrenqueiro, enforcado em seu lindo pescocinho 18 meses atrás. Disseram 'há muita cafeína no seu sangue, e uma ausência de sabor na sua vida', eu disse 'me deixem sozinho porque eu estou bem, apenas surpreso de ainda estar sozinho'"?). Da linearidade das faixas nos dois lados do vinil (cinco de cada lado, uma canção "difícil" abrindo, uma canção épica no meio) à primeira participação de

Morrissey como instrumentista num disco da banda, no dedilhado de piano da soberba "Death of a Disco Dancer" (aliás, quão profética ela seria sobre o futuro de Manchester e seu clube mais famoso, o Haçienda?). Da descuidada mixagem que deixou a frase de Morrissey no fim de "I Started Something I Could'nt Finish" perguntando ao produtor se aquele era o take final ("Ok Steven, shall we do it again?") ao inusitado solo no meio da inacreditável "Paint a Vulgar Picture", que nada mais era do que um recurso para cobrir o buraco que surgiu com a exclusão de parte da letra em cima da hora (aliás, quantas confissões são tão sinceras e ácidas sobre a vida no showbusiness?). Da introdução doentia de "Last Night I Dreamt That Somebody Loved Me" à declaração de amor de "I Won't Share You" (na época, dizia-se que a gota d'água para a separação da banda teria sido o fato de Johnny Marr abandonar as gravações no meio para participar de discos do Bryan Ferry e dos Talking Heads. Seja lá que peso isso tenha tido, "I Won't Share You" faz todo sentido).

Aquilo que para mim era a introdução de uma banda que continuaria a mudar a minha vida, para a própria banda era o epílogo. "Strangeways..." começou a ser concebido em fevereiro de 1987, depois de uma mini-turnê européia. A banda chegou ao Wool Hall Studio, em Bath, num clima de euforia. Era um estúdio caseiro no meio do nada, e pela primeira vez ninguém precisava gravar correndo para voltar para casa. Bem servidos de álcool numa casa aconchegante, as jams varavam a madrugada. Pelo menos entre Marr, Rourke, Joyce e o produtor Stephen Street, já que Morrissey dormia cedo, por volta das onze da noite, e não socializava nem quando deveria — há a célebre história do take de "I Started Something..." que o produtor levou para o cantor ouvir na sala de tevê. Street voltou para o estúdio informando que Morrissey não teria gostado de algumas passagens da gravação. Johnny Marr respondeu com um singelo "fuck him".

Na receita dos meses em que a banda se trancou para produzir o disco, muita cerveja, vinho e dancinhas ridículas ao som de "Sign O' The Times", o então recém-lançado disco do Prince. Era o fim, mas nem parecia. Havia problemas, claro, as relações já haviam se desgastado, Johnny Marr, que havia entrado na banda aos 19 anos, sofria de estafa, e Ken Firedman era uma figura nefasta que rondava o estúdio e interrompia as jams para conversar em separado com a dupla de compositores da banda sobre dinheiro. Apesar de tudo, segundo o relato de quem esteve lá, os Smiths poucas vezes pareceram tão felizes e à vontade na vida.

Poderão surgir bandas melhores que os Smiths, letristas mais espetaculares que Morrissey, compositores mais geniais que Johnny Marr. Mas nunca mais haverá um disco como "Strangeways, Here We Come". Ele não é só um símbolo da música pop como produto de primeira necessidade. É, também, um antídoto contra a mediocridade. Sempre que ouço uma versão lamentável de alguma canção que eu gosto, ou quando inventam um hype sobre uma banda ruim, ou quando alguma farsa se apresenta como artista, ou quando vejo surradas jogadas de marketing que "chocam" a opinião pública, eu o coloco no toca-discos. Se um disco como aquele existe, não há razão para perder a fé na música pop.

Título: "Strangeways, Here We Come"
Artista: The Smiths
Lançado em: 1987
Gravadora: Sire
Faixas: 1. A Rush and a Push and the Land Is Ours; 2. I Started Something I Couldn't Finish; 3. Death of a Disco Dancer; 4. Girlfriend in a Coma; 5. Stop Me If You Think You've Heard This One; 6. Last Night I Dreamt That Somebody Loved Me; 7. Unhappy Birthday; 8. Paint a Vulgar Picture; 9. Death at One's Elbow; 10. I Won't Share You

THE POLICE, "REGGATTA DE BLANC"

por Dinho Ouro Preto

Alguns eventos são tão marcantes que você lembra exatamente onde e com quem estava no momento em que aconteceram. Podem ser de qualquer natureza. Política, por exemplo. Quando caiu o muro de Berlim, ou quando foi votada a emenda para as Diretas Já. No primeiro, eu estava dentro do estúdio gravando nosso quarto álbum; e nas Diretas, estávamos dentro do Congresso.

Bom, nessas circunstâncias realmente é fácil se lembrar. Tem gente que diz que o assassinato do Kennedy também foi assim, todos se lembravam do dia com nitidez. Suponho que, para nossa geração, o ataque de Bin Laden às Torres Gêmeas seja equivalente.

O incrível é que isso vale também para coisas prosaicas como gostos e cheiros. Eu lembro do cheiro de naftalina da casa dos meus avós. Toda vez que sinto esse cheiro me vem um milhão de memórias da minha infância. O disco que salvou minha vida entra nessa categoria. Eu lembro de tudo. Onde e com quem estava e, lembro até, de certo cheiro de clorofórmio no ar.

O local era a casa do Fê, o baterista do Capital. Era a primeira festinha punk a qual ia. Na época eu ainda ouvia o que se chamava de metal naquela época. Basicamente, Led Zeppelin, Deep Purple, AC/DC, etc.

Embora já conhecesse a Turma da Colina há alguns meses, foi uma conversão difícil. Eu não conseguia admitir a possibilidade de que Steve Jones pudesse estar na mesma categoria do Jimmy Page. "Heresia!", eu dizia. Até que um dia fui nessa tal festinha com cheiro de clorofórmio.

Era no jardim atrás da casa, tava tudo meio escuro, meio "festa estranha com gente esquisita". Em resumo, eram os punks de Brasília.

De repente, ouço um arpejo que parecia algo de outro planeta. Era como se os céus tivessem aberto e Deus em pessoa descesse e me dissesse: "Chega de ouvir esses velhos, meu rapaz. Essa é a nova ordem".

A música em questão era "Message in a Bottle", do Police. A partir daquele momento, minha vida mudou. De verdade. Ela acabou tomando um rumo completamente inesperado.

Primeiro porque comecei a andar com essa turma, e como bom novo cristão, passei a ser o maior pregador da ortodoxia da nova onda. É claro, haviam regras muitos claras do que se podia fazer, ouvir ou até vestir. De andar com eles acabei levando ao pé da letra a história do "Faça Você Mesmo" e acabei entrando numa banda. Aliás, banda na qual toco até hoje.

No final das contas acabei não sendo tão fã assim do Police, acho os três primeiros discos muito bons. O fato é que só uma música deles, sei lá por que motivo, me inspirou a procurar novidades que por sua vez acabaram transformando minha vida.

Quando eu penso no assunto fico perplexo. E se eu tivesse chegado um pouco antes, ou pouco depois, e em vez de Police tivesse escutado o Clash ou os Pistols? E se o efeito não fosse o mesmo? Será que hoje eu estaria trabalhando em algum banco? Essa passou raspando.

Por isso, com as devidas reservas, valeu Sting, Stewart Copeland e Andy Summers.

Título: "Regatta de Blanc"
Artista: The Police
Lançado em: 1979
Gravadora: Interscope
Faixas: 1. Message in a Bottle; 2. Reggatta de Blanc; 3. It's Alright for You; 4. Bring on the Night; 5. Deathwish; 6. Walking on the Moon; 7. On Any Other Day; 8. The Bed's Too Big Without You; 9. Contact; 10. Does Everyone Stare; 11. No Time This Time

TIM MAIA, "TIM MAIA"

por Michael Sullivan

Existem alguns discos que para mim são especiais. Aos nove anos escutava Anísio Silva no LP "Do Fundo da Alma para o Fundo da Alma". Os discos "Chega de Saudade", de João Gilberto, "Help!", dos Beatles, "Jovem Guarda" com Roberto Carlos, "Pêndulo" com Creedence Clearwater Revival e "The Dark Side of the Moon" com Pink Floyd foram discos que me marcaram muito.

Mas o disco que eu levaria para uma ilha deserta é o primeiro disco lançado pelo Tim Maia, em 1970, porque além de antológico, ele faz parte diretamente da minha vida e da minha carreira musical. Na época, estava chegando no Rio de Janeiro em 1968, e montamos um grupo chamado "Os Nucleares", que depois se tornaria "Os Selvagens". Foi nessa época que eu conheci o Tim e ele me ensinou a tocar violão e guitarra.

Na mesma época, ele estava preparando repertório para fazer uma fita demo para apresentar em alguma gravadora e produziu um LP do Eduardo Araújo que pra mim é também antológico, onde ele já colocava nesse LP algumas idéias que ele futuramente colocaria no seu primeiro disco. Nesse disco do Eduardo, ele colocou o seu primeiro clássico como compositor, a canção "Você", depois regravada por ele mesmo e pelos Paralamas do Sucesso. Na época Tim pedia para que nós tocássemos nos bailes algumas canções que ele estava preparando juntamente com "Você". Ex: "Primavera", "Azul da Cor do Mar", "Jurema" entre outras. Eu cantava para ver a reação do público. Foi muito bom e histórico para mim, e inesquecível, claro!

Por isso esse disco tem um significado especial, pois foi aí que eu aprendi a conhecer a alma e o coração da música negra brasileira e americana, através da Black Music, nas vozes dos ícones brasileiros como Cassiano, do Tim, e da Motown, Stevie Wonder e Marwin Gaye entre outros.

Esse disco é com certeza um divisor de águas da minha vida como cantor, músico, compositor e produtor musical.

Título: "Tim Maia"
Artista: Tim Maia
Lançado em: 1970
Gravadora: Universal
Faixas: 1. Coroné Antonio Bento; 2. Cristina; 3. Jurema; 4. Padre Cícero; 5. Flamengo; 6. Você Fingiu; 7. Eu Amo Você; 8. Primavera (Vai Chuva); 9. Risos; 10. Azul da Cor do Mar; 11. Cristina nº 2; 12. Tributo a Booker Pittman

AFGHAN WHIGS, "GENTLEMEN"

por Rodrigo Salem

Sabe o melhor de uma ilha deserta? Você não tem como quebrar o coração cercado por água por todos os lados. E nós sabemos que bolas de vôlei que falam só existem no cinema, então pode tirar o cavalo da chuva, pervertido. Nascido abandonado, esquecido e solitário... talvez só assim alguém pudesse ouvir "Gentlemen", clássico álbum do Afghan Whigs sem derramar uma lágrima. Seria preciso (sobre)viver fora da realidade e da sociedade. Seria preciso não ter tido contato com outro ser humano. Sobretudo, seria preciso não ter passado os olhos numa garota para o disco tocar friamente naquele CD player movido à bateria solar que uma caixa à deriva trouxe milagrosamente numa bela manhã de sábado na praia — como se houvesse outro programa para se fazer numa ilha deserta. Do contrário, você corre risco real de sofrer uma dor indescritível cada vez que uma faixa termina e passa para a seguinte.

Não tive a sorte de nascer numa ilha. Ainda lembro como se fosse hoje o primeiro contato com o nome Afghan Whigs. Estudava — ou pelo menos fazia algo parecido quando se entra numa universidade de jornalismo — em João Pessoa, quando pedi sugestões de grupos "alternativos" para um amigo, pois iria partir para alguns meses de vadiagem em Nova York e precisava compensar todos esses anos morando no Nordeste. Sei que é difícil de acreditar, mas existia uma época sem Internet. Tirando uma pequena e cara loja de discos na capital da Paraíba, se manter atualizado ou gostar de rock era tarefa ingrata. Isso foi há dez anos. Dezembro de 1993. Caramba, só notamos que estamos ficando velhos quando os nossos discos preferidos começam a ser temas de listas ou entrar na lista de "melhores do século".

Dois meses depois coloco as mãos em "Gentlemen". Capa genial, com um pirralho sentado na cama e uma menininha deitada, como se os dois tivessem passado por maus bocados entre lençóis. Na época, apenas achei legal. Foi preciso muita rodagem para entender a mensagem de imaturidade e decepção que a bagagem amorosa traz. No mundo de hoje, a foto provavelmente seria censurada pelo fascismo de Bush ou ganharia um pôster no quarto escondido de Michael Jackson. Dez anos; 120 meses; 480 semanas. Rei do pop vira rei dos freaks. Osama Bin Laden vira inimigo americano. Os livros de história do futuro vão ser divertidos.

Já na capital cultural dos Estados Unidos, me recordo de ter pensado na primeira audição: "Som estranho, será que um dia vou colocar isso no carro e cantar junto todas as músicas?". Repletas de guitarras com distorção wah-wah, as canções tentavam falar algo para um garoto imaturo, principalmente através da voz mais charmosa do rock moderno. Gravei uma fita e passei dias andando com ela no walkman. Soho, World Trade Center, Central Park ou Village. Lá estava Greg Dulli cantando e avisando: "Você pensa que tenho medo de garotas? Bem, pode até ser, mas não tenho medo de você" (na raivosa "What a Jail is Like"). Uau, num período em que a música estava politicamente correta ou apenas insensível demais, um sujeito vem cantar isso? Mas isso era o Afghan Whigs, uma banda que pressionava o sexo novamente para dentro do rock, mas nunca sem tratar o tema como sendo troféu de popstars que traçam todas. Pelo contrário, na mente de Dulli sexo é essencial, contudo pode servir de prisão ou trazer outras conseqüências para duas pessoas diferentes.

Antes dos vinte anos tudo não passa de letras que enfeitam os instrumentos. Coisas como "O que eu deveria falar para ela?/ Ela vai perguntar/Se eu ignorar, vai ser desconfortável/Ela vai falar do passado", que abrem o disco em "If I Were Going", só fazem sentido após uma certa experiência com o sexo oposto. Mas o instrumental era atraente da mesma maneira. Levado pela vontade de gostar do grupo, comprei o ingresso para vê-los numa casa de shows em NY chamada The Academy. Lá encontrei quatro músicos que falavam coisas que tocavam o coração e que, ao mesmo tempo, levavam latas de cerveja na cabeça e chamavam a platéia pra porrada. A apresentação não tinha fogos de artifício, nem era podreira como exigia a década do grunge — vamos lembrar que estamos falando de dois meses antes de Kurt Cobain cometer suicídio ou, para os paranóicos, ser assassinado por um gordão tatuado, contratado pela viúva negra, Cortney Love. Era algo novo. A banda se vestia bem, mas arrancava uma raiva tão grande dos instrumentos que deixava todo mundo hipnotizado. Estaria eu na frente da maior banda do planeta, como tratou de divulgar alguns dias depois a Rolling Stone? Para cada um de nós, a resposta era "sim". As luzes do Time Square pareciam menos brilhantes quando colocamos os pés para fora do Academy. Foi a última vez que vi o Afghan Whigs ao vivo.

O passar do tempo, os namoros e as farras em João Pessoa trataram de colocar um selo de qualidade e honestidade ao álbum. Foram danças regadas a vinho da pior espécie; discussões no único bar que tocava rock na cidade, comandado por um velho fã de Jimi Hendrix; amizades forjadas; e namoros que surgiam e desapareciam como turistas na alta estação. A visão das letras se tornou quase um mantra. Greg Dulli era um cara inteligente demais para sua época. Fabricou uma obra-prima, mas o mundo deixou passar. Nós crescemos. A faculdade acabou. O mundo real nos engoliu e a maior ligação que eu tinha com os anos de farra era um disco que não conseguia nem segurar sem sentir um nó na garganta. Hoje, após mais dois discaços (Black Love e 1965), o Afghan Whigs não passa de uma memória, só voltando à tona com o projeto Twilight Singers, comandado por

Dulli. Engraçado pensar que uma pequena cidade do Nordeste teve muita cachaça regada a um grupo que nem mesmo os americanos chegaram a conhecer direito. Várias pessoas diferentes — até algumas que odiavam rock — foram tocadas de forma diferente pelo disco. Usando as próprias palavras do vocalista em "My Curse", vejo o disco da seguinte forma: "Eu não tenho medo de você. E escravidão é a única palavra que uso para explicar algo especial que sinto por você". Descanse em paz.

Título: "Gentlemen"
Artista: Afghan Whigs
Lançado em: 1993
Gravadora: Sub Pop
Faixas: 1. If I Were Going; 2. Gentlemen; 3. Be Sweet; 4. Debonair; 5. When We Two Parted; 6. Fountain and Fairfax; 7. What Jail Is Like; 8. My Curse; 9. Now You Know; 10. I Keep Coming Back; 11. Brother Woodrow/Closing Prayer

NEW ORDER, "SUBSTANCE"

por Alexandre Matias

Sempre que me falam nessa maldita ilha deserta, penso no "Paul's Boutique" dos Beastie Boys. Certamente é o inconsciente querendo se agarrar ao caráter enciclopédico do disco, um disco cheio de filmes, livros e outros discos, uma cápsula do tempo ainda mais eficaz que discos como "Sgt. Pepper's" ou "London Calling". Mas o momento mais tranqüilo do disco é "Hi-Planes Drifter", que pode ser tensa demais pra minha vontade de sossegar. E "Paul's Boutique", mesmo tendo ouvido o disco na época, foi bater direito depois de velho, por isso não traz o vínculo mais nostálgico, essencial para esses dias solitários.

Indo pra este lado, inevitável citar discos básicos na formação de qualquer um da minha geração — do Iron Maiden ao Legião Urbana, Doors e Titãs, Plebe Rude e Clash, Beatles e Mutantes, Led Zeppelin e Velvet Underground, Pink Floyd e Smiths. Discos inteiros tatuados em cérebros de hordas de moleques dos anos 80, que hoje se arrastam ouvindo vozes do passado em pistas de dança que antecipam em vinte anos os bailes da saudade do futuro. Mas são discos de bandas que têm mais de um disco representativo, que a audição de determinado álbum pode remeter imediatamente a outro disco, que não pude escolher trazer. Provavelmente me lamentaria, buscando em acordes e timbres vocais as poucas referências tácteis (ao mesmo pro tímpano) com parte do meu passado, soterrada entre as lembranças do outro disco do artista que eu escolhi. Artistas que nem têm coletâneas decentes, qualquer um deles. Mas destes vêm à cabeça músicas sem a menor preocupação de memória — letras gigantescas inteiras, mudanças de andamento e solos de instrumentos decorados nota a nota. Todos prontos para serem lembrados, bastava desligar a vitrola com o outro disco escolhido.

E há, claro, a preocupação com o ritmo. Talvez dançar fosse a terapia mais fácil de ser posta em prática em uma ilha deserta — e certamente, a que menos requereria concentração. Algo para acompanhar o ritmo com os pés, balançar a cabeça de um lado para o outro enquanto toma sol na praia, varar o azul profundo do céu de noite e furar a muralha de silêncio contínuo das ondas do mar. E é pedir para se perder: pelo ritmo, vai-se dos Jorge Ben ("África Brasil"? "A Tábua"? O do Flamengo?), Tim Maia (76? 71?) e todo o black brasileiro a discos de samba, reggae, dub e hip hop, passando por discos de MPB instrumental (um Deodato certo salvaria uma ilha deserta, mas... qual?), toda a discografia agregada de James Brown e George Clinton, o universo de Dr. Dre (Eminem incluso), tudo que se originou com a lógica do dub, todos os filhotes da disco music, o multiversos de ritmo do Caribe inteiro, toda a África, o groove da psicodelia e do rock de garagem, a new wave feita pra dançar e as duas primeiras gerações do ska. Vodus paquistaneses, danças da chuva de povos do Leste Europeu, festas judaicas, tecneira brava, dervixes rodopiantes, eletrônicos alemães, cantores de garganta dos desertos asiáticos, IDM torto, jazzistas da Escandinávia, meditações tibetanas, punk rock chinês, J-pop — universos inteiros de ritmo impossíveis de ser catalogados em uma discoteca decente, que dizer na escolha de um único disco. Fora os de ritmo abstrato, que chamam a contemplação: Miles, Ayler, Coleman... Não dá pra escolher um só disco desta natureza, se o ritmo for o único critério.

E há de se levar também em conta a duração do disco escolhido. Porque se um compacto simples pode levar uma pessoa à loucura (que é sempre uma saída possível, como veremos adiante), um disco cheio de ambientações pode salvá-la. Discos duplos ou triplos (como o avô de "Paul's Boutique", o "Sandinista"), proporcionariam horas a mais de diversão e fuga que, digamos, os discos gravados no começo dos anos 60, quase todos com pouco mais de meia hora. Concisão, neste caso, pode ser um defeito grave.

Mas discos duplos ou triplos sempre pecam pelo excesso de gordura. Raros compensam toda a audição — até o "Álbum Branco" (ops, Beatles já tá fora) tem "Revolution 9", que pode ser uma viagem ou um tremendo pé no saco, dependendo do seu humor. Assim, enfileiramos fora quase todos os discos lançados no final dos anos 90 que, aproveitando-se da duração do CD, tornaram-se vinis duplos — como os do Radiohead, os do Chemical Brothers, discos de drum'n'bass ou os do Racionais MCs. Reunidos ao lado de outros duplos clássicos (o "Tommy" e o "Quadrophenia" do Who, o "Great Rock'n'Roll Swindle" dos Pistols, a "Ópera do Malandro" do Chico Buarque, "Porgy & Bess" com Louis Armstrong e Ella Fitzgerald, coisas do Tom Jobim, o Tim Maia Racional, o "Blonde on Blonde" do Dylan, inúmeros discos ao vivo e inúmeros discos ao vivo do Zappa), estes sempre têm músicas que pedem para ser puladas, o que pode torrar a paciência — descobrir que todas aqueles sulcos de vinil não ouvidos poderiam trazer outras canções gravadas em seus corpos...

Era preciso um disco de vinil duplo que a nostalgia tornou-o todo bom. Nem precisa ser um disco realmente bom, mas algo que se tenha ouvido com tanta freqüência em uma determinada época da sua vida, que se torna, de certa forma, parte, mais do que da sua formação musical, mas da própria formação da sensação de ser você mesmo. Música é fundamental neste desenvolvimento, até mesmo para os poucos maus sujeitos que não gostam de música.

Eu sei qual disco levaria para uma ilha deserta: a coletânea "Substance 1987", do New Order. Ela sintetiza um período que, para mim, é o ápice da música pop — o surto coletivo que desconstruiu o rock via punk e a música para dançar via discoteca, que foi enquadrado pela indústria fonográfica apenas para, em sua decadência, dar origem ao mercado paralelo que movimenta DJs, bandas, jornalistas e produtores — a chamada "cena independente". Entre os anos de 75 e 85, a música pop viveu seu período mais turbulento, o equivalente à histeria dos primeiros anos da década de 60 e a psicodelia de seus últimos dias — ao mesmo tempo. E ainda teve o Prince, a Madonna e o "Thriller" de Michael Jackson, não custa lembrar.

"Substance" reúne os singles de uma banda que, de formação bretã, não colocava singles em seus discos (como a segunda metade dos Beatles, os Smiths e o Led Zeppelin — que sequer lançava singles!). Ao mesmo tempo, fotografava a evolução de uma banda pós-punk (meu gênero favorito, repetirei isso mais adiante) rumo ao universo da dance music — trombando, pelo meio do caminho, com o incipiente hip hop, a cultura techno, inventando o universo rave, o segundo verão do amor e fazendo músicas perfeitas. Eu já falei desse disco mais de uma vez, em tom professoral:

> "O New Order surgiu bem antes de ter a idéia deste nome, na primeira cidade da história moderna, a decadente Manchester. Cinzenta, a metrópole era o símbolo da decadência do capitalismo. Se um dia fora a primeira cidade industrial do planeta, transformando-se primeiro num pólo fabril têxtil (entre 1760 e 1870) e depois em um centro de produção automobilística, química e de maquinário pesado (entre 1870 e a primeira guerra mundial). Foi lá que o filósofo Friedrich Engels escreveu A Condição da Classe Operária na Inglaterra em 1844, um dos textos básicos do marxismo.
>
> Mas as duas guerras, a depressão e os bombardeios destruíram os dias de glória e Manchester tornou-se uma espécie de parque de diversões morto. Os grandes galpões de fábrica se misturavam ao horizonte e suas casas vitorianas com tijolos à vista. Uma cidade-museu sobre a revolução industrial abandonada, Manchester perdeu metade de sua população e foi um dos primeiros grandes centros ingleses a ceder à pobreza e miséria, com subúrbios que cresciam cada vez mais.
>
> Até que os Sex Pistols, o Clash e os Heartbreakers (de Johnny Thunders) passaram pela cidade em dezembro de 1976. Foi o suficien-

te para os jovens desempregados arrumarem algo que fazer além de jogar bola e encher a cara. Montar uma banda tornou-se moda entre a juventude prontamente contagiada pelo punk e Anthony H. Wilson, apresentador de um programa de música pop na TV local, percebeu uma geração a seu redor. Era uma chance única e Wilson a agarrou: investiu metade de todo dinheiro que tinha na Factory, uma gravadora independente. E entre os grupos que logo sondou, o Joy Division foi quem primeiro despontou.

Peter Hook, Bernard Albrecht e Stephen Morris decidiram montar a banda durante o show dos Pistols. Nenhum dos três sabia tocar nenhum instrumento direito, o que os liberou para criar. E depois de escolher quem tocava o quê em um sorteio, cada um tratou seu novo instrumento da maneira mais ímpar, revelando suas verdadeiras intenções. Bernard foi para a guitarra fazer ruídos e bases percussivas. Stephen desenvolveu uma técnica própria que consistia em repetir seguidamente uma determinada seqüência de batidas em alguns tambores de sua bateria, criando um loop acústico que transforma alguns clássicos do Joy em celebrações tribais. E Peter, guitarrista frustrado, passou a tocar seu baixo de forma melódica, como se este fosse uma guitarra. Usando palheta e assobiando melodias inusitadas para seu instrumento, Hook tornou-se símbolo de qualquer trabalho que aquele trio viesse a fazer junto.

Até que conheceram Ian Curtis, que de tempero, passou à substância do Warsaw, o primeiro nome que o grupo teve. As letras de Curtis eram esparsas e clássicas, com referências à poesia moderna inglesa e francesa e descreviam cenas horríveis, sentimentos pesados, questionamentos perturbadores. Seu vocal, soturno e macio ao mesmo tempo, dava às canções uma paz de espírito frente ao terror ou o desespero diante do nada. Este sentimento dava uma respeitabilidade à anarquia total dos grupos punk de Londres. Compartilhando sensações e idéias com toda sua geração, Curtis traçava uma árvore genealógica que começava na poesia francesa, passava pelo modernismo europeu, pela decadência de Berlim, por campos de concentração da Segunda Guerra Mundial (de onde tiraram seu nome — "a divisão da alegria" eram as alas das prostitutas nestes campos), a Nova York do Velvet Underground, chegando finalmente a Manchester. Era mais do que suficiente para que a cidade passasse a se gabar de ter o melhor grupo da Inglaterra, numa típica provocação dos britânicos do norte.

Ao vivo, eram incendiários. Sua performance devia tanto ao Velvet quanto aos Doors, com o grupo entrando em jam sessions de barulho interminável, acompanhados da dança peculiar e agressiva de Ian, que largava o microfone para debater-se para delírio do público. Algumas apresentações depois, os outros integrantes da banda descobriram que Curtis era epilético e que sua dança era, na verdade, fruto de convulsões cerebrais.

Este não era o único problema com o vocalista. Além de antissocial, Curtis só saía de casa para cair na noite onde, inevitavelmente, entrava em depressão. A mesma depressão que o levava a escrever, o atacou naquela madrugada de domingo, quando colocou The Idiot, de Iggy Pop, na vitrola e escreveu uma carta com as mesmas letras maiúsculas que escrevia as letras do grupo. Logo depois, se matou.

Na semana seguinte, o maior sucesso do grupo — "Love Will Tear Us Apart" — era lançado como aperitivo do recém-gravado Closer. Na mesma semana, Hook, Albrecht e Morris decidiram acabar com o grupo — não sabiam mais o que fazer. Em poucos dias, voltavam a ensaiar juntos e, como um trio, exorcizaram o fantasma de Ian em improvisos à procura de uma nova identidade.

O empresário Rob Gretton, o mesmo dos tempos do Joy Division, sugeriu a entrada da tecladista Gillian Gilbert à banda. Com um quarto integrante, o novo grupo cobria a sombra de Curtis e estava disposto para voltar à ativa. Com Bernard assumindo os vocais e as letras, eles gravaram com o mesmo produtor do Joy, Martin Hannett, as duas últimas músicas do antigo vocalista — "Ceremony" e "In a Lonely Place".

As duas faixas não davam idéia do que poderia acontecer logo depois e novamente a banda prestava tributo ao falecido grupo. Batizada de New Order, a nova banda substituía o romantismo "mal do século" pela introspeção adolescente — um nerd no lugar de Lord Byron. Nesta fase, o grupo lançou o disco "Movement" que marcaria outra característica (bem inglesa) da banda: os discos não traziam as faixas que eram lançadas como singles.

Mas algo estava mudando. A cena technopop que invadiu a Inglaterra no começo dos anos 80 provocou um súbito interesse pela eletrônica e pela dance music. Entre os interessados, os quatro New Order compravam discos de rap, disco music, rock alemão e música eletrônica, interagindo aos poucos com o som. Logo dispensariam a produção de Hannett e se dedicariam eles mesmos a produzir seus próprios discos.

E saía o single de "Everything's Gone Green", em dezembro de 1981, que apresentava ao mundo o novo New Order. Com seqüenciadores e bateria eletrônica, o grupo levava o sentimento vazio e tímido do primeiro disco para a pista de dança, mas sem perder os vínculos com o rock. Além das guitarras e baixos onipresentes, as canções do grupo tinham começo, meio e fim e estruturavam-se na forma mais tradicional da canção ocidental.

A faixa começa com chimbaus e bumbo eletrônico perseguidos pelo baixo fantasmagórico de Peter Hook, que é jogado para escanteio com a chegada do seqüenciador de Gillian, que abre espaço mais à frente para o violão elétrico de Bernard (que agora assina Sumner). Dance music, rock, dance music, rock — a seqüência é quebrada com a entrada dos vocais, que impõe a fusão de todos os elementos da longa introdução. Ecos, gritos ao fundo, repetição de certos trechos, o ritmo como nível básico da canção: o New Order trabalha como os velhos jamaicanos que inventaram o dub. Só que em vez do reggae, a base é a canção rock, o pop rumando à perfeição. E em vez da malemolência do ritmo caribenho, o que manda aqui é o pulso marcial da discoteca, martelando firme ao fundo, como se a vida dependesse daquilo. A canção era apenas uma desculpa: o que o grupo queria era prolongar improvisos elétrico-eletrônicos feitos pra dançar. Nascia o New Order como conhecemos.

"Por favor, alguém me ajude/ Quero saber onde estou/ Vi meu futuro diante de mim/ Te machucarei quando puder/ Sinto como se já estivesse estado aqui antes" — a confusão mental verbalizada por Sumner é vista com desdém pelos fãs de Ian Curtis, mas o ponto não é exatamente esse. Letras têm pouca ênfase no espaço do New Order e *funcionam como acessórios — tão valiosas quanto riffs, seqüências de acordes, loops, beats. E mais tarde começamos a entender o que ele quer dizer com essa indecisão de idéias.*

"Um céu, uma passagem, uma esperança/ Como um sentimento que preciso, é sério", canta Barney em "Temptation" (single lançado em abril do ano seguinte) sobre a necessidade de acreditar em algo. "Alto, baixo, vire-se/ Não deixe-me cair no chão/ Hoje à noite eu volto só/ Encontro minha alma no caminho de casa", canta o refrão. De que outra coisa ele pode estar falando senão do vão exercício que é a dança? Deixar-se levar pelo ritmo, entregar-se à pista de dança como se nada mais importasse, sem se importar com quem está ali ("Você tem olhos verdes/ Você tem olhos azuis/ Você tem olhos cinza").

"Temptation" coloca o baixo pós-punk em primeiro plano, ao lado da cadência quadrada dos beats programados por Stephen Morris e Gillian Gilbert, que aproximam-se instrumentalmente enquanto tornam-se um casal na vida real. A guitarra aos poucos vai descobrindo a possibilidade de transformar ruídos em ritmo, traçando paralelos entre os guitarristas de funk dos anos 60 e 70 e os guitarristas pós-punk ingleses. O vocal de Barney está mais solto, como percebemos pela doce melodia que ele murmura ao começo da canção, e canta sobre a necessidade de explorar os limites, de ir além, de ceder à tentação como autodescoberta: "Para onde me viro, sei que vou tentar/ Para romper este círculo ao meu redor/ De vez em quando acho que perdi uma necessidade/ Que era urgente para mim, eu acredito". E encerra a canção nos falando da alienação e apatia de sua geração ("Raios lá de cima machucam as pessoas aqui em baixo/ Povos do mundo, não temos para onde ir"), antes de listar o amor como a única esperança ("E eu nunca encontrei alguém como você", diz antes de estalar um beijo ao microfone) — liberando a banda para dois minutos de casamento entre guitarra, teclados, baixo e bateria. As duas faixas se encontrariam no EP New Order 1981-1982.

Mas a revolução ainda ia acontecer — e aconteceu sob a autoridade sintética de beats mecânicos. "Blue Monday", lançado em março de 1983, explodia se tornando o single independente mais vendido da história. Construído em cima da seqüência de beats mais conhecida da *história (e um dos breques de bateria mais memoráveis de todos os tempos), "Blue Monday" tornava o New Order um dos nomes mais importantes da noite mundial. Logo, DJs e programadores de rádio caçavam os discos daquele grupo inglês para colocá-lo em seus setlists. Com sua letra propositadamente vazia e vocal monótono, o single mostrava para todo o planeta o potencial instrumental do grupo — elevando-o ao nível de um Kraftwerk pop. Mas eles iriam além.*

"Blue Monday" também se distinguia dos outros singles pelo visual. Com sua capa preta recortada, ele lembrava um disquete antigo, daqueles de 5 ¼ polegadas. O visual era assinado pelo mesmo Peter Saville que acompanhava o grupo desde os tempos do Joy Division. Designer oficial da Factory, a partir de "Blue Monday", Saville passou a se dedicar especialmente ao trabalho do New Order, sendo responsável pela assinatura visual do grupo. Dono de uma noção gráfica limpa e funcional, as capas de Saville criavam imagens enigmáticas com elementos simples e cores de tons semelhantes.

Enquanto isso a Factory crescia cada vez mais. Idealizada por Tony Wilson como uma espécie de bunker revolucionário, a gravadora tinha seus preceitos tirados da Internacional Situacionista, grupo de vanguarda artística influenciado pelo surrealismo e dadaísmo que atingiu seu ápice durante as manifestações estudantis de Paris em 1968. Dos textos da corrente artístico-política que Wilson tirou o conceito de diversão como protesto que atravessaria os anos 80 e chegaria à nossa década como base de toda a cultura rave. "As cidades devem ser esvaziadas para as pessoas dançarem na rua", pregava o dono da Factory que colocou em prática suas idéias ao idealizar o clube que abriria com o New Order, a Hacienda.

E Manchester abria suas portas para o novo. Logo várias bandas começavam a aparecer entre a classe operária, sendo os Smiths, a mais importante delas. É bom ressaltar este aspecto: mais do que fundir rock com música eletrônica, o New Order reacendia o interesse inglês pela canção perfeita e pela música produzida no norte do Reino Unido. Mas o estrago feito pelo grupo estava longe de ser medido.

Enquanto isso, o New Order atravessava o Atlântico para colher os frutos do estouro de "Blue Monday". Ciceroneados por Arthur Baker, co-piloto de Afrika Bambaataa no hit "Planet Rock", foram apresentados à noite nova-iorquina e a um sistema de produção estranho ao grupo. Depois de passar alguns dias no estúdio de Baker (os primeiros gastos apenas com as impressões entre o grupo e o produtor), compuseram "Confusion", que equilibrava os elementos de ambas as partes: de um lado, a visão electrofunk e o arranjo soul de rua criado por Baker, do outro, as ambiências, o senso melódico e a instrumentação do New Order. Gravaram a canção e, no mesmo dia, Arthur tocou ela em seu set à noite. "Foi a primeira vez que ouvíamos a música ser tocada na mesma noite que havia sido feita", lembra Peter Hook, "e ver a reação das pessoas frente a algo novo foi algo revelador".

"Você não pode acreditar/ Quando lhe mostrei o que você significava pra mim/ Você não pode acreditar/ Quando lhe mostrei algo que você não pode ver" — as letras ficavam mais vagas, mas ao mesmo tempo referiam-se à vida pessoal, fazendo que qualquer um tivesse sua versão do que Sumner estava cantando. Seqüenciando guitarras funk, backing vocals gritados e um ritmo menos minimal, mais detalhista, Baker entregava o New Order para as pistas de dança americanas de mão beijada em agosto de 1983. Antes disso, lançaram seu primeiro álbum depois da inserção eletrônica, o belo Power Corruption & Lies. No disco, algumas faixas entregavam a amplitude da influência do grupo: "Age of Consent" ("A Era do Consentimento", termo usado pela cultura gay para designar o fim do preconceito contra homossexuais) e "Ecstasy" (que tornaria-se apelido da mais popular droga de seu tempo, o MMDA).

Depois o grupo gravaria a climática "Thieves Like Us" (lançada em abril de 1984), repleta de teclados, a faixa também foi supervisionada por Arthur Baker, embora sua presença seja mais discreta. Aqui o grupo enveredava por sua primeira balada lançada num single — o que provou uma escolha acertada. A faixa foi tão bem sucedida nas paradas que entrou na trilha sonora do filme A Garota de Rosa Shocking, estrelado por Molly Rigwald. Nas letras, a tentativa de encontrar no amor a causa para a apatia de sua geração — "*Assisti seu rosto por tanto tempo/ É sempre o mesmo/ Estudei as rachaduras e rugas/ Você sempre está absorta/ Agora você vive à sombra/ Na chuva/ Chama-se amor/ E pertence a nós/ Morre tão rápido/ Cresce tão devagar/ E quando morre, morre de vez*". Mas o clima melancólico, crescido com um dos momentos mais belos do baixo de Hook, é interrompido pela esperança. "*Eu vivi minha vida no vale/ Eu vivi minha vida nas montanhas/ Eu vivi minha vida à base de álcool/ Eu vivi minha vida à base de pílulas/ (...) Chama-se amor e é a única coisa que vale a pena viver*".

Abril de 1985 coincidiu com o lançamento do novo disco e o novo single do grupo. "Low Life" ironizava o anonimato visual do grupo ao estampar a cara de cada um deles em um das capas do LP. Fotos distorcidas, esticadas, que mostravam pessoas simples, antipopstars, num comportamento que se tornaria padrão entre os grupos de dance music. Puxando Low Life vinha o single "The Perfect Kiss", que misturava a placidez de "Thieves Like Us" com a frieza dançante de "Blue Monday", puro feeling cirúrgico. A letra exaltava um paraíso escondido na noite, na dança como solução para o vazio da existência: "*Eu sempre pensei em ficar aqui ou sair/ (...) Fingindo não ver sua arma/ Eu disse: "Vamos sair e nos divertir"/ Eu sei, você sabe/ Acreditamos na terra do amor*". Ao mesmo tempo em que mostrava o paraíso, apontava o inferno, detectando a violência que crescia nas noites de Manchester: "*Quando você está só à noite/ Você procura as coisas/ Que acha correto/ Se você desistir de tudo/ Você joga fora a única chance de estar aqui hoje/ Então outra briga começa na sua briga/ Você perde outro coração partido na terra da carne/ Meu amigo deu seu último suspiro/ E agora sei que o beijo perfeito é o beijo da morte*", canta ao cravar quatro minutos de música, seguidos de outros quatro de puro delírio instrumental New Order. Outro clássico.

"Sub-Culture" (que saiu em novembro daquele ano) segue o nível ao adicionar vocais gospel com teclados technopop à receita infalível do grupo. O vocal monótono contrasta-se com a melodia dos backing vocals e o ritmo massivo, que adorna a história da música, que escolhe a monogamia à boemia: "*O que eu aprendo disso tudo? / Sempre tento,* sempre erro/ Dia desses eu volto pra sua casa/ E você nem perceberá que está só/ Dia desses quando estiver só/ Você perceberá que não pode ficar com outra pessoa". Mas lembra ao ouvinte que "essas minhas palavras malucas/ Podem estar tão erradas". Ao fim da música, o indefectível baixo melódico entra em ação.

1986 via o grupo crescendo cada vez mais. A espera pelo sucessor de Low Life foi apaziguada por "Shellshock", que ampliava ainda mais o espectro do grupo. Fundindo melodia, melancolia, ritmo e eletrônica, o single de março daquele ano era um manifesto pró-vida, mesmo que à força: "Não é suficiente até seu coração parar de bater/ Quanto mais fundo que você vá, mais doce é a dor/ Não desista do jogo até seu coração parar de bater". Setembro assistia ao lançamento do melhor álbum do grupo, "Brotherhood", uma incrível coleção de canções que funciona como um relógio se tocada na ordem original. O single do disco, "State of a Nation", reduzia a eletrônica para voltar o foco à guitarra e ao baixo.

Mas o sucesso de "Brotherhood" foi tamanho que logo a Factory se viu obrigada a tirar um single de dentro do disco. A escolhida foi "Bizarre Love Triangle", a música que está mais associada ao New Order. Não é pra menos, afinal todos os elementos do grupo estão ali: a melodia perfeita, um furacão de ritmo sintético, o instrumental do Joy Division diluído num dia de sol, o baixo inconfundível, o vocal sussurrado de Bernard Sumner, a indecisão entre o amor e a noite (o triângulo amoroso bizarro): "Eu me sinto bem, eu me sinto ótimo/ Me sinto como nunca deveria ter me sentido/ Quando fico assim, não sei o que dizer/ Por que não podemos ser nós mesmos como fomos ontem à noite?".

O grupo entrou em 1987 como uma das maiores bandas do mundo. No mesmo ano, a Hacienda assistia a ascensão de uma nova tendência: a fusão de dance music com rock. Mas isso não era exatamente o que o New Order havia fazendo? Sim, só que agora toda uma geração de adolescentes descobria os prazeres da dança ao mesmo tempo que debruçava-se sobre o rock psicodélico do fim dos anos 60. Consumindo ecstasy como se este pudesse sair de moda a qualquer minuto, a Hacienda tornou-se um dos maiores clubes noturnos do mundo e os jovens de Manchester não apenas construíam a cena de acid house como montariam bandas *que dominariam o pop inglês na década seguinte, como Stone Roses, Happy Mondays, The Verve, Charlatans, Inspiral Carpets e Oasis.*

Ao mesmo tempo DJs de todo mundo procuravam os singles do New Order para tocar em suas festas. Logo, eles se tornaram raridades no mercado, uma vez que a Factory não relançava seus singles. A solução foi uma coletânea que reuniria todo material que o grupo lançou em single: o resultado é Substance 1987, um dos melhores discos de todos os tempos. Com versões diferentes (refeitas em 87) para "Confusion" e "Temptation", o disco reúne todas as canções descritas até aqui, mais a inédita True Faith, menor comparando-a com as outras faixas.

A coleção não é apenas uma das melhores coletâneas de uma só banda de todos os tempos (comparando-se com os duplos 1962-1966 e 1967-1970 dos Beatles) como prova o valor histórico do New Order. Recapitulando, o grupo deu início ao resgate da melodia na Inglaterra, à cultura clubber, à popularização da música eletrônica, à volta da respeitabilidade à dança, à cultura clubber e à acid house. Grupos tão diferentes quanto Orb e Belle & Sebastian devem sua existência ao quarteto de Manchester, cuja amplitude do espectro só não é maior que o dos Beatles (e talvez do Velvet Underground e do Kraftwerk). O mundo nunca mais foi o mesmo".

(Ah, a falta de culpa da autocitação da geração ctrl+C, ctrl+V...)

O pós-punk cada vez se consagra como meu gênero favorito, por vislumbrar flertes com o experimentalismo e com o pop deslavado. É um estilo musical meio mutante, que põe sob o mesmo guarda-chuva os revivalistas psicodélicos do Echo & the Bunnymen, as incursões cubistas do Public Image Ltd., os discos mais legais do Clash, do Wire, do Gang of Four, do Pere Ubu e do Talking Heads, toda a cena no-wave, grupos pop de primeiríssima linha (Legião Urbana, Depeche Mode, U2, Smiths, Cure e R.E.M.) além de jornadas musicais que nos revelaram, em escala mais ampla e tudo ao mesmo tempo agora, mitologias inteiras, como o dub, o novíssimo hip hop, o krautrock, a vanguarda eletrônica e outros subgêneros misteriosos da história do som gravado, funcionando como lenha e munição para o nascimento de algumas das melhores bandas que já existiram: Sonic Youth, Pixies, Nirvana, Pavement, Flaming Lips, Hüsker Dü, My Bloody Valentine — enfim, o rock clássico dos anos 90.

Mas de todos estes grupos, talvez o que melhor resuma o estado das coisas — tanto na teoria quanto na prática —, seja o New Order, cujo "Substance" é impecável, cheio de nuances emocionais e instrumentais, improvisando batidas eletrônicas, soando melancólico ou eufórico de acordo com a ocasião. O disco acerta por puro timing: foi lançado exatamente em uma época em que começava-se a esquecer o passado dark do grupo, tão pop quanto seus dias de pista. Um passo semelhante a que seu contemporâneo Cure fez com a igualmente fantástica coletânea "Standing on a Beach" (que, como "Substance", incluiu os lados B dos singles em sua versão em CD) ou para onde o U2 foi em "Achtung Baby", um disco que teria um impacto tão forte quanto os primeiros discos solo dos Beatles ou o começo dos anos 70 dos Stones, caso não fosse atropelado pelo "Nevermind" do Nirvana.

(Em menor escala, o Brasil viu discos igualmente fortes de bandas que nasceram na sopa de aminoácidos pós-punk, como o "Ô Blésq Blom" dos Titãs, o "Supercarioca" dos Picassos Falsos ou o "Psicoacústica" do Ira!, para ficarmos apenas em três exemplos óbvios)

Mas o disco duplo, mais do que quaisquer de seus contemporâneos, mostra o grupo tateando no escuro em busca do próprio som — convergindo pista de dança, lamento indie, atitude faça-você-mesmo, peito punk e sensibilidade inglesa numa versão levemente modificada do trio baixo-guitarra-e-bateria consagrado pelo rock'n'roll. Tocando seus instrumentos fora do padrão convencional e adicionando samplers, baterias eletrônicas, teclados frios e outras novidades dos digitais anos 80, o New Order não apenas deu o tom de parte do pop daquela década como o de boa parte da música pop que a sucederia.

E tem "Blue Monday", única concorrente à altura de "Billie Jean" de Michael Jackson para o posto de melhor canção de todos os tempos, uma competição individual que travo sozinho e que já teve, entre seus competidores, nomes como "Strawberry Fields Forever" e "God Only Knows" — tanto é verdade que Quincy Jones comprou os direitos para lançar o grupo nos Estados Unidos, na época do Low Life. A música de 83, marco na cultura independente, na cena dance e na história do rock, pode se tornar a melhor trilha sonora para uma estada indefinida em uma ilha deserta. Seu bumbo sintético incessante inspira a dança ininterrupta e compactua a cumplicidade dos movimentos contínuos que auto-organizam o planeta. Beats intermináveis que furam o chão, os tímpanos, a razão. E numa audição a longo prazo, colocam-nos de frente ao único coqueiro da ilha, martelando a cabeça em direção ao tronco da árvore no ritmo das batidas eletrônicas. Até que rache o coco e consigamos ver, pela primeira e única vez, a própria massa cinzenta pulsando, quem sabe, em sintonia com o ritmo massacrante repetido, pela milionésima oportunidade, na única vitrola da ilha.

Nenhuma música parece ser melhor que "Blue Monday", neste sentido. Até acabar.

Título: "Substance"
Artista: New Order
Lançado em: 1987
Gravadora: Factory
Faixas: 1. Ceremony; 2. Everything's Gone Green; 3. Temptation; 4. Blue Monday; 5. Confusion; 6.Thieves Like Us; 7. Perfect Kiss; 8. Subculture; 9. Shellshock; 10. State of the Nation; 11. Bizarre Love Triangle; 12. True Faith; 13. In a Lonely Place; 14. Procession; 15. Cries and Whispers; 16. Hurt; 17. The Beach; 18. Confusion; 19. Lonesome Tonight; 20. Murder; 21. Thieves Like Us (instrumental); 22. Kiss of Death; 23. Shame of the Nation; 24. 1963

NEW
ORDER
—
SUBSTANCE
1987

KARNAK, "ESTAMOS ADORANDO TOKIO"

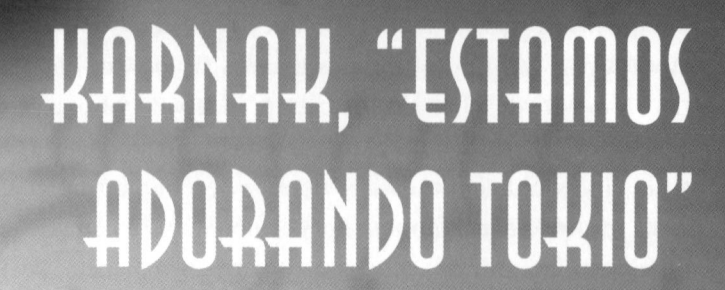

por Alberto Villas

A encomenda chegou através de um e-mail de Alexandre Petillo. Curto e grosso. "Você tem trinta dias para escolher um disco, apenas um. O disco que você levaria para uma ilha deserta. Você tem liberdade total para escrever sobre esse disco. O texto vai virar livro, juntamente com textos de outros jornalistas." Achei a idéia ótima, topei na hora. Mas, algumas horas depois, começou a minha dor de cabeça.

Quando cheguei em casa, entrei no escritório e vi aquela parede coberta de CDs, todos rigorosamente arrumados em ordem alfabética, me veio o primeiro frio na barriga. Como tinha trinta dias pela frente, esfriei. E comecei a viajar. Que ilha seria essa? Como aquela dos desenhos animados, com alguns metros quadrados de areia, dois coqueiros, uma rede e uma sereia loira, maravilhosa?

Delirei. Pensei numa ilha paradisíaca com uma pousada cor de tijolo, deslumbrante, com uma piscina azul piscina, uma rede branca bordada no interior do Ceará, uma caipirinha de figo como a do Hotel Hyatt e um copo de água Perrier com uma rodela de limão siciliano, coisas assim. Sem contar a aparelhagem de som de última geração para ouvir o tal disco. Coloquei novamente os pés no chão e retomei a missão de escolher o disco que levaria para a ilha deserta.

A ordem alfabética dos meus discos é uma coisa curiosa, eclética e cheia de surpresas. Vai de A a Z. De Abel Ferreira, o bamba do choro, a Zizi Possi. Ali convivem, em perfeita harmonia, Walter Franco ao lado de Wanderléa, Tom Zé ao lado de Tom Jobim. Djavan com Daúde, Adoniran Barbosa com Adriana Calcanhoto. Os Mulheres Negras com O Som da Pilantragem. Carlinhos Brown está pertinho do sogro, Chico Buarque, que está ao lado de Chico César, Chico Maranhão e Chico Science. Gonzaguinha está ao lado do pai, Gonzagão. Na primeira fornada escolhi um punhado, oitenta! A missão agora era eliminar setenta e nove!

Comecei a sentir uma dor no coração. Deixar de fora Paulinho da Viola, Itamar Assumpção, Geraldinho Azevedo? Deixar de fora Chico, Gil, Caetano, Milton, Edu, Tom? Acordava no meio da madrugada, angustiado com aquela lista infernal. Acrescentava um, mais um, e outro mais. A lista chegou a cento e dez. Resumo da ópera: Agora precisa eliminar cento e nove!

Durante quinze dias, resolvi acordar bem cedinho e ouvir os finalistas. Apostava em um, separava, pesquisava, decidia. Até que, no dia seguinte, escolhia outro e ficava na dúvida entre um e outro. E dessa maneira a tormenta foi tomando conta de mim. Impossível escolher um disco, apenas um, para levar para a tal ilha deserta. Cheguei a desistir de embarcar. Preferi continuar vivendo aqui nessa cidade maluca com mais de 20 milhões de habitantes e todos os discos do mundo. Mas fui em frente.

Ouvi Zé Renato, Zé Ramalho, Zeca Baleiro e Zeca Pagodinho. Ouvi Naná Vasconcellos e Nana Caymmi, João Bosco e João Donato. Ouvi Paulinho da Viola, Jacob do Bandolim, Edu da Gaita e Jackson do Pandeiro. Ouvi Martinho da Vila, Paulo da Portela e Neguinho da Beija-Flor. Mas não cheguei ao disco único que levaria para uma ilha deserta onde passaria o resto da minha vida.

Às vezes me perguntava: O que será que BNegão está fazendo ao lado de Bob de Carlo? O que Paula Lima está fazendo ali encostadinha na Patif Band? E a Velha Guarda da Portela ao lado da Velha Guarda da Mangueira? Gostei de ver Arnaldo Dias Baptista ao lado de Arrigo Barnabé e Rita Lee ao lado de Riachão.

Quando estava chegando ao disco escolhido, me cai nas mãos a Rolling Stone com a lista dos 500 melhores discos de todos os tempos. Foi aí que me lembrei de Bob Dylan, dos Mamas & Papas, do Clash, de Serge Gainsbourg, de Tom Waits, Alpha Blondy, de John, Paul, Ringo e George. Mas não pensei duas vezes. O disco que levaria para a ilha deserta seria de música popular brasileira.

Numa dessas noites de tormenta, eu estava ali sentado no chão do escritório da minha casa quando, mais uma vez, a Marília, minha filha de nove anos, entrou em ação. "O que você está fazendo aí com essa pilha de CDs, pai?" Disse que estava escolhendo um disco para levar para uma ilha deserta. E só poderia ser um. Ela não perguntou que ilha era essa, mas deu uma sugestão na lata: "Leva o 'Estamos Adorando Tokio', do Karnak!"

Por que não perguntei pra Marília antes? Naquele momento acabou minha angústia. Qualquer dia desses vou-me embora pra uma ilha deserta e vou levar apenas um disco para passar o resto dos meus dias: "Estamos Adorando Tokio", do Karnak.

Título: "Estamos Adorando Tokio"
Artista: Karnak
Lançado em: 2000
Gravadora: Net Records
Faixas: 1. Abertura Russa; 2. Juvenar; 3. Estamos Adorando Tokio; 4. Mó Muntuera; 5. 3 Aliens in L.A.; 6. Sósereiseuseforsó / Nuvem Passageira; 7. Iosef; 8. We Need Nothing; 9. Mediócritas; 10. Zoo; 11. Depois da Chuva; 12. Ninguepomaquyde; 13. Maria Inês; 14. Feio / Bonito; 15. Juvenar (Replay)

RICKIE LEE JONES, "POP, POP"

por Sérgio Dávila

—Pop, pop! Quem canta a frase agora no meu CD player, com jeito malandro e voz de criança, é uma das melhores vocalistas da nossa história, e a melhor em juntar atitude pop com fraseado jazístico. É 1992, estou em Nova York, minha primeira viagem a esta cidade que quase uma década depois seria minha por três anos; e o aparelho é o primeiro de uma série, um Panasonic verde.

Quando eu resolvi viajar para Manhattan, para aproveitar os dólares anuais que recebia por ter um cargo de chefia numa grande revista, tinha duas encomendas. A primeira, de minha namorada, que é autora de um dos textos deste livro (se vira e descobre quem), para trazer o "novo" Red Hot Chili Peppers, "Blood Sugar Sex Magik". A segunda, de um amigo de infância, para comprar "Pop Pop", "disco" de uma cantora chamada Rickie Lee Jones. "Mas compra em CD, que é melhor!", me falavam ambos, se referindo à mídia nova que surgia por aqueles meses.

Na "loja dos judeus", a B&H, uma esquina na rua 34 tocada por ortodoxos com preços imbatíveis de eletrônicos, achei o aparelho. Na Tower gigante da Broadway lá de baixo, não a do Upper East Side, que ainda dividia suas seções entre vinil e CD, achei os dois discos. Detalhe: enquanto eu e meu primo vasculhávamos as prateleiras da loja do inconfundível logo amarelo e letras vermelhas, a história veio nos encontrar.

Naquele semana, a polícia de Los Angeles tinha acabado de ser absolvida no caso Rodney King, um motorista negro que foi espancado por oficiais em cenas registradas por um cinegrafista amador e mostradas no mundo inteiro. Quando a decisão do juiz saiu, multidões em todas as grandes cidades norte-americanas organizaram passeatas de protesto; algumas, como a de Nova York, terminariam em pancadaria e saques.

Pois era pancadaria e saque o que as milhares de pessoas paradas agora na porta da Tower prometiam. Aparentemente, naquela época os donos da cadeia de discos davam preferência para funcionários negros e não ofereciam o que se pode chamar exatamente de boas condições trabalhistas a estes. Por isso, no meio da passeata nova-iorquina, alguém do movimento organizado sugeriu: "'Vamos destruir a Tower!"

O gerente da loja convocou todos, clientes inclusive, para fazer barricadas na grande fachada de vidro e impedir a entrada do pessoal. Ao resto, eu e meu primo incluídos, aconselhou que se escondesse sob as gôndolas. Foi ali, agachado embaixo da seção "rock/pop, de J a L", que eu esperei a turba passar. Uma hora mais tarde, passaria pela caixa registradora com 100 CDs debaixo do braço e sem entender direito o que tinha acontecido até ler os jornais do dia seguinte.

Voltei de Nova York semanas depois com três paixões, que mantenho até hoje: a namorada, que depois de muitas idas e vindas virou mulher, o grupo californiano, uma das melhores bandas de todos os tempos, e danem-se os escravos da novidade, e ela, Rickie Lee Jones, com nome que de cara me lembrou o de nossa Rita Lee Jones — e não é que elas até que são parecidas, uma loira, outra ruiva, ambas sardentas e com aquela inequívoca cara de gringa, filha de pastor?

Acho que até pisar o aeroporto de Guarulhos, já tinha ouvido "Pop Pop" umas duzentas vezes. Sabia — e sei — de cor a ordem das músicas, standards e não-standards. Começa com o dedilhado do violonista Robben Ford em "My One and Only Love", que o Police de Sting gravaria depois e que traz o fera Charlie Haden no baixo e um bandônion de cançoneta francesa. Tudo parece querer dizer apenas: sente-se, abra os últimos botões da camisa e relaxe, porque a viagem vai ser boa.

Segue com a frase "Spring this year has got me feeling/Like a horse that never left the post", o começo de "Spring Can Really Hang You up the Most", que Ella Fitzgerald gravou antes — mas as duas versões não só não parecem da mesma música como não são do mesmo planeta; a de RLJ é de uma adolescente do sul dos EUA que está descobrindo o amor pela primeira vez.

É na terceira e na sexta faixa, porém, que reside a alma do CD. A terceira é "Lili Hi-Lo", aquela mesmo do filme "Lili" (1953), que valeu um Oscar a seu autor, o polonês Bronislau Kaper, e ganhou letra em português do grande Haroldo Barbosa. Na origem é uma música bobinha, quase uma cantiga de criança.

Aqui em "Pop, Pop", vira uma canção triste, de amor perdido, de tirar lágrima. A outra é "Dat Dere", a sexta. Em ambas, ela usa o mesmo artifício utilizado à exaustão e com genialidade por João Gilberto ele-mesmo, o homem, o mito — às vezes, o chato.

Consiste em pegar uma música velha que todo o mundo conhece (o chamado "standard") e geralmente não agüenta mais, desmontá-la pedacinho por pedacinho, como quem faz um reparo num relógio velho, limpá-la, dar brilho, e ir reconstruindo, nunca na mesma ordem, nunca do mesmo jeito.

É a diferença entre cover e versão, entre karaokê e recriação.

"Dat dere" tem um agravante: o sax maravilhoso de Joe Henderson, o Paulinho da Viola do jazz. A abertura da música é dele, e seu instrumento vai depois duelando com os scating de RLJ, que faz vozinha de criancinha com uma insuspeita sensualidade que confunde o ouvido dos desatentos.

Tem ainda "Up from the Skies", de Jimi Hendrix, que nem seu pai reconheceria, e "Bye Bye Blackbird", gravado por todo o mundo e seu irmão, que ela literalmente reinventa e faz corar de vergonha as matronas e os desleixados que pegam a mesma música pela enésima vez e fazem a mesma "homenagem" pela enésima vez.

Rickie Lee Jones nasceu no dia 8 de novembro de 1954 em Chicago, Illinois. Filha de um ator-garçom-jardineiro que a ensinou a gostar de música e de uma garçonete-enfermeira, ela deve sua formação a Nina Simone e Shirley Horn e sua poesia a Elizabeth Bishop, é contemporânea de (e injustamente comparada a) Joni Mitchell e tem um quê de Tom Waits.

Mas Rickie Lee Jones é toda ela inteirinha Rickie Lee Jones.

Não chega a ser como na música "Last Night a DJ Saved My Life", mas esta loira de voz rascante e seu "Pop Pop" mudaram minha vida. E o que mais você quereria numa ilha deserta?

Título: "Pop Pop"
Artista: Rickie Lee Jones
Lançado em: 1991
Gravadora: Geffen
Faixas: 1. My One and Only Love; 2. Spring Can Really Hang You up the Most; 3. Hi-Lili, Hi-Lo; 4. Up from the Skies; 5. Second Time Around; 6. Dat Dere; 7. I'll Be Seeing You; 8. Bye Bye Blackbird; 9. The Ballad of the Sad Young Men; 10. I Won't Grow Up; 11. Love Junkyard; 12. Comin' Back to Me

MPB4, "CICATRIZES"

por Zé Renato

Eu tinha 16 anos quando ouvi pela primeira vez o disco Cicatrizes, do MPB4. O repertório, formado por canções que se tornaram clássicos da música popular brasileira, trazia a assinatura de ninguém menos do que Baden Powell, Paulo César Pinheiro, Maurício Tapajós, Milton Nascimento e Sidney Miller, entre outros.

A concepção dos arranjos instrumentais e vocais pilotados por Magro fez e faz o meu coração musical se alegrar até hoje. Eu, um iniciante na música, ficava maravilhado com a precisão e emoção que saía das quatro vozes, e que depois tentava imitar nos meus grupos de colégio. Desde a primeira audição, uma música particularmente me chamava a atenção, o samba "Última Forma", de Baden e Paulinho Pinheiro, que nos meus sonhos juvenis imaginei-me cantando junto com eles. E quando, há alguns meses, convidado a subir ao palco por eles, cantamos juntos exatamente essa canção, foi a confirmação de que a profissão que escolhi é uma das mais belas do mundo.

Título: Cicatrizes
Artista: MPB4
Lançado em: 1972
Gravadora: Phonogram
Faixas: 1. Agiboré; 2. O Navegante; 3. San Vicente; 4. Desalento; 5. Viva Zapátria; 6. Cicatrizes; 7. Partido Alto; 8. Bom Dia, Boa Tarde, Boa Noite, Amor; 9. Pesadelo; 10. Canção de Nanã; 11. Última Forma; 12. Ilu Aye (Terra da Vida); 13. Faz Tempo.

TITÃS, "JESUS NÃO TEM DENTES NO PAÍS DOS BANGUELAS"

por Pablo Kossa

"Nossa, os caras falaram puta na televisão!" Aquilo mexeu comigo.

Estava arrumando minha mochila para ir à aula no dia seguinte. Era tarde da noite. Já havia tomado banho e lanchado. Estava pegando o caderno de comunicação e expressão e tirando o de ciências da mochila, quando apareceram uns loucos na televisão gritando "nenhuma puta me pariu!". Era subversão demais para mim. E eu adorei. Já sabia o que pedir no aniversário de 9 anos.

Meus pais já haviam prometido me dar o War II de aniversário. Pô, o jogo tinha até aviãozinho! Eu teria que pedir para minha avó. Mas eu nem sabia o nome da banda... Ou conjunto, como se dizia na época. E não existia a menor possibilidade de falar para minha avó: "É o seguinte, quero o disco de uns caras que falam que 'nenhuma puta me pariu' numa música". Era mais fácil eu ganhar umas chineladas e a Bíblia de aniversário.

Tive que jogar limpo com minha mãe.

— Mãe, quero pedir um disco para minha avó de aniversário. Mas não sei o nome do grupo... Só sei um pedaço de uma música — ela estava arrumando a bolsa para ir trabalhar.

— Canta aí! Às vezes, eu sei de quem é...

— Você não vai ficar brava?

— Só se a música for ruim — ela agora conferia o talão de cheques.

— É porque tem palavrão na música...

— É aquela da Sílvia? — ela arrumava o cabelo em frente ao espelho.

— Hã?!?

— Esquece! Que música é?

— Ela fala mal de você...

— Pablo — ela se virou para mim. — Fala logo. Eu tô indo trabalhar!

— Nenhuma puta me pariu!

— Quê?!?

— Nenhuma p...

— Eu ouvi! É isso mesmo que diz a letra?

— Acho que é...

— Vou perguntar para os boys lá do banco. O Jacaré vai saber de quem é. Talvez o Mariozan.

Ela foi trabalhar. Me deixou com minha irmã na casa dos meus avós. Acho que esse foi um dia normal, afinal de contas, não me lembro de nada depois da conversa e até minha mãe chegar do trabalho. Quando ela entrou com meu pai, fui logo perguntando:

— Descobriu de quem é a música?

— É dos Titãs.

Ela pegou um papelzinho da bolsa e entregou à minha avó.

— O Pablo disse que quer esse disco de aniversário.

— Tudo bem — a Daicy respondeu, sem muita atenção, afinal de contas estava na hora da novela.

Passados alguns dias, chega meu aniversário. Caiu num sabadão, e minha mãe resolveu chamar a família para uma reunião. Comprou um bolo, salgadinhos, cerveja e refrigerante. Meu pai foi para a cozinha, como de costume, e preparou a peixada característica (é sempre a mesma, mas a família gosta e sempre pede mais).

Os convidados chegavam e nada de minha avó. O War II eu já havia ganhado pela manhã. Tios, com camisetas. Primos, com jogos de botão. Mas eu queria o disco. Até que ela chegou, junto com meu avô e minha tia. Eles tinham dois discos nas mãos. Não entendi. A Daicy disse:

— Esse é meu. Esse é da Tininha — minha tia que veio com eles.

Abri o dela com pressa e era o disco dos Titãs. Jesus Não Tem Dentes no País dos Banguelas. Abri o outro, e era o Bora Bora, dos Paralamas do Sucesso. Corri até a cozinha para mostrar para minha mãe.

— Manhê, ganhei o disco. Eu vou ouvir!

Ela o pegou na mão, abriu o plástico, tirou o encarte, deu uma boa olhada e disse:

— Essa aqui também é boa...

— Qual?

— A primeira do lado 2. Mas você só vai ouvir esse disco amanhã. Hoje, você ouve o outro. E guardou o disco dos Titãs no quarto dela.

Não adiantou pedir, fazer cara de triste, ameaçar não aparecer na sala para cantar o parabéns... No restante da festa, só rolou Paralamas. Fiquei com raiva do Bora Bora por uns 15 anos. Só há pouco tempo fiz as pazes com ele. Mas por muitos anos eu não suportei o tal do beco escuro, onde a violência explodia. Sim, eu te odiei uns dias e quis te matar.

Amanhece o domingão de pós-festa. Daqueles que o café da manhã tem bolo, docinho e refrigerante. Enquanto eu comia, minha mãe colocou o disco para tocar. Pirei. Foi uma porrada no pâncreas. Não conseguia mais parar de ouvi-lo. Descobri que, em vez de puta, os caras falavam pátria. O nome da música era "Lugar Nenhum". Normal. Isso não me decepcionou. A ofensa, para mim, era a mesma. Afinal, eu só ouvia pariu junto de puta. Então devia ser palavrão também... Essa era a lógica da minha cabeça infantil. Tinha a outra boa, que minha mãe havia comentado. Aquela que fala que "quem tem pinto, saco, boca, bunda, cu, buceta quer amor". Palavrão com gosto em "Todo Mundo Quer Amor".

Passei a ser escolhido em primeiro lugar para o time de futebol da escola. O motivo era saber falar tantos palavrões e falá-los tão rapidamente. A molecada do Colégio Agostiniano pirava. Meu avô me dava aulas de história, quando eu perguntava quem era quem de "Nome aos Bois". Cada dia eu perguntava de um: "Waldão, quem é Garrastazu?", "Quem é Stálin?", "Quem é Erasmo Dias Franco?". Era assim que o Nando Reis cantava... Até hoje eu ouço o disco e consigo perceber os porquês de ter me encantado. "Mentiras", "Armas pra Lutar", "Corações e Mentes", "Diversão", "Desordem", "O Inimigo...".

A partir daí, comecei a só pedir discos de Natal, dia das crianças e aniversário. Vieram Ultraje a Rigor, Legião Urbana, Leo Jaime, Engenheiros do Hawaii, Cazuza, Ira!, os outros discos dos Titãs, e os outros do rock brasileiro que ainda estão presentes na minha coleção de vinis. Alguns eu também comprei em CD. Mas ouvir esses vinis é de uma nostalgia sem tamanho.

Título: Jesus Não Tem Dentes no País dos Banguelas
Artista: Titãs
Lançado em: 1987
Gravadora: Warner
Faixas: 1. Jesus Não Tem Dentes no País dos Banguelas; 2. Mentiras; 3. Desordem; 4. Lugar Nenhum; 5. Armas pra Lutar; 6. Nome aos Bois; 7. Todo Mundo Quer Amor; 8. Comida; 9. O Inimigo; 10. Corações e Mentes; 11. Diversão; 12. Infelizmente.

JORGE BEN JOR, "AO VIVO NO RIO"

por Washington Olivetto

Faz parte da história e tradição da W/Brasil: todas as nossas festas de fim de ano se encerram com um show de um dos muitos grandes talentos da música popular brasileira.

Tudo começou em 1986, ano de fundação da agência, e de lá pra cá tivemos durante todos esses anos o privilégio de assistir e participar de espetáculos verdadeiramente inesquecíveis.

Adorei todos sem exceção, mas um me marcou especialmente, porque começou como festa da agência, mas terminou como história da cultura popular brasileira: foi o show da festa de fim de ano de 1990, estrelado num lugar então na moda aqui em São Paulo, chamado Rock Dreams, pelo meu amigo Jorge Ben Jor.

Empolgado com a receptividade daquele pequeno — mas vibrante — público, Jorge fez um show de mais de três horas de duração, improvisando entre uma canção e outra um refrão que dizia: "Alô, alô, W/Brasil".

Depois do show, nos sentamos para comer alguma coisa e conversamos durante algum tempo sobre a alegria da galera da agência (o Brasil que estava dando certo), os descalabros do governo Collor (o Brasil que estava dando errado) e a pretensão aparentemente maluca do nosso comum amigo Tim Maia, de se tornar síndico do edifício onde morava, no Rio de Janeiro.

Munido daquele refrão improvisado no show e da memória afetiva daquele jantar, Jorge, dias depois, compôs a canção completa, que foi cantada em público e gravada ao vivo pela primeira vez num show na boate People, do Rio de Janeiro, a que alguns abençoados tiveram o privilégio de assistir.

Ouvi a canção inteira pela primeira vez numa fita, que me foi mandada pelo responsável pela gravação, o produtor fonográfico Pena Schmidt. Obviamente, fiquei emocionado, e esse sentimento foi se multiplicando — a cada dia com maior intensidade — diante do sucesso verdadeiramente estrondoso que "W/Brasil" (a canção) obteve no Brasil e no mundo.

Uma coisa que poucos sabem: no seu disco, lançado depois daquele que trazia "W/Brasil" como carro-chefe, o CD 23, Jorge interpreta um outro clássico da música popular brasileira, uma espécie de continuação da canção "W/Brasil": a música "Engenho de Dentro". Meu sobrenome, Olivetto, é citado na letra dessa outra obra-prima numa das estrofes, e considero esse fato um dos maiores prêmios que esta vida, sempre tão pródiga e generosa comigo, já me ofereceu.

Título: Ao Vivo no Rio
Artista: Jorge Ben Jor
Lançado em: 1991
Gravadora: Som Livre
Faixas: 1. Salve Simpatia / A Banda do Zé Pretinho; 2. Santa Clara Clareou / Zazueira; 3. Oé Oé Faz o Carro de Boi na Estrada; 4. Selassie / Chove Chuva; 5. Que Maravilha; 6. País Tropical / Spyro Gira; 7. Costa do Marfim; 8. Minha Teimosia, uma Arma para Te Conquistar / O Namorado da Viúva; 9. W/Brasil (Chama o Síndico); 10. Homem do Espaço; 11. Charles Anjo 45 / Caramba... Galileu da Galiléia / Cadê Tereza? / Miudinho; 12. Ela Mora na Pavuna; 13. Oba Lá Vem Ela / Amante Amado / Pelos Verdes Mares / Nena Nená; 14. Zagueiro / Umbabarauma (Ponta-de-Lança Africano); 15. Os Alquimistas Estão Chegando; 16. Menina Sarará / Mas Que Nada; 17. Filho Maravilha; 18. Mulher Brasileira / Domenica Domingava num Domingo Toda de Branco / Katarina Katarina / Para Ouvir no Rádio (Luciana); 19. Berenice / O Telefone Tocou Novamente / Denise Rei / Que Pena / O Dia Que o Sol Declarou Seu Amor pela Terra; 20. Ive Brussel; 21. Mama África; 22. Taj Mahal / A Banda do Zé Pretinho.

TOM ZÉ, "COM DEFEITO DE FABRICAÇÃO"

por Frederico Dentello

São 4 e 20. Escrevo esta carta com a última ponta do lápis que sobrou. O naufrágio não me deixou com muito mais equipamento de sobrevivência do que as lembranças cada vez mais vagas do resto do mundo, além de uma escrivaninha que vai servir de lenha para iluminar com uma grande fogueira a insônia, sob a lua de mais tarde, e um conjunto de bateria e carregador solar que garante o funcionamento desse curioso aparelho de tocar CDs, que agüentou, melhor que o meu estômago, o mar revirado que interrompeu minha busca pela prata de San Tomé. Nunca vão me encontrar. Usei cartas de navegação secretas, que roubei do capitão Marlow, na época em que ele enchia a cara todas as noites, tentando superar a perda de seu amigo e navegador inspirado, o velho cartógrafo polonês que achou o caminho para o tesouro perdido que financiaria a segunda revolução bolivariana na América. Creio que se chamava Conrad.

Como é que me meti nessa? Devia parar de dar ouvidos a histórias de bar. Depois de escrever isto, não bebo mais: o último gole de rum acabou, e a garrafa agora vai servir de correio desse meu desespero sem testemunhas. Eu me achava preparado. Além de me perder do mundo, perdi também quase todos os discos que trazia comigo, pra me manter vivo e pra me lembrar quem eu sou. Eu me doutrinava com o *Racional*, do Tim Maia, flutuava com a coletânea do Bob Marley (acho que se chamava *One Love*), e sentia meu coração bater como se fosse adolescente com *As Vinte Mais de Raul Seixas*. Salvaram minha vida muitas vezes. Assim como o *Admirável Chip Novo*, da Pitty, de quem se diz, conforme a lenda, que o Raul teria visitado escondido quando a menina ainda estava no berço. Diz que ele, disfarçado de benzedeiro, sussurrou no ouvido do bebê que ela tinha nascido há dez mil anos atrás, e pendurou no pulso dela uma pulseira que ele mesmo fez com a corda sol de seu violão mágico. As lembranças se confundem, talvez a história não fosse assim, havia muita neblina quando me contaram essa, e eu ainda não sabia que o mar era tão vasto.

Meus discos se perderam no fundo do oceano. Um dia, quem sabe, os arqueólogos escafandristas da Universidade Chico Buarque Paratodos acharão os álbuns, para futuros amantes da música do século passado. Eu fiquei com um só, que eu agarrei na hora mais sombria, não podia ficar sem ele, e que tudo mais fosse para o inferno. *Com Defeito de Fabricação*, de Tom Zé. Uma coleção abrangente de defeitos: é o que descreve minha situação nesse momento.

São 14 defeitos e 2 bônus. Verdadeiros tratados, ótimos pra dançar e pra ver o tempo passar, pra dizer o que é ser humano e o que era viver no meio das gentes. Teologia, dialéticas esclarecidas, teoria política, labuta, arquitetura, filosofia da beleza, Isadora Duncan bronzeada na Bahia, a desunião das nações, a sensibilidade 3-D estéreo e cega da juventude, a arte de Juca Chaves, a troca dos latifúndios pelos condomínios, dor-de-cotovelo, as escolas brasileiras, o sertão. Defeitos de existir. Junto com meu defeito de visão, o mesmo que me fez ler errado o GPS e me jogou contra as rochas que afundaram minhas pretensões enquanto defloravam o casco de minha nave. Será que é isso mesmo que ouço no disco do Tom Zé? Sim. Não. Devo estar ficando louco, acho que ouvi uma enceradeira. Ou era esmeril?

Tom Zé me mantém vivo. E um dia eu vou sair daqui pra ouvir os outros discos dele. Por enquanto, vou fazer outro arrastão no anel de areia branca que circunda esta ilhota. É a praia o que me limita, não o oceano. Ele vai levar essa garrafa cheia das folhas que rabisquei com minha última ponta de lápis. Daria pra me mandar algum grafite, aliás? 4 e 20 já era por aqui.

Título: "Com Defeito de Fabricação"
Artista: Tom Zé
Lançado em: 1999
Gravadora: Trama
Faixas: 1. O Gene; 2. Curiosidade; 3. Politicar; 4. Emerê; 5. O Olho do Lago; 6. Esteticar; 7. Dançar; 8. ONU: Vendem-se Armas; 9. Juventude Javali; 10. Cedotardar; 11. Tangolomango; 12. Valsar; 13. Burrice; 14. Xiquexique; 15. Curiosidade (Amon Tobin Remix); 16. O Olho do Lago (Remix By Sean Lennon)

BUDDY GUY, "STONE CRAZY!"

por Adalto Alves

Eu fiquei alucinado quando ouvi Stone Crazy!, do Buddy Guy, pela primeira vez. Não lembro quando foi, juro. Parece engraçado. Esses choques na medula costumam ser marcantes, a ponto de determinar um ritual de passagem, do tipo eu nunca mais fui o mesmo ou algo parecido. Talvez eu tenha ficado tão atordoado que detalhes insignificantes, como data, horário, país, planeta ou a cotação do dólar, tenham sido esquecidos de uma vez por todas.

Mas, se eu não me lembro quando foi que ouvi Stone Crazy! pela primeira vez, uma coisa é certa: eu nunca mais deixei de ouvi-lo. Ouço exatamente agora, enquanto escrevo, procurando, quem sabe, pela circunstância excepcional, recuperar aquela primeira impressão. Não é fácil, tanta água passou debaixo da ponte de lá para cá, tantas transformações ocorreram no mundo, na minha cidade, na minha cabeça, que eu não pareço mais o mesmo. Às vezes, nem sequer me reconheço. Mas a emoção de ouvir Stone Crazy!, se também sofreu mudanças, nunca deixou de ser forte o bastante para me aproximar de Buddy Guy.

Ele é o único sujeito no mundo que eu chamo de ídolo. O que não é pouco. Eu tinha um pôster do Elvis Presley no meu quarto quando era criança, e o primeiro disco da minha vida foi um compacto duplo do Elvis (com "Heartbreak Hotel", "Hound Dog", "Love Me Tender" e "Jailhouse Rock"), que veio encartado no primeiro número da revista Rock Espetacular, que me apresentou, aos 8 anos de idade, no Rio Grande do Sul, as caras e bocas de Bill Halley, Little Richard, The Beatles, Bob Dylan e que tais. A semente estava plantada. E por mais que, com o passar do tempo, eu tenha aprendido a admirar tanta gente boa e, neste caso, citar nomes seria ocioso, Buddy Guy tornou-se para mim, a partir de Stone Crazy!, um fenômeno de proporções inquestionáveis. Não importa o que ele faça num disco, qualquer disco, eu estarei lá para aplaudi-lo.

Mas não se preocupem comigo. Eu gosto da música do Buddy Guy. Não sou o tipo do cara que monta fã-clube, faz página virtual para divulgar as curiosidades do artista, guarda álbum com fotos, caça autógrafos (e já estive perto o suficiente), compra bugigangas com a identificação do malandro ou não sabe falar de outra coisa.

Eu não sei se o Buddy Guy é casado, onde mora, quantos filhos tem, se vai ao dentista duas vezes por ano ou em que loja compra suas roupas. Nem quero saber. O que me interessa de verdade é que, aos 60 e tantos anos, ele gravou uma pancada na moleira magistral, chamada Sweet Tea. Mas eu quero falar de Stone Crazy!, que, se não salvou a minha vida a noite passada, me deu vontade de continuar vivo. Se o blues, comumente associado com a tristeza, tem o poder de me deixar feliz, é porque há mistérios na existência que não podem ser resumidos em fórmulas prontas (e gastas). Aprendam isso com o titio, crianças.

Eu cheguei ao Buddy Guy por vias tortas. Culpa do Eric Clapton. Chique, não é? Estava numa fase em que o gargalo do pós-punk, com suas especiarias góticas e apetrechos de brechó acumulados na penteadeira glitter, me dava o impulso de gritar: manera, Frufru, manera. A viadagem daquele tempo não caía muito bem nos ouvidos de quem tinha sido criado na escola do hard rock. Muito menos uma certa pose melancólica, deprimida e suicida, que gerou equívocos monumentais. Aquilo era muito chato. Eu também não tinha rebolado a pança nas pistas das discotecas, de modo que me faltava, como falta, apesar dos esforços em contrário, a sensibilidade adequada para entrar em sintonia com aquelas canções regidas por sintetizadores. Hoje pode soar ridículo, mas, na virada dos anos 70 para os 80, havia uma trincheira que separava os bad boys do heavy metal daqueles rascunhos de metrossexuais que borravam a cara de maquiagem e usavam penteados estrambóticos.

Eu nunca fui de achar o maior barato as guitarras distorcidas, acompanhadas por berros ensurdecedores e marteladas na bateria, ainda mais quando radicalizadas em feições trash, death, black e o diabo a quatro, mas entre as duas escolhas eu me posicionava entre os adeptos dos dedinhos em riste imitando chifrinhos, ai, ai. Que remédio? Não vou entrar na onda de comentar todo aquele período. Esse texto é movido mais pela paixão da lembrança do que pela razão da análise. Mas foi essa confluência básica, que colocava o rock numa encruzilhada (e a gente não imaginava o que viria pela frente), que me levou a procurar alternativas.

Foi quando encontrei, numa resenha do André Mauro, e aqui faço justiça ao meu guru na crítica de rock (um cara nunca citado, que alimentou a minha cabeça um bom par de anos e me fez pensar, definitivamente, em ser jornalista), uma fala atribuída ao Eric Clapton. Ele, Clapton, dizia que, no começo de carreira, ficava curioso para conhecer aqueles nomes que apareciam nos agradecimentos das contracapas dos discos de rock que chegavam dos Estados Unidos.

Nomes esquisitos como Muddy Waters, Willie Dixon, Howlin' Wolf (para mencionar uma trindade umbilical). E se o Clapton, que eu tinha em alta conta, ficou curioso, eu também fiquei (valeu, André Mauro). Resolvi, àquela altura do campeonato, embolado no meio de campo, correr atrás dos bluesmen. Seria uma forma agradável de gastar meu rico dinheirinho. Já que eu ainda não tinha muita coragem e paciência para mergulhar nas águas turvas do jazz, ficaria pelo menos na pré-história do rock.

Sábia decisão. Depois de atolar os pés nas margens barrentas do rio Mississippi, acabei atolado até o pescoço. Fiquei anos seguidos ouvindo preferencialmente blues de todas as vertentes, inclusive o brasileiro (ou aquele feito no Brasil). Até cheguei, em Goiânia, a manter um programa do gênero numa FM. Foi num disco do Muddy Waters, o fabuloso The Folk Singer, de 1963 (o ano em que eu nasci), "oh, my home is in the delta", que dei de cara com o Buddy Guy, então um moleque magricela, espremido entre o monstro sagrado Waters e o corpanzil de guarda-roupa, equivalente ao baixo acústico, de Willie Dixon, bem na capa. Não dei muita bola para aquele desconhecido. Mas logo na primeira faixa aquele moleque desgraçado aprontou uma comigo que eu nunca esqueci. Me arrepio só de pensar. A 1 minuto e 3 segundos, ele começou a modular uma seqüência aguda que foi me tirando o fôlego, sob as frases de Waters.

Aquilo foi numa tensão crescente. E eu no barco, boquiaberto. A 1 minuto e 34 segundos, ele arremata o acorde com uma tirada genial, simples, certeira, inacreditável em sua beleza. Pronto, bastou. Na hora, eu pensei: esse cara é um dos melhores guitarristas que eu conheço no mundo. Por conta de 30 segundos soberbos, espetaculares, que me tiraram do sério. Aos quais eu sempre volto, por Waters, por Dixon, por Buddy Guy, por mim.

O nome de Buddy Guy ficou gravado na memória. Mas ele não desfrutava, como desfruta hoje, da merecida atenção dos brasileiros, como um autêntico embaixador do blues, ao lado de B. B. King. Tarefa iniciada, salvo engano, em 1985, no 150 Night Club, em São Paulo. O mesmo bar de um hotel cujo nome escapa pela contramão da lembrança, que também recebeu, suprema dádiva, a iluminada Alberta Hunter.

Quando Buddy Guy lá esteve pela primeira vez, com o chapa inseparável Junior Wells, eu morava em Tucuruí, no Pará. Trabalhava numa estação climatológica do Instituto Nacional de Pesquisas da Amazônia (INPA), que ficava ao lado da estação repetidora de televisão da verdadeira cidade, construída no meio do nada, para abrigar os trabalhadores das diversas empresas envolvidas na construção do que chamávamos de a maior hidrelétrica do Brasil. Longe demais das capitais. Não sei por quê, uma bela noite, eu me infiltrava clandestinamente na estação repetidora, com a cumplicidade do amigo de plantão, para ver, creio que na Bandeirantes, imagens do show do Buddy Guy no 150 Night Club. Não lembro por quê, no equipamento privilegiado da estação, nós tínhamos acesso a algo que seria vedado ao comum dos mortais. Mas lembro que, mandando bala numas cervejinhas, eu vi Buddy Guy em ação pela primeira vez. Cara, foi outro choque. O figura não se limitou em ficar no palco. Desceu, soltou a voz no meio da platéia de almofadinhas, biritou nos drinques das mesas, colocou a guitarra no colo de uma mulher e, de sacanagem, fez o instrumento gemer. Sempre sorrindo. Feito maior para meus olhos esbugalhados: começou a solar feito um louco, atravessou o ambiente e entrou no banheiro. As câmeras atrás dele, Buddy Guy foi tocar guitarra para algum maluco chapado. Então descobri que Buddy Guy era meu ídolo.

Quatro anos depois, eu trabalhava como locutor de uma loja de departamentos em Goiânia. (Quando fui fazer o teste, e disse que gostava de rock'n'roll, o filho-da-puta do gerente perguntou o nome do disco novo do Pink Floyd e eu não sabia, porque não era mais Pink Floyd, era o combo caça-níqueis do David Gilmour, sem Roger Waters. Como meu teste ficou marcado para mais tarde, eu decorei a porcaria do nome da porcaria do disco, que tinha aquele monte de camas espalhado numa praia, e anunciei, já no microfone, como oferta na discoteca. Consegui o emprego.) Fiquei sabendo então que Buddy Guy seria uma das atrações do primeiro festival internacional de blues de Ribeirão Preto. Pirei.

Cheguei no gerente geral e disse que iria a esse festival de qualquer maneira. Se ele não me desse uma licença, eu pediria demissão (era solteiro, morava com os pais, e ainda podia me dar ao luxo de ser irresponsável). Para minha imensa surpresa, ele não somente me liberou, como conseguiu ingressos para os cinco dias de shows, de graça, e um barraco para eu dormir, porque ele tinha um irmão, vereador, em Ribeirão Preto. Isso é que é sorte. Gente finíssima, o seu Marçal. Um abraço para ele e minha eterna gratidão (se ainda for vivo e chegar a ler isso).

Eu não apenas vibrei com o show do Buddy Guy (que, em certo momento, trocou toda a sua banda por músicos que o assistiam nos bastidores, saindo de cena, e deu uma tremenda força para o Flávio Guimarães, gaitista do Blues Etílicos, que abriu o festival, chamando-o ao palco), como tive o prazer de ver Junior Wells e Albert Collins, hoje já falecidos, Magic Slim e Etta James. André Christovam, posudo, miou em falso. Nunca mais voltei a um show do Buddy Guy no Brasil, e olha que, vira e mexe, ele aparece. Mas tenho seus discos, às pencas, de muitas fases e descobertas. E o vídeo do The Real Deal, ao vivo, lá no boteco que ele tem em Chicago, o Legends, com o branquelo do G. E. Smith.

Buddy Guy, para mim, é o autêntico responsável pela transição do blues tradicional para o blues moderno. Ele adotou tecnologias sem medo, potencializou o som de sua guitarra, que tem voz própria, identificável à distância, apurou o vocal de shouter e tem uma performance dinâmica e explosiva, sem perder um só segundo a linguagem primordial do blues. Como influência confessa de Jimi Hendrix, ele tem trânsito livre com o pessoal do rock. Depois de gravar com B. B. King e voltar a Robert Johnson, Clapton jura que vai gravar com ele. Passadas as mortes recentes de John Lee Hooker, Stevie Ray Vaughan e Junior Wells, Buddy Guy, com B. B. King, Otis Rush, John Mayall e uns poucos, apresenta-se como um dos últimos bastiões de uma época e de uma linhagem nobre. O blues não vai morrer, penso eu, embora muitos o vejam num beco sem saída. Mas certamente ficará mais pobre com a partida de Buddy Guy.

O que me leva a ressaltar a importância de Stone Crazy!, ainda hoje o meu disco preferido do Buddy Guy, lançado em 1981 pela célebre Alligator Records. "I Smell a Rat", de 9 minutos e meio, pega o ouvinte pelo pescoço. Começa com um urro de Buddy Guy e um imediato solo desenfreado de uma guitarra possessa e desequilibrada. Quando Buddy Guy começa a cantar, é a guitarra do irmão, Phil Guy, que segura o dedilhado e toda a base em todo o disco, para ele alçar vôo tranqüilo.

É bom lembrar que a banda enxuta se sustenta em J. W. Williams (baixo) e Ray Allison (bateria). A produção é de Didier Tricard. São 6 faixas, distribuídas ao longo de pouco mais de 40 minutos, como nos tempos originais do LP. Tudo fruto de uma urgência selvagem e de uma aspereza inqualificáveis. "Are You Losing Your Mind?", pergunta ele na segunda faixa. A resposta é sim, se você continuar espancando a guitarra desse jeito. Buddy Guy solta uivos enquanto sola, exatamente como no palco, onde a posição do microfone não é marca fundamental para mantê-lo parado. A voz atinge graus elevados de convicção absoluta. E pouco importa se você sabe inglês, porra. Eu falo de algo que transcende o bom senso, as boas maneiras e os belos padrões exigidos pelo mercado na hora de fazer sucesso e encantar as multidões (com playbacks, fogos de artifício, coreografias exaustivamente ensaiadas, jogo de luzes e troca de figurinos).

O que temos em Stone Crazy! é um músico extraordinário e um cantor arrebatado pelo blues, incapaz de conter o jorro da adrenalina. Se ele não consegue, por que eu deveria? Experimente você. A menor faixa do disco, "She's Out There Somewhere", dura 4 minutos e 26 segundos. Parece que eu dou muita importância ao cronômetro. Não é verdade. Eu só quero dizer que esse tempo todo é gasto em descargas de alta voltagem, sem nenhuma excrescência. "Outskirts Of Town", que mais se aproxima da idéia pré-concebida que a maioria tem de um blues, por ser lenta e chorosa, transborda urbanidade cosmopolita e desesperada. Stone Crazy! oscila, em suas características, do silêncio ao barulho enfezado. "When I Left Home" vai do gemido ao grito sem escalas intermediárias. Buddy Guy persegue extremos como não o vi perseguir em outros títulos com tamanha entrega, sem se poupar. Há passagens em que Stone Crazy! se assemelha a um ensaio da banda, com Allison pontuando as falas e enfatizando as explosões. Termina com Buddy Guy, num lamento onomatopaico ou péico ou o raio que o parta. Shit! Se eu estou triste, Stone Crazy!

levanta meu astral, e se estou alegre, o disco me joga ainda mais para cima. E dizem, os pobres coitados, que o blues é deprê. Ora, vão ouvir The Cure e me deixem em paz. Buddy Guy é o máximo!

Título: Stone Crazy!
Artista: Buddy Guy
Lançado em: 1981
Gravadora: Alligator
Faixas: 1. I Smell a Rat; 2. Are You Losing Your Mind?; 3. You've Been Gone Too Long; 4. She's Out There Somewhere; 5. Outskirts Of Town; 6. When I Left Home.

JORGE BEN, "A TÁBUA DE ESMERALDA"

por Jeferson de Sousa

Certa vez, numa mesa de boteco, eu e outros sujeitos da crítica musical paulistana (sim, já freqüentei esse meio, mas se me acusarem disso em público, nego veementemente) tentamos definir o que leva um disco a ser perfeito. A conclusão é que a perfeição é a somatória de detalhes: os arranjos, a ordem das faixas, a capa, o momento do artista. Nesse sentido, A Tábua de Esmeralda é um clássico. É tão bom que, toda vez que estou fuçando em alguma loja de discos e me deparo com ele, tenho vontade de comprá-lo novamente.

Não me lembro da primeira vez em que eu o escutei. Só sei que, desde então, não consigo mais parar de ouvi-lo. Eu o levaria para uma ilha deserta por causa dos versos lisérgicos de "O Homem da Gravata Florida", do misticismo espacial de "Errare Humanum Est" e "Magnólia"; pela belíssima simplicidade de "Eu Vou Torcer"; pela beleza épica de "Zumbi"; pelo transe hipnótico-religioso de "Brother"; pelo balanço e versos sedutores de "Menina Mulher da Pele Preta" e "Minha Teimosia, Uma Arma pra Te Conquistar"; pela alegria de "O Namorado da Viúva"; pela grandeza e transcendência de "Os Alquimistas Estão Chegando" e "Hermes Tri"; pela pungida singeleza de "Cinco Minutos". Jorge Ben (desculpe, não consigo chamá-lo de Ben Jor...), com um absurdo arsenal de composições geniais em sua discografia, nunca mais fez nada tão espetacular. Aliás, ninguém fez, nem vai fazer.

Título: "A Tábua de Esmeralda"
Artista: Jorge Ben
Lançado em: 1974
Gravadora: BMG
Faixas: 1. Os Alquimistas Estão Chegando Os Alquimistas; 2. O Homem da Gravata Florida; 3. Errare Humanum Est; 4. Menina Mulher da Pele Preta; 5. Eu Vou Torcer; 6. Magnólia; 7. Minha Teimosa, Uma Arma Pra Te Conquistar; 8. Zumbi; 9. Brother; 10. O Namorado da Viúva; 11. Hermes Tri; 12. Cinco Minutos

JUCA'S GOLDEN HITS"

por Juca Kfouri

Se eu tivesse que escolher um disco da minha vida ou para levar para uma ilha deserta, e é isso que me pedem, estaria em maus lençóis. E estou.

Porque não há um disco, uma música. Há discos e músicas, através dos tempos.

A única saída que acho é meio marota, nada romântica como um texto desse tipo deveria sugerir.

Lanço mão da tecnologia e faço meu próprio disco, piratíssimo, mas, afinal adequado para a tal ilha. Minha única chance.

A primeira faixa seria "Old Man River", com Ray Charles, música que inspirou minhas noites mais sofridas na adolescência, quando a alma da canção tomava conta da minha, desgraçado sofredor com as dores do mundo e com as pessoais que, nessa fase, parecem eternas. Ainda com o magistral intérprete norte-americano, a segunda faixa seria "Nancy", nome da primeira paixão não correspondida, que a gente nunca esquece, "Carinhoso", de Pixinguinha, entraria diversas vezes, com variados arranjos, cantada por Orlando Silva e Elis Regina, ou só instrumental para que eu mesmo pudesse desafinar em altos brados em minha solidão peninsular. E teria "Maria, Maria", de Milton Nascimento, para evocar a garra corintiana, porque é preciso ter gana, sempre.

Do Chico, escolheria "Vai Passar", na esperança de que um navio, de fato, passasse para o resgate e me levasse de novo ao continente, para poder continuar a ouvir tudo que ele compôs. Dois pra lá, dois pra cá, com Elis, não poderia faltar, começo da paixão que perdura até hoje.

Como a "Internacional", para os momentos de depressão, capaz de ressuscitar quem quer que seja.

Um tango é obrigatório e "Por Uma Cabeza", com Carlos Gardel, estaria no disco. Na verdade, dois tangos são obrigatórios e o segundo seria com Susana Rinaldi cantando "Sur". Aliás, três, porque "Adios Noninho", com Astor Piazzolla também tem de constar.

Bill Halley e seus Cometas me acompanhariam com "Rock Around the Clock", Elvis Presley, the best, the pelvis, com "Trouble", Litlle Richards com "Kansas City" e Boby Darin com "Multiplication", todas para que eu pudesse manter a forma sem engordar demais com as deliciosas ostras, lagostas e camarões do lugar, onde um navio repleto de engradados de cerveja Samuel Adams, uma escura de Boston sensacional, também estaria encalhado.

Finalmente, a Polonaise, de Chopin, porque sou obsessivo com essa história de resistir, resistência, não desistir e viver com prazer e alegria. E a música, amigo, a música é companhia fundamental.

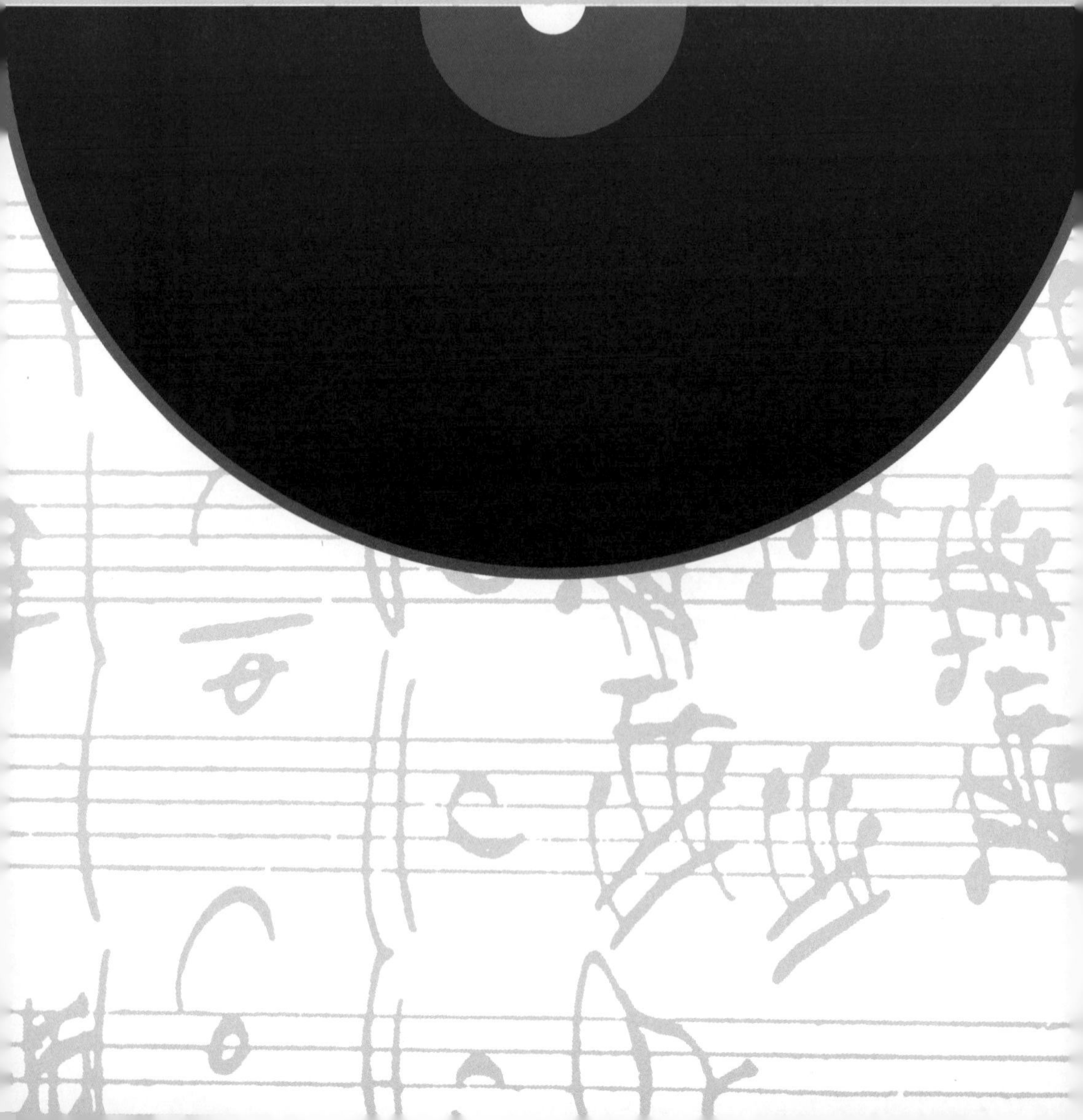

QUEM É QUEM

CHICO PINHEIRO é jornalista e apaixonado por música brasileira. É repórter e apresentador de telejornalismo da Rede Globo e do programa de entrevistas Espaço Aberto, da *Globo News*, onde faz entrevistas memoráveis com grandes nomes da nossa música.

WANDER WILDNER é vocalista do Replicantes e quando só, punk brega, autor de discos deliciosos como "Baladas Sangrentas" e "Buenos Dias".

ALEXANDRE PETILLO é jornalista. Foi repórter do *Notícias Populares*, *Agora SP* e *Folha de S. Paulo*. Criou e editou a Revista Zero. É co-apresentador do Rock Bola, na 89 FM – A Rádio Rock, de Goiânia, e edita o DM Revista, caderno de cultura do *Diário da Manhã* (GO).

LEO JAIME é músico. Compositor de mão cheia, lançou discos fundamentais do rock nacional, como "Sessão da Tarde" (não é apenas um disco de carreira, é um greatest hits) e fez sucesso com clássicos como "As Sete Vampiras", "Amor Colegial", "Nada Mudou", "Só", entre muitas outras.

ANDRÉ ABUJAMRA é músico. Atuou em bandas seminais na história da música pop brasileira, como Os Mulheres Negras e o Karnak.

Atualmente, cria as melhores trilhas-sonoras do cinema nacional e costuma atacar esporadicamente de Fat Marley.

ALEXANDRE CÉSAR BARROSO editou a Bíblia do rock independente no Brasil, o zine Imaginary Friends. Hoje, em tempos de internet, toca o e-zine Sonorama (*www.sonorama.tk*).

BRUNO GOUVEIA é músico. Desde os anos 80, Bruno canta no Biquíni Cavadão, dono de sucessos inesquecíveis como "Tédio" e "Timidez". Bruno também é produtor.

BRUNO PRIETO é baixista da banda Maskavo, ex-Roots. Em quase uma década de vida, o grupo lançou hits certeiros e deliciosos, como "Tempestade", "Escotilha", "Asas", "Besta Mole", e a clássica "Homem não tem Amiga".

ADRIANO SILVA é jornalista e escritor. Dirige a redação da revista *Superinteressante*, além de pertencer a banda Os Alandelons.

LÔ BORGES é músico. Foi integrante do Clube da Esquina, um dos principais movimentos da MPB e lançou discos fundamentais para os amantes dos bons sons.

THEDY "AMARGO" CORRÊA é músico, vocalista da banda Nenhum de Nós. O grupo lançou vários discos, entre eles o incompreendido — porém, ótimo — "Cardume", os excelentes "Ao Vivo no Teatro São Pedro" e "Acústico 2", além de emplacar hits como "Camila", "Estraño" e a citada "Astronauta de Mármore".

SIMON GODDARD, discípulo de Morrissey, é um dos principais jornalistas ingleses da atualidade. É editor da revista *Uncut* e autor do livro *The Smiths — Songs That Saved Your Life*, a historiografia musical definitiva da banda.

Marcos Filippi, jornalista, crítico musical e editor da revista *Comando Rock*. Em 1996, foi agraciado com a medalha Anchieta (principal condecoração da Câmara de Vereadores de São Paulo) pelo incentivo ao rock, à música e à cultura na Cidade de São Paulo.

Kassin é músico e produtor. Foi/é membro da lendária banca carioca Acabou La Tequila. Ao lado de Domênico e Moreno Veloso, é dono da gravadora Ping Pong. Já trabalhou com nomes como Caetano Veloso e Los Hermanos.

Vânia Bastos é cantora. Estreou no mundo fonográfico ao lado de Arrigo Barnabé, no disco "Clara Crocodilo", em 1980. Sete anos depois lançou o primeiro disco individual, "Vânia Bastos", que impulsionou sua carreira. Já gravou outros discos elogiados pela crítica no Brasil e Japão.

Rogério Skylab é músico, lançou discos clássicos em série, que vai do "Skylab" até "Skylab IV". Autor de hits como "Matador de Passarinho" e "Carrocinha de Cachorro-Quente".

Wado é músico, lançou discos fundamentais da nova música brasileira, como "Manifesto da Arte Periférica".

John Sinclair é poeta, jornalista musical, aclamado programador de rádio, empresário musical, produtor, professor de História do Blues na Wayne State University, em Detroit. É também uma lenda-viva da história do rock, foi o descobridor e empresário do MC5, mentor e criador do manifesto White Panther Party que proclamava a liberdade sexual, cultural, dos negros e, para completar, da maconha. Por conta disso, acabou preso pelas autoridades americanas e condenado a 10 anos de jaula. A situação de Sinclair contagiou o mundo pop. Em 71, foi organizado um concerto pela sua libertação, com a presença de gente como John Lennon, Stevie Wonder, Allen Ginsberg, MC5 e Bob Seger. Lennon compôs uma canção especialmente pra ele, o hino político "John Sinclair". Sinclair passou dois anos preso. Hoje, ele mora em Amsterdã, na Holanda, e graças às maravilhas da internet, comanda, de lá, um programa de jazz numa rádio de New Orleans.

Luciano Vianna é jornalista. Foi correspondente da *Bizz* na Europa e é mentor da revista eletrônica *London Burning* (*www.londonburning.com.br*).

Maurício Kubrusly é repórter do Fantástico (Rede Globo) e um dos maiores nomes do jornalismo cultural brasileiro em todos os tempos.

Ricardo Koctus é músico. Toca baixo numa das bandas mais importantes do rock brasileiro, o Pato Fu. De vez em quanto, passa gel no topete e ataca na Let's Presley.

Glauco Cortez, jornalista, escritor, é autor de Romance Rock (Sapo Que Chia) (*www.romancerock.hpg.com.br*)

Odersides Almeida é jornalista e, ocasionalmente, Fidel Castro.

Tatiana Tavares é jornalista e colunista do site Omelete.

Antônio Carlos Miguel é jornalista. Ao lado do jornalista e poeta Júlio Barroso, lançou a lendária revista "Música do Planeta Terra". Hoje é editor de música do Segundo Caderno, no jornal "O Globo".

Ângela Azevedo é jornalista. Madrinha do rock mineiro, hoje ensina o caminho do bem para os roqueiros à frente da assessoria Noir.

Alvin L é músico. Liderou a seminal banda carioca Sex Beatles, referência no rock glitter brasileiro. Compositor talentoso, é dono de sucessos como "Eu Não Sei Dançar" (Marina Lima), "Natascha" (Capital Inicial), "Tudo Que Vai" (Capital), entre outras.

José Teles, jornalista e escritor, escreve sobre música no *Jornal do Commercio*, de Recife. Teles é autor do livro "Do Frevo Ao Mangue-Beat", sobre a história da música pernambucana.

Lulu Santos é músico. Considerado o "Rei do Pop" no Brasil, lançou discos fundamentais para o rock tapuia, como "O Ritmo do Momento" e "Popsambalanço", além do referido "Assim Caminha a Humanidade".

Beto Lee Carvalho é músico. Os "coroas" que, segundo ele conta no texto, lhe mostravam os discos, são ninguém menos do que Rita Lee e Roberto de Carvalho. Beto é um dos melhores e mais criativos guitarristas da nova geração do rock brasileiro.

Alain de Botton é um escritor suíço radicado em Londres. É um dos principais nomes da literatura européia, tendo vendido mais de 1 milhão de cópias de seus livros em todo o mundo. Destaque para "Ensaios de Amor" e "Como Proust Pode Mudar Sua Vida".

César Maurício é músico. Tocou em bandas importantes do rock mineiro recente, como Virna Lisi e Radar Tan Tan.

Loop B é músico, foi um dos primeiros a misturar eletrônica com rock no Brasil. Recentemente, lançou mais um disco. "A Música Toca".

Liliane Prata é jornalista e escritora. Talentosa, tem uma coluna na revista *Capricho* e um blog divertidíssimo, no *www.lilianeprata.com.br*. Lançou o livro *Diário de Débora*, um dos títulos juvenis mais vendidos de 2003.

Abonico R. Smith, é jornalista e crítico musical. Criou e editou o caderno Fun, da *Gazeta do Povo* de Curitiba, além de ter sido colaborador old-school da *Bizz*.

Agnes Arruda é jornalista, edita o jornal *A Cidade*.

Olacir Dias é jornalista. Edita o *FuckZine*, colabora com o jornal *Lance!* e foi repórter do programa Tele-Fanzine, na TV Brasil. Atualmente também é editor do caderno de Esportes do jornal *Diário da Manhã*, de Goiânia, e co-apresentador do Rock Bola, na 89 FM – A Rádio Rock.

Roger Moreira é músico. Líder do Ultraje a Rigor, uma das maiores bandas de rock que essa país já viu, tendo lançado discos clássicos como "Nós Vamos Invadir Sua Praia", "Sexo" e "Por quê Ultraje a Rigor?".

Jamari França é uma lenda viva do jornalismo nacional, tendo ensinado e apresentado muitas novidades no Caderno B, do Jornal do Brasil. Jamari também é autor do livro "Vamo Batê Lata", a biografia oficial dos Paralamas do Sucesso.

Jotabê Medeiros é um dos grandes nomes jornalismo brazuca, há vários anos comandando o que sai de boa música no Caderno 2, do *Estado de S. Paulo*.

Eduardo Palandi é um outsider que gosta de cruzar o Planalto Central ao som de "Run, Run, Run" do Velvet Underground.

Carlos Alves Júnior, é publicitário e escritor. É co-autor do livro "Rock Brasil — Um Giro Pelos Últimos 20 Anos do Rock Verde e Amarelo".

Pedro Alexandre Sanches é jornalista. Um dos homens da gravata florida que mais entende de música brasileira no mundo, destila sua fina crítica na Carta Capital e é autor do livro *Tropicalismo — A Decadência Bonita do Samba*.

Samuel Rosa é músico, vocalista e guitarrista do Skank, uma das principais bandas do rock nacional. Lançou discos fantásticos como "Siderado", "O Samba Poconé", "Maquinarama" e "Cosmotron".

SIMONE DO VALLE é a mulher à frente dos seminais Autoramas, estabeleceu um novo e altíssimo patamar de como se tocar baixo e não costuma levar desaforo para casa.

ANDRÉ FIORI é dono da Velvet Discos (*www.velvetcds.com.br*), a melhor loja do ramo no centrão de São Paulo.

FERNANDO DELUQUI foi guitarrista do RPM, a banda que mais próxima chegou da histeria beatle no rock brasileiro.

EDDIE TORRES é cronista e membro-fundador do melhor site da internet brasileira, o Cocadaboa (*www.cocadaboa.com.br*) e odeia rótulos como "roqueiro", "metaleiro" e qualquer tipo de "eiro".

ROBERTA MONTEIRO é editora da revista *Outracoisa* e uma das principais revelações na nova safra de jornalistas de rock.

FERNANDO ROSA, o Senhor F, é um dos homens que mais conhecem rock na terra da mandioca, edita um site que é uma verdadeira enciclopédia do gênero: *www.senhorf.com.br*.

FÁBIO BIANCHINI é jornalista. Foi editor do site Yê Yê Yê, colaborador da Bizz e é repórter do *Diário Catarinense*.

ALEX ANTUNES é jornalista, músico e escritor. Foi fundador da *Bizz*, criador da Set e militou, entre outras frentes, no Akira S & as Garotas Que Erraram.

DJ HUM, HUMBERTO MARTINS, é um dos principais nomes do hip hop brasileiro de todos os tempos. Ao lado do parceiro Thaíde, gravou discos fundamentais como "Preste Atenção" e hinos como "Sr. Tempo Bom". Hum animava noites em diversas casas noturnas como DJ e Thaíde era dançarino de break, quando se conheceram.

MARCUS PRETO é jornalista. Editou a Revista da MTV e colabora atualmente com diversas publicações brasileiras.

HIQUE GOMES é músico e ator, e é metade do fantástico duo Tangos e Tragédias.

MARIA DOLORES é jornalista. Tem publicado trabalhos em revistas da Editora Abril, como *Saúde*, *Exame* e *Superinteressante*. Paralelamente, escreve crônicas, contos e reportagens para jornais mineiros.

CLARAH AVERBUCK é jornalista e escritora. É autora dos romances "Máquina de Pinball", "Das Coisas Escondidas Sob a Mesa" e "Vida de Gato". E mãe coruja.

TETÉ RIBEIRO é jornalista clandestina, formada em Filosofia na USP. Escreve principalmente sobre cinema, comportamento, livros, moda e música. É autora do livro "A Nova York de Sex and The City", um guia da Big Apple baseado no famoso seriado de TV.

PITTY é roqueira e fã de ficção-científica. Um dos principais nomes da nova geração de guitarras brasileiras, estreou no mundo fonográfico com o bom "Admirável Chip Novo".

GABRIEL THOMAZ é músico. Liderou a seminal Little Quail And The Mad Birds e hoje é o homem de frente dos Autoramas. Como a Daniela antecipou, Gabriel foi longe. Hitmaker de mão cheia, compôs megasucessos como "I Saw You Saying" e "Aquela" e, atualmente, é o único roqueiro brasileiro que vive de música, sem contar com o apoio de uma grande gravadora.

JARDEL SEBBA é jornalista, flamenguista e editor da *Sexy*.

DINHO OURO PRETO é músico, vocalista da banda Capital Inicial, uma das principais referências do rock nacional, com discos fundamentais como "Capital Inicial", "Atrás dos Olhos" e "Rosas e Vinho Tinto".

MICHAEL SULLIVAN é músico. Ao lado do parceiro Massadas, foi um dos maiores hitmakers da história da música popular brasileira, autor de sucessos como "Me Dê Motivo" (sucesso na voz de Tim Maia), "Amanhã Talvez" (com a cantora Joanna), "Nem um Toque" (lembra da Rosana?), entre outros, muitos, muitos outros.

RODRIGO SALEM é jornalista. É editor das revistas *Set* e *Hype*, onde além de falar sobre cinema, mantém uma excelente coluna sobre cultura pop.

ALEXANDRE MATIAS é jornalista. Editou o caderno de cultura do *Correio Popular*, comanda o lendário "Trabalho Sujo" (*www.gardenal.org/trabalhosujo*), é colaborador da *Folha de S.Paulo, Bravo!, Volume 01* e diversas publicações musicais.

ALBERTO VILLAS é jornalista. É chefe de redação do Fantástico e dono de uma excelente coluna no site do programa (*www.globo.com.br/fantastico*).

SÉRGIO DÁVILA é repórter especial do jornal *Folha de S.Paulo* e autor dos livros *Diário de Bagdá — A Guerra do Iraque segundo os Bombardeados* (DBA, 2003) e *Nova York — Antes e depois do Atentado* (Geração, 2002). Entre 2000 e 2003, assinou de Nova York a coluna "Pop, Pop, Pop", em homenagem a Rickie Lee Jones.

ZÉ RENATO é músico. Integrou o grupo vocal Boca Livre e lançou grandes discos, como "Arranha-céu", só com músicas que fizeram sucesso na voz do veterano cantor Sílvio Caldas.

PABLO KOSSA é jornalista e uma das figuras mais emblemáticas do rock no Estado de Goiás.

Washington Olivetto é sinônimo de publicidade no Brasil — assim como gilette virou sinônimo de lâmina de barbear. Criou as maiores propagandas de todos os tempos — e alavancou a Democracia Corintiana. Venceu todos os prêmios possíveis, conheceu o mundo e é um dos caras mais legais que o organizador já conheceu. O fato de ser corintiano contribuiu ainda mais, claro!

Frederico Dentello é editor e tradutor de livros. Estudante de psicologia, caipira do interior de São Paulo, não toca nada mas gosta muito de escutar.

Adalto Alves é jornalista. Crítico implacável do *Diário da Manhã*, de Goiânia, é conhecido como o "Lester Bangs do Cerrado".

Jéferson de Sousa é jornalista e homem sensual. Edita a revista *Sexy* e jura que tem samba no pé.

Juca Kfouri é um dos maiores jornalistas esportivos da história da imprensa brasileira, tendo, entre outras glórias, dirigido por muito tempo a essencial *Placar* e comandado a fase áurea da *Playboy*. Juca, assim como o editor do livro, é corintiano, maloqueiro e sofredor.

CRÉDITOS DAS FOTOS

Sérgio Dávila (por Teté Ribeiro)

Jotabe Medeiros (Vidal Cavalcante)

Alberto Villas (Maria Clara Villas)

Olacir Dias (Ligia Ballot Reis)

Loop B (Beth Barone)

Fábio Bianchini (Cláudio Silva)

Ricardo Koctus (Élcio Paraíso)

Samuel Rosa (Guto Costa)

Thedy Correia (Raul Krebs)

Leo Jaime (Edson Kumasaka)

Liliane Prata (Roberto Rocha)

Cesár Mauricio (Marcelo Pianetti)

Lô Borges (Marcelo Pianetti)

Ângela Azevedo (Rodrigo James)

Abonico R. Smith (Iaskara)

Beto Lee (Debby Gram)

Adalto Alves (Alberto Maia)

Alexandre Dentello (Lúcia Fernandes)

Alexandre Petillo (Andréia Vítor)

Gabriel Thomaz (Simone do Vale)

Adriano Silva (Arquivo pessoal)

Alain de Botton (Charlotte de Botton)

Alex Antunes (Arquivo pessoal)

Bruno Gouveia (Divulgação)

Dinho Ouro Preto (Divulgação)

Bruno Prieto (Divulgação)

Michael Sullivan (Divulgação)

Vânia Bastos (Divulgação)

Zé Renato (Divulgação)

Todo o resto o crédito é: Arquivo pessoal.

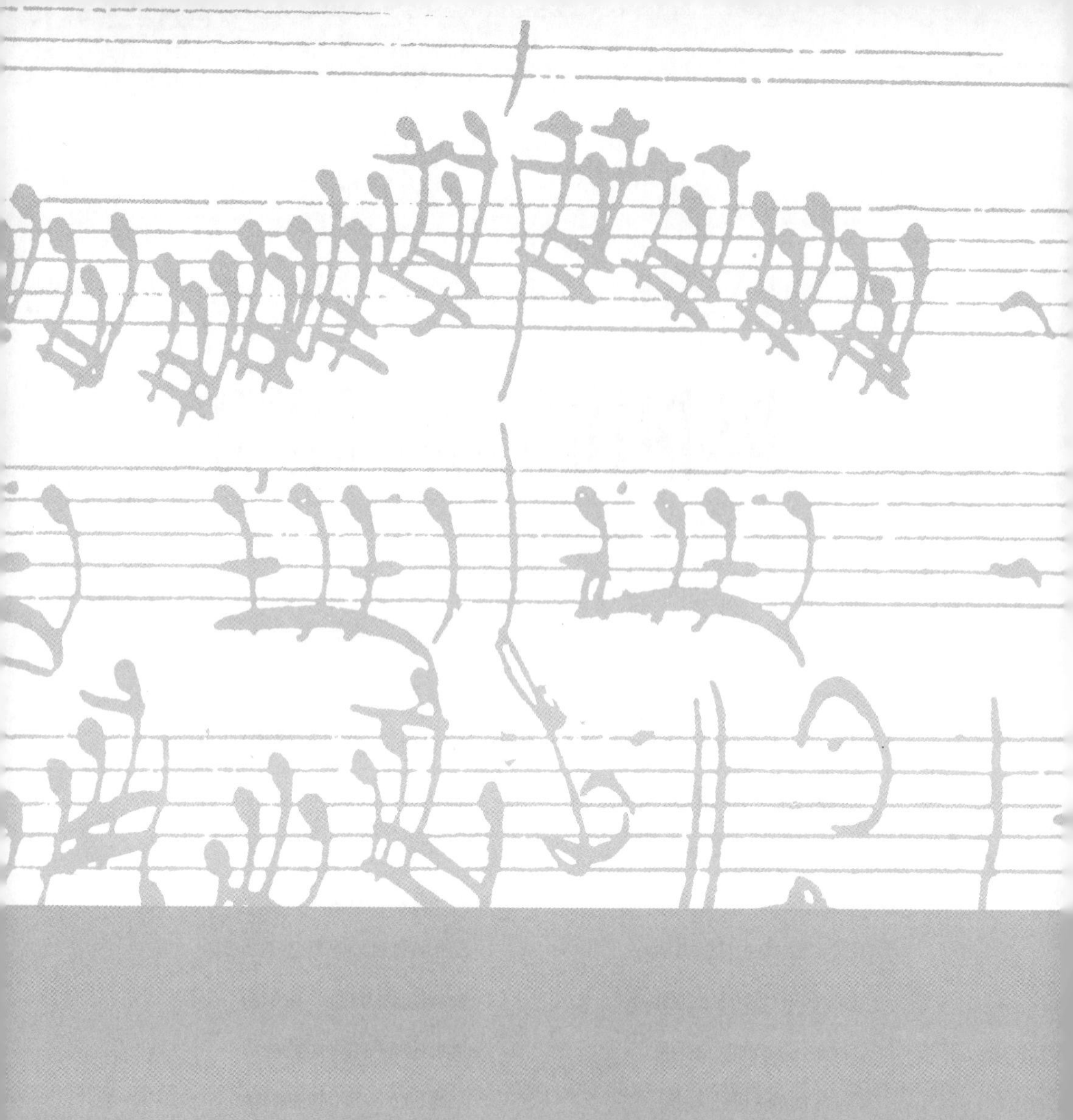

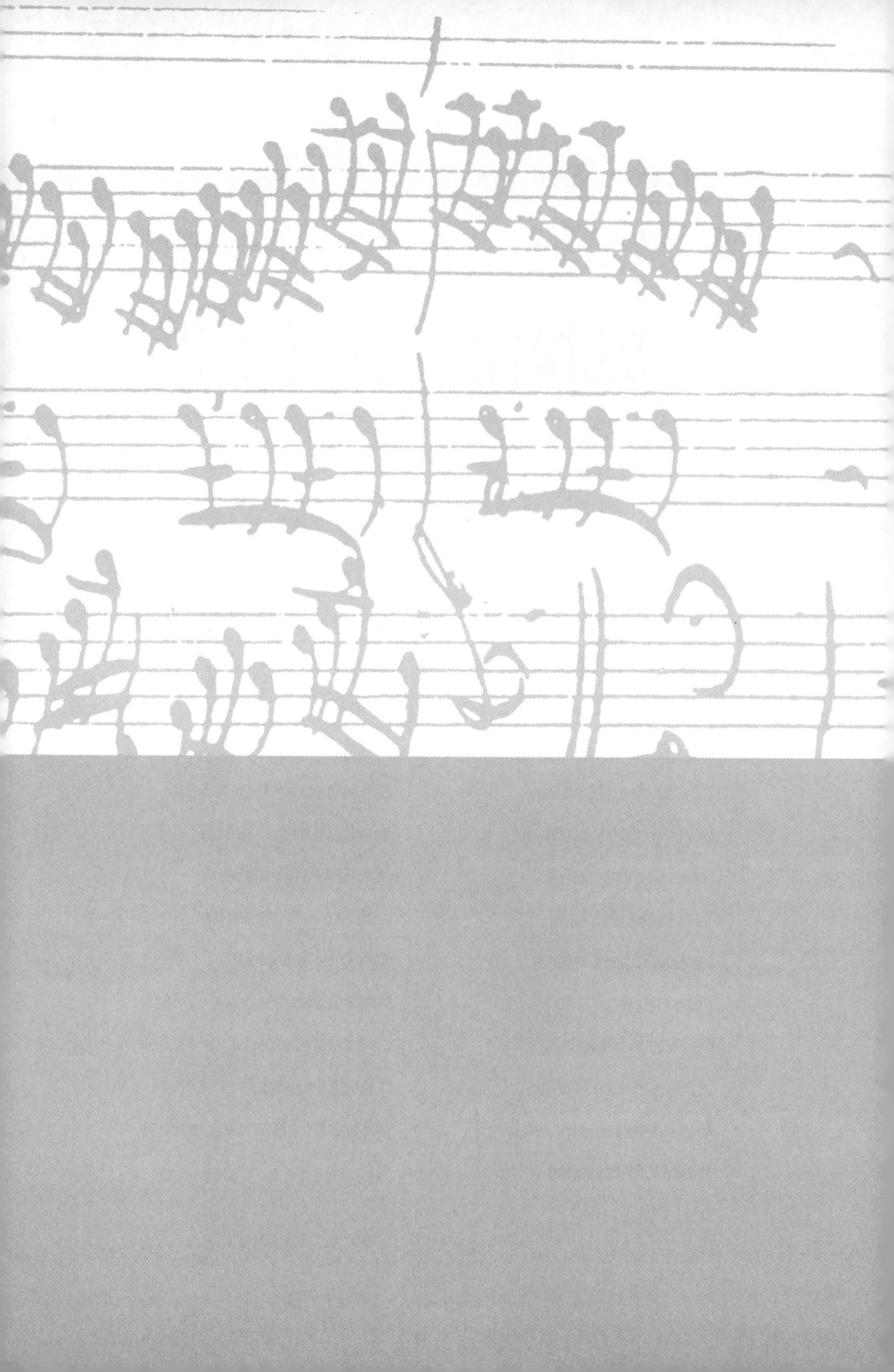

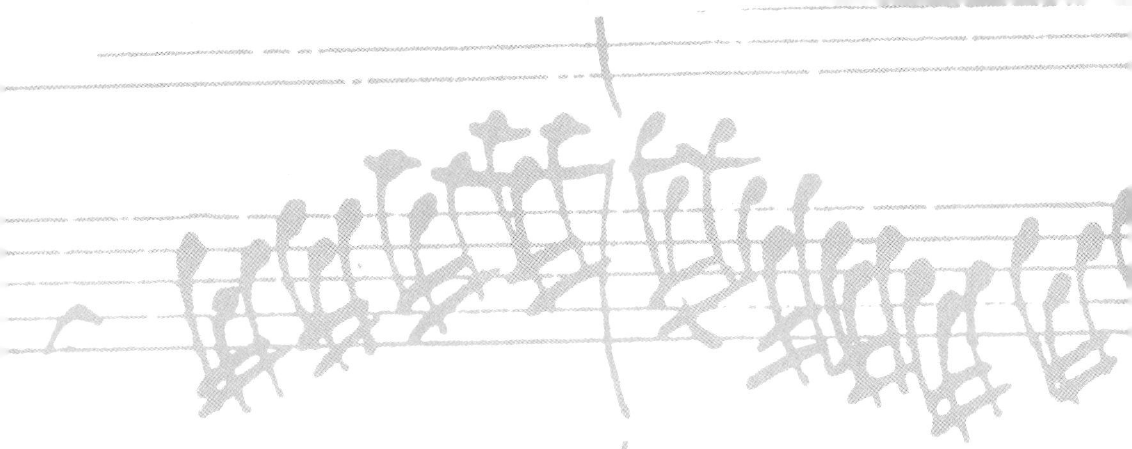

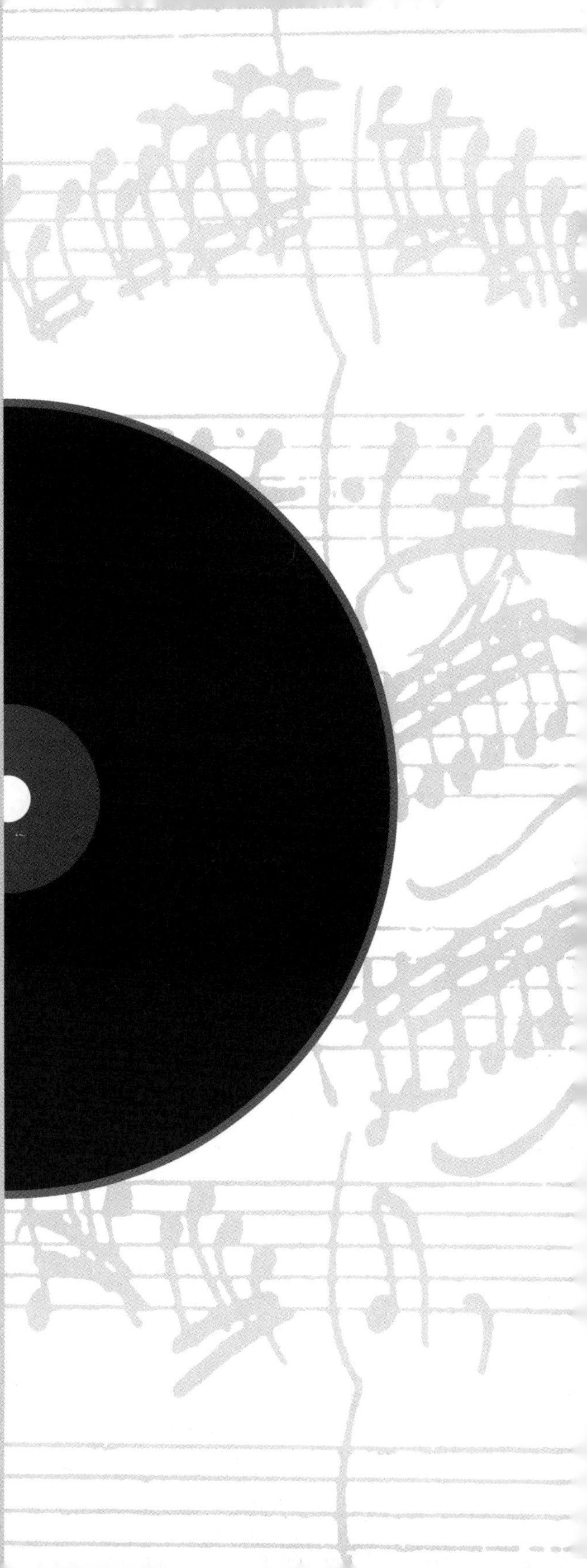